混沌の共和国

「文明化の使命」の時代における渡世のディスクール

柳沢史明・吉澤英樹・江島泰子 編著

Fumiaki Yanagisawa, Hideki Yoshizawa, Yasuko Eshima

ナカニシヤ出版

目　次

I　第三共和政成立期における宗教と人種

Ⅲ　宣教師たちのみた植民地アフリカ

0

「文明化の使命」の時代とその文化

序にかえて

柳沢史明

一　アフリカ彫刻とキリスト教宣教師

本書全体の狙いについて論じるにあたり、個人的な研究関心である二〇世紀初頭のアフリカ造形文化とフランス美術界に関する事柄から説明することをお許し願いたい。

二〇世紀の西洋美術界の面々にとって、サハラ以南のアフリカ彫刻の美的価値の「発見」は、西洋との接触「以前」と目された彫刻（「伝統的」様式や主題、技法によって制作され、現地での「伝統的」文脈での使用・流通の痕跡が認められるもの）、いわゆる「アール・ネーグル（ニグロ芸術）」と呼ばれるものの発見であり、それらは「真正の」、「本当の」、「伝統的な」ものとして珍重されてきた。接触「以前」／「以後」という二分法は、沿岸部を周航しサハラを横断するようなアフリカ大陸の複雑な交易や人びとの交通、コンゴのアフォンソ一世ことンジンガ＝ムバンベ（在位：一五〇六―一五四五）とポルトガルの政治的・宗教的・文化的な交流などを無視したところに成立する「暗黒大陸」というイメージに沿ってアフリカ造形文化史を構築する、西洋中心主義的なプリミティヴィストのものであることは付言するまでもないだろう。そして、この種の強固な二分法が、「アール・ネーグル」の時代にあって、西洋との接触「以後」の徴を残す彫刻を「堕落し」、「衰退した」彫刻としてみなす要因ともなり、西洋植民地主義の台頭と「真正の」アフリカ文化の退廃があたかも関連しているかのように論じる二〇世紀初頭のパリ美術界のクリシェとなっていた（柳沢 二〇一八：九八–一〇五）。

実際、キリスト教との接触を通じた彫刻制作をめぐる状況の変化は、二〇世紀初頭の「アール・ネーグル」の愛好家らにとって蛇蝎のごとく忌み嫌われていた。「アール・ネーグル」の美術商ポール・ギヨーム（P. Guillaume）はアメリカのバーンズ財団に招聘された際、次のようにアフリカ彫刻の現状を聴衆に伝えている。「キリスト教とイスラム教の普及は、宣教師らによる呪物の完膚なきまでの破壊を引き起こしただけでなく、これらの呪物の有する効能に対する熱心な信仰までも打ち壊したのですが、こうした信仰こそ彫像が制作される際に創造的労力をを要請していたのです」（Guillaume 1926：95）。当地の造形物を「呪物」、「偶像」とみなし打ち壊そうとするキリスト教宣教師らの姿は、図像崇拝に対するイスラム的忌避と並置され、さらに、前衛的かつ近代的な芸術界の嗜好と旧態依然たる保守的な宗教的思考との対比のなかで後者の振る舞いは糾弾されることとなる。こうした認識の枠組みは、アフリカ彫刻に対する美的評価の「最初」の書とも目される、ウラジミール・マルコフ（V. Markov）による『黒人芸術（*Iskusstvo Negrov*）』にもみられるものである。「［…］アフリカ芸術に対するもう一つ別の影響について言及する必要がある。それは、ごく最近の影響、つまり西洋からの影響である。それは第一に宣教師らによる影響と呼びうるものだった。ある宗教が別の宗教信仰とそれに属する芸術とを無に帰せしめ、こうしたやり方が二〇世紀においてもいまだ用いられていることがどれほどまでに悲惨であることか。一部の狂信的な思想のせいで人びとが盲目になり、美に対する感覚を失ってしまうのはなんと苛立たしいことか」（Markov 1919：237）。サハラ以南のアフリカへと赴く宣教師らがもたらすキリスト教信仰とそれに伴う新たな宗教的価値観が、アフリカ彫刻そのものと、それを制作し、使用し、享受する文脈をも破壊してしまうというマルコフの認識は、ギヨーム同様、太古の昔から維持されてきた「真正」なるアフリカ文化が近代西洋文明によって崩壊すると考える、プリミティヴィストのそれといって問題ないだろう。

とはいえ、ギヨームやマルコフといったパリ美術界の動向に通ずる者たちが示す、こうした宣教師らに対する嫌悪感に満ちた語りを真に受けることには慎重であるべきだろう。キリスト教の布教とそれに続く植民地化によって、アフリカ諸文化の多くが破壊や変容を被ったことは紛れもない事実だとしても、その種の歴史認識を一貫させることは、無抵抗で非創造的な被植民者像の再生産へと陥りがちだからである。もちろん、アフリカ彫刻の美的価値の「発見」によって西洋美術界の一部が沸いたとき、植民地アフリカの造形文化がキリスト教を介していかなる変容を経験していたのかという問いについては、地域や社会集団、製作者の個人的経験などを個別的に検討したうえで慎重に議論を進める必要があるが、少なくともその思想的・文化的背景に対する考察や個別研究のための素地を整備することは可能であろう。実際、キリスト教の影響を強く受けたアフリカ彫像は、美術界周辺のプリミティヴィストらの忌避の対象でありながら、他方で、それとはやや立場を異にする人びとの関心を引いていた可能性もあるのではないか。むしろ、世紀転換期から両大戦間期に至るフランス植民地主義の高まりの時期に、プリミティヴィストらが嘆くところの植民地アフリカの造形様式や技法の変化、美意識の変容といったものが確かにあったとしても、そうした流れに抗しながら、もしくは並行しながら、新たな造形表現の模索や可能性がさまざまな仕方で実践され、提示されたのではないか。当然、こうした前提において、植民地主義的な暴力や力関係を無視して植民地状況下の新たな造形表現の登場や折衷的技法を寿ごうというのではない。そうではなく、フランスにおける植民地主義と近代芸術の交点に見出されたアフリカ造形文化という主題を、その消失を嘆くプリミティヴィストらの言葉へと一元的に還元するのではなく、植民地的状況における文化と生の現れとして提示し直して考察する作業の必要性をここで強調したいのである。そして、そのフランスと植民地アフリカとをつなぐ重要な結節点として、キリスト教宣教師らを設定することができるのではないか。

実際、そうした問いに造形的主題という観点から迫るならば、アフリカのさまざまな場所で見られ、宣教師のモチーフなど西洋的な要素を取り入れた彫像が一つの手がかりとなろう（図0-1、0-2）。現在では「コロン（あるいはコロン人形）」とも呼ばれるこの種の影像は「ツーリスト・アート」としての側面が強いが、一九世紀後半以降、西アフリカをはじめさまざまな植民地地域で制作され、西洋人の装いや所持品を意匠に取り込んだヨーロッパ - アフリカ折衷的なこうした影像は、当時も一部の論者には知られていた。とりわけ、軍服を身にまとい銃器を肩に担いだ軍人や、医療用具箱を手にして白衣に身を包んだ医師、そして顎髭をたくわえ聖書を手にする宣教師らが人気の主題として選ばれ制作されてきた。サハラ以南のアフリカの造形表現にしばしばみられる均斉感覚や抽象化・単純化された身体表現を備えた「コロン」は、植民地化の過程における文化変容を如実に示している。とはいえ、こうした制作実践は、たしかに宣教師らがアフリカの地を踏んだことが誘引となって現れたものといえるが、宣教師像以外も主題として選出されている以上、これら影像制作にあたって宣教師らが積極的に指示を行ったり、制作活動の保護や宣伝を行ったりしたと断定することは難しい。ラテンアメリカやアジア、さらには日本においても、キリスト教の伝播とともに当地の造形様式とキリスト教的モチーフは結びつき、キリシタンによるお掛け絵のような多様な造形表現が生み出されてきた事実に鑑みれば、異質な「他者」としての西洋人およびそのモチーフがアフリカの影像様式と折衷的に結びつき造形化したのが「コロン」である、ひとまずそう位置づけることはできるかもしれない。

図 0-1　カメルーンの象牙製宣教師像（Lips 1966：169, fig.138）

図 0-2　コートジボワールの彩色された木製宣教師像（Meynet & Meynet 2013：155）

二　パリ植民地博覧会とカトリック宣教団パビリオン

もっとも、一九世紀後半から二〇世紀前半、第三共和政期のフランスとアフリカ造形文化の関係を、民族誌博物館での展示やピカソ（P. Picasso）やブラック（G. Braque）らによる美的価値の「発見」といった主題群だけでなく、より広い視野のなかに置いて考察してみるならば、前述してきたキリスト教的造形の捉え方ももう少し複雑なものとなってくることが当時の資料を渉猟していると徐々に判明する。そうした視野を提供してくれる事例の一つが、フランスの植民地支配の「文化的」到達点の一つともいえる一九三一年のパリ植民地博覧会における「カトリック宣教団パビリオン（Pavillon des missions catholiques）」の展示である。

パリの南東ヴァンセンヌの森にて約半年間、数百万人の国内外の来場者を迎え入れたこの博覧会に関しては、その政治的・歴史的・文化的な観点からさまざまな研究がなされており（モルトン 二〇〇二、アジュロン 二〇〇三、Hodeir & Pierre 2011）、チュニジアやモロッコなど、各地域の名を冠して博覧会を彩った植民地地域のパビリオンや、それらを統括するかのごとく鎮座するポルト・ドレ宮など、各パビリオンの配置に織り込まれた意図や建築装飾などの仕掛けの多様さや周到さに関しては多くの論者が首肯するだろう。そのような博覧会会場の中央を走る大通り、来場者の大半が歩いたただろうその通りの一等地ともいえる場所に屹立していたのが

図 0-3　「フランス領植民地大通り」を写した当時の絵葉書（所蔵：筆者蔵）

図 0-4　カトリック宣教団パビリオンのファサードと鐘楼（De Reviers de Mauny 1931：n.p.）

「カトリック宣教団パビリオン」であった（図0-3、0-4）。建築家ポール・トゥルノン（P. Tournon）による設計のこの建物は、鐘楼を備え、アフリカ一帯での宣教活動について展示する棟と、アジア地域などに関する展示区画に加えてミサを執り行うことができるよう、クリプト、身廊、洗礼室を設けたもう一棟とで構成されていた（図0-5）。両大戦間期フランスの女性芸術家による教会装飾制作への参加の文化的・政治的背景を分析した味岡京子は、同パビリオンの装飾、とりわけヴァランティヌ・レール（V. Reyre）がマルグリット・ユレ（M. Huré）と共に担当したステンドグラスに着目し、その聖ヨセフの図像表現のうちに植民地地域の全人種と（同時代および移設先に住まう現代の）労働者階級とを、まさに家父長的な仕方で保護するものと看破している（味岡 二〇一八：一四〇-一六八）。

味岡の優れた研究や、パビリオンのファサードに注目したカベザスの興味深い記述（カベザス 二〇一八：一五二-一五三）は当時のカトリック宣教団の意向や趣旨を如実に示すものとして重要であるが、このパビリオンで来場者を待ち受けていたのは、フランス人芸術家らの手になる装飾や品々、建築物それ自体だけではなく、宣教団が派遣されていた植民地を含む世界諸地域（近東・極東アジア、シリア、アメリカ、オセアニア、マダガスカル、赤道・西アフリカ、モロッコ、アルジェリア）の品々も含まれており、それらの品々は、西洋とは異なる地域へ派遣された宣教師らの活動と当地の文化や慣習、宣教の成果などを来場者に示すために展示されていた。博覧会後に少数部出版されたカタロ

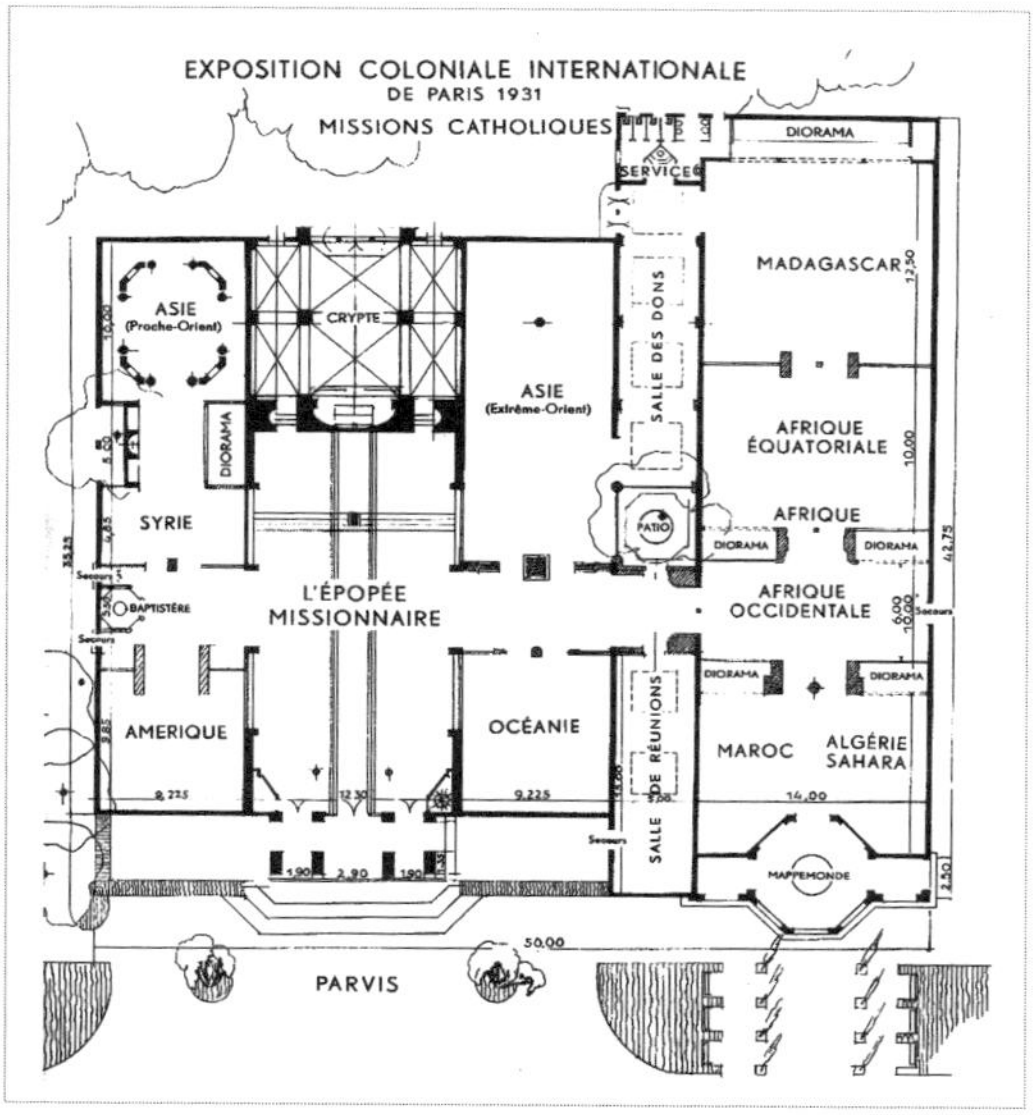

図0-5　「カトリック宣教団パビリオン」見取り図
（De Reviers de Mauny 1931：n.p.）

グを見ると、その展示風景の一部をうかがい知ることができるが、なかでもここで関心を引くのは被植民者の手になる彫像、とりわけ植民地アフリカにおけるキリスト教的図像やモチーフを取り込んだ彫像が部分的に紹介されている点であろう。たとえばフランス領アフリカの展示区画紹介のページでは、キリスト教の普及と当地での信仰を示す有用な図像として、十字架を手にしたキリスト者を模した彫像とともに、キリストの磔刑を再現した真鍮製彫像が掲載されている（図0-6）。ギニア湾沿岸部でしばしばみられるアーモンド型のやや突出した眼をもつこれらの彫像は、とりわけ前者に関しては「コロン」と形容されてもおかしくないような対象であるが、少なくとも宣教団らにとっては単なる「ツーリスト・アート」として紹介、解釈されるものではなかった。実際、磔刑像の下に書かれた紹介文では、「コートジボワールとダオメの原住民らによるキリスト教美術の最初の試み（premiers essais）」と記されており（左頁の父子像は別の雑誌にて聖ヨセフとして紹介されている（Guilcher 1931：182））、これらの図像は植民地地域へのキリスト教布教の深度を証すものとして機能している。さらに、図版が掲載されたページには、ダオメ王国へと赴いた神父やシスターらと、かの地の王ベアンザン（Béhanzin）らとの交渉に関する簡単な記述、さらには初等学校四二校をはじめ各種学校施設が宣教団や修道女会らによって設立、運営されている状況が紹介され、それらとともに、「カトリック教会が神父らによって建立され、そこで宗教芸術（art religieux）が発展している」と記されている（De Reviers de Mauny 1931：n. p.）。

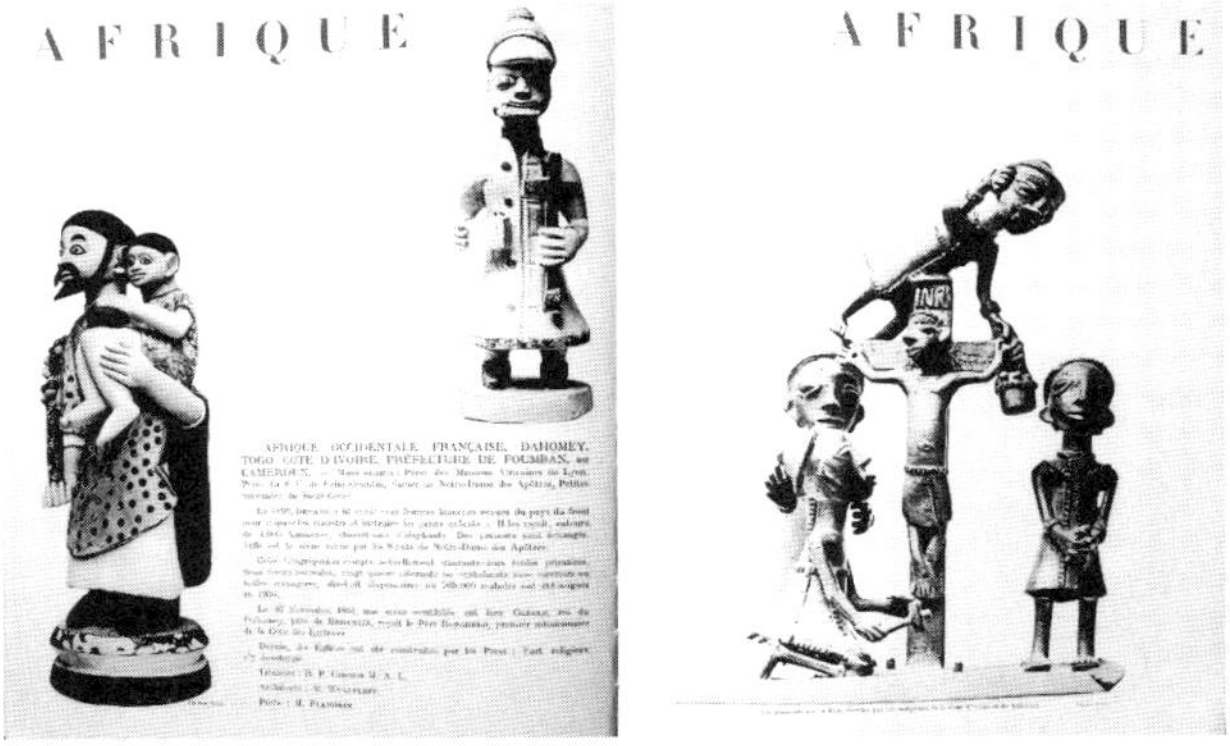

図 0-6　フランス領西アフリカでの布教状況を伝えるページ
（De Reviers de Mauny 1931：n.p.）

パビリオンの展示に協力したのはフランスのさまざまなカトリック系団体で、このカタログにはパビリオン運営の中心団体である「布教事業団」、前述の磔刑像の所有者でありギニア湾沿岸部での活動を任されていた「アフリカ宣教会」、マグレブ地域での活動を担い「白い神父」団の別名で知られていた「アフリカ宣教師会」、日本での活動も有名な「パリ外国宣教会」などをはじめ、四〇を超える宣教団、教育修道会や修道女会などが名を連ねている。パビリオンの委員一覧に目を転ずると、これら宣教会の代表のみならず、アカデミーフランセーズ会員ジョルジュ・ゴヨー（G. Goyau）、ジャーナリストで文筆家のロラン・ドルジュレス（R. Dorgelès）、さらには財政省名誉総局長やインドシナ名誉総督といった政界・植民地事業界隈の多数の名士が加わっていることがわかる。

委員会委員長を務めたラカズ（L. Lacaze）海軍中将は、カトリック宣教団体系専門誌に掲載されたパビリオン設立趣意のなかで、この建物の意義について、「一九三一年春にヴァンセンヌで開催されるはずの植民地博覧会は、もしそれがかの領域に対して賛意を示すことがなかったのならば不完全なものとなろう。その領域とは、霊的なものであると同時に文明化を促し、さらには歓待的でもある（spiritual, civilisateur et hospitalier）領域、つまり宣教活動である。リヨテ元帥殿が示されたのがまさにこの考えであり、博覧会代表委員会はさまざまな宣教会の活動が示されるような、そんなパビリオンのために場所を設けたのだ」と語り、フランスのカトリック信者だけでなく、フランスによる文明化の拡大に対して自負の念を抱きながらも「宗教的事柄には無関心でさえあるすべてのフランス人」にも訪問を呼びかけている（Lacaze 1931：142）。

リヨテ（H. Lyautey）元帥の威光はもとより、ラカズ海軍中将といった軍部役職の存在は、フランスによる植民地の文明化が武力による「平定」と不可分であることを暗示しつつ、こうした国家的な植民地の「平定」が「霊的」で「文明化を促し」「歓待的」な活動によって補完されうるという主張の広告塔として機能し、翻ってフランス植民地事業におけるカトリックの同時代的役割が公に喧伝されることとなる。いわば、この建物がヴァンセンヌの森に屹立したのは、一八世紀来の啓蒙主義と反教権主義の流れにあって、国内外の植民地博覧会来場者に対してカトリックの同時代的意義を植民地化という主題に合わせてアピールするという目的に沿ってのことだった（Hodeir & Pierre 2011：58-67）。そして、パビリオン内部で展示される「発展」の真っ只中にある「宗教芸術」の存在は、植民地でのカトリック宣教の「成功例」として、そして西洋的諸価値の伝播を担い植民地化を支える重要な存在として、さらには植民地宣教活動を喧伝する主題として引き合いに出され、宣教師、さらにはフランス・カトリシズムの同時代的意義を担うものとして位置づけられている。

プリミティヴィストが嘆くところの宣教師による「文化破壊」は、宣教師の側からみれば「宗教芸術」の「発展」として形容されるのであって、植民地状況下のアフリカ文化はその解釈地点の差異が文化変容に対する評価のズレへとそのまま帰着する。もちろんこうした差異は、植民地アフリカで宣教師らによる西洋化が進む事態を「帝国主義的ノスタルジー」とともに嘆くか、あるいはフランスによる同時代的「義務」とその成果として称揚するかの違いであって、両者が「文明化」された西洋と「未開」の非西洋という対立構図を共有していることは明白である。とはいえ、パビリオンにおける展示やその紹介を通じてみえてくるのは、フランスの植民地主義的介入に少なからず関与し、植民地の新たな文化様式の登場に与していた宣教師らの姿である。

三　「文明化の使命」と共和国的理念

さて、西洋による海外進出とキリスト教宣教による文化変容の歴史は、近世来の中南米やアジア諸地域での無数の宣教会・修道会の活動など枚挙に暇がなく、何もこの時代特有のものでもフランス特有のものでもなく、古典的な主題ともみえよう。イエズス会による活動はその第一のものともいえるだろうし、彼らの南米諸地域における美術制作への関与や実践を「精神的征服の武器」として取り上げた岡田・齋藤による研究は、近世におけるキリスト教宣教と生成変容する「植民地美術」との文化的ダイナミズムを入念に解きほぐした優れた研究の一つであろう（岡田・齋藤二〇〇七)。「全世界に行って、すべての造られたものに福音を宣べ伝えなさい」(新共同訳聖書「マルコの福音書」一六:一五)という聖書のことばが、必ずしも植民地主義を意味するものではないことには留意しておく必要があるが、「全世界」への布教を担う当事者らにとって、布教およびそれに伴う文化実践がときに植民地主義的な仕方でなされたことも確かであろう。

では近世以降、とりわけ啓蒙主義以降の近代ともなればどうであろうか。各宣教会・修道会のみならずキリスト教全体に対する世俗権力や学者の側から批判的思潮が高まり、啓蒙主義による合理的思考と科学的精神の涵養、さらに公的空間からの宗教的諸要素の排除——フランスであれば、いわゆる「ライシテ(脱宗教性)」の時代への突入——そのような時代にあって、植民地化を主導する国家権力とキリスト教諸勢力との関係は自ずと変化し、とりわけ啓蒙思想家らによるキリスト者や宣教師らへの批判が散見されることとなる。フランスの共和国的理念の礎を築いた一人でもあるコンドルセ(N. de Condorcet)の次の言葉はそうした例の一つであろう。「われわれがアフリカやアジアで行った事業や植民の歴史をたどってみよう。しからば諸君は、われわれの商業上の独占、人種や信仰の異なる人びとに対するわれわれの裏切りや血腥い侮蔑などを見出すであろう。またわれわれの横暴な簒奪、われわれの司祭たちの無法な改宗勧誘や陰謀が、先にわれわれの知識の優越性と商業上の利益とによって獲得しておいた尊敬と同情との感情を毀損したことを見出すであろう」(コンドルセ 一九五一:二五〇–二五一)。

とはいえ、先のカトリック宣教団パビリオンの例にみた通り、一九世紀、二〇世紀に入り、植民地事業が商業的・宗教的関心から国家的関心へと変貌する過程で、キリスト教との関係性が切り捨てられたわけではなかった。むしろ、フランス本国における公的事業の「脱宗教性」と併行する形で、植民地地域では植民地行政と宣教師をはじめとした宗教団体諸力との協力体制が敷かれていたのが実情であった。「ダブルスタンダード」ともいえるこうした態度を端的に示すのが、一九世紀後半のフランスで政治家らによってしばしば語られた、ガンベッタ(L. Gambetta)によるものとも、ベール(P. Bert)のものともいわれるが、その着想源はフレシネ(C. de Freycinet)にあるとされる「反教権主義は輸出品目ではない(L'anticléricalisme n'est pas un article d'exportation)」という言葉であった(Ageron 1972 : 196, Delisle 2009 : 9)。フランス本国で高まる「反教権主義」の動きが、必ずしもフランスの国外での活動を基礎づけるものではないことを示すこの言葉は、国家事業とカトリックとが植民地地域においては一概に反目するものではないという第三共和政期フランスの立場を物語っている。

もちろん、こうしたキリスト教陣営の動向はフランスに限定されるものというよりも、同時代のバチカン側の意向、すなわち植民地化に与する宣教という方針があったことも関わっている。近代宣教史を専門とする研究者の一人クロード・プリュドム(C. Prudhomme)は、一九世紀後半の西洋による植民地化の動向と宣教との関わりは、一部では表向きに批判されていたものの、実際の状況は一種の「連帯」があったことを次のように説明している。「とはいえ、宣教と植民地化との間には事実上の連帯が徐々に確立することになった。この連帯は、文明伝播の企図(projet civilisateur)のうちに共通の理想を認めており、一九世紀後半の時代、その理想のなかで二つのパースペクティブが同じ焦点へと向かうこととなったのである。キリスト教的西洋による世界の領有が聖史へと書き込まれ、その歴史においては西洋による領土拡大が神の望まれた一時期となっているのである。クリストファー・コロンブスによるアメリカ大陸発見を祝う回勅は、こうした考えを集約しつつあいまいな形で表明している。「ノアの新たな方舟、クリストファー・コロンブスは、諸大国の萌芽と洗礼名の始源とを海外の地へ運んだのだ」(レオ一三世による回勅「ロンジンクア・オチアニ」、一八九五年)」(Prudhomme 2004 : 104–105)。一九世紀後半においては、カトリックのみならずプロテスタントも、さらにはフランスのみならずイギリスやドイツにおいても、宣教と植民地化はあいまいな形ながらも緊密な連帯関係を結んでいた。そして、キリスト教会側が自らの活動をナショナルな利害関心と関連づけるための手がかりとなったのが、フランスの場合であれば、「文明(化)」をめぐる諸観念であり、「文明化」の責務や道義を担う存在としてのフランス国という考え、いわゆる「文明化の使命(mission civilisatrice)」であったのだ。

フランス植民地主義研究者のマーフィー(A. Murphy)やコンクリン(A. L. Conklin)、平野千果子などによれば、地理学協会におけるアフリカ諸地域の植民地化の気運の高まりは、一八七八年頃から徐々に、「より大いなるフランス」を掲げる帝国主義的ナショナリズムの思潮と相まって、政治家らにとってアクチュアルな関心事となっていった(Murphy 1948, Conklin 1997, 平野 二〇〇二)。マグレブ地域や東南アジア地域、そしてサハラ以南のアフリカといった非西洋地域は隣国との植民地獲得競争のなかで獲得されたが、それを合理化するために経済的な開発可能性が探られ、そして人権や平等を寿ぐ共和国的理念と真っ向から衝突する自らのその営為、すなわち植民地化という営為の正当化が模索されることとなる。「文明化の使命」とは、奴隷貿易の存続・廃止をめぐる議論、さらに植民地の拡張をめぐる議論のなかで、ガンベッタ、フレシネ、ジュール・フェリー(J. Ferry)といった当代の政治家らが、フランスによる非西洋の植民地化を正当化する際に依拠した観念であり、この時代のフランスの植民地観および植民地政策を少なからず規定した理念となっていく。文明化の手段や暴力性、前提とされた人種的・民族的ヒエラルキーに対する批判は当時から存在していたにせよ、フランスが「文明化の使命」を有している、そして他の民族らが「文明化」されることを望み、賛同しているという西洋中心的な主張は、当時においてそれ以上に強かった。コンクリンは「文明化の使命」の実態解明を通して次のような結論を提示している。「フランスによる文明化の使命の内実や、フランスによる諸営為を正当化するのに文明化の使命が役立ったその仕方を知らなければ、アフリカにおける帝国の獲得、発展、持続は十分に説明されえない」(Conklin 1997 : 248)。

「文明」、そして「文明化」をめぐる議論については、ノルベルト・エリアス(N. Elias)による古典的研究やドイツ的「文化」概念との対比を論じる西川長夫による研究(エリアス 一九七七、西川 二〇〇一)、さらに右のフランス植民地主義論を通じてすでに多くの優れた研究があり、屋上屋を重ねることは可能なかぎり控えたいが、ここで確認しておくべきは、植民地化そのものともいえる「文明化」の営為が、一見矛盾するかにみえる共和国的理念に支えられていたという点であろう。J・R・ジョンソンことC・L・R・ジェイムズ(C. L. R. James)は「奴隷貿易と奴隷制がフランス革命の経済的基盤」であり、貴族階級を打倒し共和国を打ち立てんとするブルジョワ階級らの立脚点が「奴隷貿易と奴隷制」であったことを看破していたが（James 1963：47）、人権や平等といった諸観念が「奴隷制」の存続・廃止双方の陣営に都合よく援用されていた状況は、共和国理念のもとに進められる植民地化－文明化を十全に物語っている。つまり、ナポレオンによる奴隷制の復活、一八四八年の奴隷制廃止宣言へと至る半世紀ほどの期間にて、奴隷制と共和国的な理念との関係は奴隷制存廃の立場に応じて恣意的な形で結びつけられ、「制度の維持派が唱えていた奴隷制＝文明化という図式が、最終的に崩され」、「奴隷制の廃止こそが「文明化」の条件であるという主張が確立することとなる」（平野二〇〇二：五二）。いわば、奴隷制存廃の両者が自らの立場を正当化するために持ち出すものこそ「文明化」という口実であった。

奴隷制廃止に関する政令からは、人権の尊重と人類愛を寿ぐ共和国の高尚な理念の反映がみてとれよう。「奴隷制は、自由・平等・友愛という共和国的教義（dogma républicain）の異論の余地なき侵害である」（フランス領植民地における奴隷制廃止に関する一八四八年四月二七日の政令）。しかし多くの論者が指摘するように、こうした奴隷制廃止こそ「文明化」であるという考えは、非西洋圏の一部に存続していた奴隷制への介入・廃止の大義名分として掲げられることとなる。「奴隷制に対する闘いは、いまだこうした実践［奴隷制］を容認していた「無作法な（incivils）」国々に対して軍事介入するための正当化の道具となった。植民地事業は奴隷制廃止のうちに、「フランス文明」の優越性の決定的な証拠を見出したのである。より一般化していえば、人権宣言の普遍主義、人権宣言が表明する「普遍的なものへの使命」、それこそが、それまで権利というものを奪われてきた人びとに権利を拡張するという観点から、フランスをして自らの植民地征服戦争を思いつくことを可能とさせ、それを強いるのである。こうして、植民地事業は自らを正当なものとしてのみならず、一種の道義（devoir moral）としてその様相を呈し始めるのである」（Constantini 2008：58–59）。

自らの行為を正当化するため「文明化」が「道義」として語られるとき、人種間の優劣を語り、「文明化」の「義務」を主張するフェリーのかの有名な答弁が出てくることは、フランス第三共和政において必然でもあり悲劇でもあろう。

大革命に端を発する共和国的理念がフランスの植民地帝国形成とその存続と矛盾するものではなく、むしろ前者と後者とのつながりによって生起する「植民地共和国」による「他者」への介入は、第三共和政の時代のみならず現代においても形を変えつつ残存する「文明化の使命」のロジックの正体であろう。「ある集団やある国家が平和への脅威だとみなされていたり、さまざまな集団や個人が宗教・慣習を理由に迫害されているとき、何をすべきだろうか。どのような名目で、だれの名のもとに、ある集団や国家に宣戦布告をし、みずからの文化を押し付けることが許されるだろうか。植民地世界において力による正当だとみなされるのは、目的が手段を正当化するからではないか。つまり、文明化の名において、介入は正当とされるのである」（バンセル他 二〇一一：九七）。

四 「文明化の使命」の時代を生きる

奴隷制や植民地化の議論を現代の世界情勢へと一挙に拡張することには注意が必要だろうが、一九世紀後半から二〇世紀前半の政治のみならず、さまざまな植民地主義的な文化事象が現代にも大きな影響を及ぼしていることは付言するまでもない。とはいえ、改めて本章の主題の一つである宣教の主題に立ち戻るならば、「文明化の使命」の理念やロジックに対して宣教師らが、さらにはキリスト教会側がどのように応じたかが問われることとなろう。

一九世紀から二〇世紀にかけての共和主義的理念と反教権主義の高まりは共和派とキリスト教会陣営との間の激しい議論を生じさせ両者の相克をもたらしたが、植民地地域ではその相克はいったん括弧に入れられ、一種の「連帯」関係にあったことはすでに指摘した通りであり、プリュドムやドートンの研究が詳述している通りでもある（Prudhomme 2004, Daughton 2006）。なるほど、理性崇拝の実践を行った大革命期の理念を引き継ぐ共和派にとって、自らが進める「文明化」とキリスト教による宣教とはその到達点は大きく異なるため、「「文明化」は共和主義者たちの語彙であり、そこにキリスト教は含まれないと捉えるべきだろう」（平野 二〇〇二：一七二–一七三）との見解には一定の妥当性は認められよう。教会財産の没収、教会施設の破壊、公教育からの聖職者の締め出しなど、一九世紀末から二〇世紀初頭にかけての反教権主義的な流れと政教分離関連法案整備へと向かう時流において、共和派と保守派、第三共和政陣営とキリスト教会陣営との対立のなかで、一方のロジックともう一方のロジックとが対比的に構築され、脱宗教化への大きな歴史的うねりを生み出していることは間違いない。しかし、繰り返しになるが、植民地地域における宣教および宣教師の役割、それに対する共和国側の態度はきわめてあいまいで、両者の立場を截然と二項対立的に位置づけることが難しいことも事実であろう。とりわけ、ナショナリズムと政教分離という大きな二つの思潮のなかで、キリスト教会側、そして宣教師らは当世を乗り切る術を巧みに講じていることには留意するべきであろう。

アメリカ大陸「発見」を祝う回勅「ロンジンクア・オチアニ(Longinqua oceani)」を発し、また、共和派と王党派に分裂したフランスの和解に尽力したことでも知られるレオ一三世(Leo XIII)もそうした人物の一人であろう。彼が、アフリカの地で「白い神父(Pères blancs)」の別名で知られる「アフリカ宣教師会」を率い布教に尽力していたシャルル・ラヴィジュリ(C. Lavigerie)を、その海外宣教の実績と貢献を理由にアルジェリア枢機卿に任命し、その勢いで彼をして共和派と王党派の和解に努めさせようとしたのは、フランスで高まるナショナリズムと政教分離の流れを何とか乗り切ろうとするカトリック陣営の政治的思惑が強く反映している(Renault 1989)。そしてそこには、政教分離へと向かう時流にあってなお、宣教という主題がフランスによる植民地事業にとって重要な要素であることを根拠の一つとして、カトリックの同時代的存在意義の確保を試みようとする意図すら認めることができよう。ラヴィジュリにしても、宣教師らをアフリカへと派遣する際に、「私たちは[神の国のためと同時に]フランスのためにも働いている」と、宣教師らに自らの「使命」を伝えていたとされるが(Neill 1966 : 349)、ここにはキリスト者であり宣教師であるものが有する職業上の使命と、自国の植民地事業への参与の意志とその貢献を内部にも外部にも示そうとする戦略的な振る舞いとの共存をみてとることができる。

宗教学者ボベロ(J. Baubérot)は、一九世紀に高まるナショナリズムとカトリック宣教団との錯綜した事態について次のように語っている。「カトリックの布教団は、イギリスのプロテスタント布教団に対抗して、「フランスの国益」を守っている。カトリックと共和主義という二つの普遍主義が、文明化の看板を掲げた自民族中心主義と祖国愛のなかで出会っている。そこでは、「祖国への愛」が人類愛を押しのけようとしている」（ボベロ 二〇〇九：九〇）。人権や平等を「普遍的な」理念として掲げる共和主義的立場と、「普遍的な（katholikos）」ものを自任するカトリック教会の立場とが、フランスという個別的かつ国家的関心のなかで互いに手を取るのである。

植民地地域における反教権主義の流れもなかったわけではないが（Delisle 2009）、宣教団（布教団）という形でフランス領植民地地域へと派遣され、おおむね当地ではごく普通の形で、さらには親密な形でフランス植民地行政と共存関係にあったことは確かであろう。加えて、植民地でのカトリック布教の保護を取りつけ、共和国理念の及ばぬ「植民地」での共和国とカトリックとの協力体制は、教皇庁自身の努力というよりも、ライシテ関連法案推進者の代表でもあったフェリーの努力の賜物であったという事実は（ボベロ 二〇〇九：八二）、まさに植民地事業において政教が分離せずに、また完全な合致というわけでもない、付かず離れずの関係にあったことを示している。「野蛮」な非西洋を「文明化」するという口実のもとに進められる植民地化こそ、世俗化する西洋社会における政教の相克を一時的に中和しうる同時代的関心事にほかならず、その最終目的は違えども、植民地というトポスにおいて両者が交わるとするならば、「文明化の使命」という当時の理念を双方が共有していたからであり、たとえ共和派が宣教師の営為を「文明化」として認識しようとしなかったとしても、後者の側は、一種の「渡世」の言説として自らの営為をフランスによる植民地の「文明化」という文脈へと接合させていたと考えることは可能であろう。

実際、一九世紀後半、ギニア湾沿岸地域での布教を進めていた「アフリカ宣教会」は、ダオメをその主要な布教先としていたが、当地へと派遣された宣教師らは「人身供犠」や「アマゾネス」、「偶像崇拝」や蛇信仰などが入り乱れ、ベアンザンをはじめとした王が恐怖をもって統治する地域として当地を表象していた。フランスによるダオメ征服直前の一八九三年、アフリカ宣教会所属の宣教師はある講演会で、「ダオメの問題は人道的問題（question humanitaire)」であり、「文明の首都パリが、野蛮の首都アボメイを消失させせんことを！」と語っている（Salvaing 1994 : 78）。ここにみられるのは、「異教」の地には「野蛮」な営為が蔓延しており、その地域を文明国が支配することは単なる暴力・戦争という以上の精神的な務め、「人道的問題」、つまり「野蛮」な地を制圧し「人道的」な対処をすることこそ西洋の義務であるという認識であり、当時のフランス植民地主義を代弁する「文明化の使命」のイデオロギーに宣教師らが積極的に与していこうとする態度である。

本章冒頭の話題に立ち戻るならば、宣教師らを模した「コロン」やカトリック宣教団パビリオンに展示された彫像が、「退廃」したアフリカ美術なのか、あるいは誕生したばかりのキリスト教美術なのか、はたまた植民地状況下に生まれたモダニズム彫刻なのか、どのように語り、どのような種類の歴史へと位置づけるべきかここで結論を出すつもりはない。しかし、少なくとも、これらの彫像の制作や受容そして評価は、キリスト教宣教、植民地主義、そして第三共和政期の共和国理念といった主題群を介して行われており、宣教団の植民地地域での活動を保証する一つの宗教的造形表現としても機能していたことは十分理解されよう。議論を第三共和政期のより広範な文化事象へと敷衍して考えるならば、「文明化の使命」の諸状況へと巻き込まれた人びとの営為、言説、作品の再考は、第三共和政期のキリスト教、植民地主義、共和国理念をめぐるイデオロギーのなかで巧みに自らの立場を確保し、その存在意義を主張する、そうした人びとの姿と営為とを明るみに出す作業となるのではないか。そうであれば、第三共和政による植民地事業と植民地地域へのキリスト教宣教との蜜月の関係を可能とさせたイデオロギーの内実やその現場を表現したさまざまな思想や表象、文化的営為の分析は、第三共和政期フランスの屈折した文化・宗教の様相を新たな仕方で提示できるのではないだろうか。

一九世紀末から一九三〇年代にかけて、植民地をはじめとする「非西洋」の文化や表象の歴史は豊かなものであるがゆえにさまざまな問題へと開かれており、すでに数多くのインクが費やされてきた。二〇世紀初頭から高まるアフリカやオセアニアの彫刻群への美的関心の高まりとピカソやヴラマンク（M. de Vlaminck）といった美術家らの存在、第一次大戦期の「セネガル歩兵」の活躍、一九二一年のルネ・マラン（R. Maran）によるゴンクール賞受賞、一九二五年のジョゼフィン・ベーカー（J. Baker）による「ニグロ・レヴュー」、そうした系譜の先に存在するシュルレアリストらによるオセアニア彫刻の収集と「植民地博覧会へ行くな」というスローガン、プリミティヴィスムやシュルレアリスムの名とともに語られるこれらの一連の美術史上・文化史上の出来事は、幾多の優れた論考によって分析されてきた（クリフォード 二〇〇三、鈴木・真島 二〇〇〇、吉澤 二〇一五、澤田 二〇一七）。

文化・芸術研究においてなおもこの時代の「非西洋」をめぐる言説への異なる観点が残されているとすれば、その一つは、先に指摘したカトリック宣教団パビリオンのように、政治的かつ文化的な舞台から排除されつつある存在が、それにもかかわらず（あるいはそれだからこそ）、政治と宗教、フランスとサハラ以南のアフリカに代表される植民地地域との間の複雑な網目において、時流を巧みに捉え自らの存在価値を強く訴えられる舞台を見出そうとする人びとの営みを再考することではないだろうか。当然のことながら、歴代のフランスの支配者らとキリスト教、とりわけカトリック教会とが常に蜜月の関係にあったわけではなく、両者の政治的・文化的な錯綜状況は古来より数多のキリスト教文化・芸術を産出する背景となってきた。しかし、ことに一九世紀後半から二〇世紀の文化・芸術は「モダニズム」とそれを抑圧する（ないしそれに隠蔽された）アカデミズムとに焦点が当てられ、そこではキリスト教的文化・芸術は遠景のなかでもさらに遠景へと追いやられてしまっていたことは否めない。しかし、ここまで述べてきた通り、植民地主義に奉仕する宣教師らの営為は第三共和政期の植民地に関する／における文化に少なからぬ影響を及ぼし、彼らを媒介した文化や活動が新たな思想や表現を誘引してきたことは間違いない。こうした宣教師と同様に、近代国家形成にあたっての政教分離や植民地主義の高まり、共和国的理念や人種主義的観念の形成など、さまざまな政治的・思想的な諸要素の布置のなかで、自らの存在価値と第三共和政期の諸潮流との「整合性」を探り、巧みに自らの利害と立場を確保する人びとの思想や作品に注目するならば、彼らの思慮深くかつ抜け目ない「渡世」の言説がみえてくるだろうし、それを通じてこの時代の思想、文化、表現を再考することができるのではないだろうか。

こうした関心のもと、本書は企画された。

五　本書の構成と内容

三部からなる本書の構成と内容について、簡略ながら順を追って説明しておこう。

まず第一部では、第三共和政成立期のフランスの人種主義や宗教をめぐる主題の分析を通じ、「文明化の使命」の時代の思想的背景を明らかにするとともに、共和国的理念のもとに進められる政治的・思想的圧力を巧みに自らの利害関心へと接合し、時流を生き抜いた人びとの姿が描かれる。植民地化を正当化するための「学術的」あるいは大衆的な人種理論や人種観が蔓延する時代にあって、支配的言説を構築する側とそれを巧みに乗り越えようとする人びとは、自らの立場を擁護するためにさまざまなロジックを用いて、ときに人種理論を擁護し、ときに既存の人種観を宙吊りにさせている。第一部において、「文明化の使命」の時代を規定し内破させようとする複数の思潮が、とりわけ「人種」の主題を介して明らかとなろう。

公的空間からの宗教の排除、いわゆるライシテの気運が高まる時代、国外地域の植民地化の流れが同じく高まった思想的背景には何が存在しているのか。第一章の江島論文は、第三共和国の理念が整備されていく過程と「他者」支配を正当化するための理論形成との重要な接点の分析に迫っている。脱宗教化と植民地化という二つの流れを推し進めたのがフェリーであったことはよく知られているが、脱宗教化をめぐる彼の政治的・教育的理念、さらに植民地化という企図を共和国的なものへと接続させた彼の人種観は突如湧き出てきたものではない。フェリーに先行するミシュレ（J. Michelet）、ルナン（E. Renan）、ユゴー（V. Hugo）という三人の思想とテクストの比較分析から現れてくるのは、大革命に根拠を求める共和国理念および「祖国」意識の醸成であり、そこから生じる教会権力からの解放、そして新たな権力たる第三共和政を正当化するためのロジックの彫琢のプロセスであろう。「平等」の原則に基づき国民にライックな教育を施すことの主張は、国内外の分節化された「異なる」人種を統べ、彼らを「文明化」するロジックと併存し、両者は共和国的な「義務」の形で、さらには人間（史）の「発展」という理念の形で推し進められ、強制されることとなろう。江島論文でも指摘されるように、この二つの「義務」をめぐる思想的背景や併存関係は多様であり、一様の解釈は不可能であるが、共和国の内部と外部、あるいは植民地共和国全体の問いとして本書を超えて開かれているだろう。

第三共和政初期の人種の分節を介した西洋白人世界のヘゲモニー確立とそれに対する異議申し立てを二つの対照的な人種理論から考察するのが第二章の長谷川論文である。同章は、「科学」的装いをした人種理論の代表者であるゴビノー（A. de Gobineau）の『人種不平等論（*Essai sur l'inégalité des races humaines*）』や当時の形質人類学の潮流を振り返りつつ、ゴビノーに反駁するアンテノール・フィルマン（A. Firmin）による『人種平等論（*De l'égalité des races humaines*）』の議論を読み解き、当時の人種区分の恣意性・政治性を告発するフィルマンの意図が、彼の出身地ハイチを例とするような黒人の権利回復、人種的混血の可能性の主張にあったことを指摘する。人種の平等がもたらす「凡庸さの最終段階」を嘆いてみせる自称貴族のゴビノーの身振りが反近代的なものとすれば、人種の平等と混血の可能性を説くフィルマンの姿勢は近代的かつ未来志向的なものといえよう。しかし、長谷川も指摘する通り、彼らの議論が真正面からぶつかるものとはいえ、両者はともに「人種」の存在を疑わず、「人種」を基盤に文化や社会の差異や変化を論じている点は、同時代の人種概念の堅固さを物語る。しかし、こうした時代的制約の先に、そしてその再検証の先に、文化相対主義的な見方や人種的・文化的混淆性の賛美が訪れることを長谷川は追記しており、現代においてもゴビノー／フィルマンらの人種をめぐる議論は再検討される余地が多分に残されている。

「科学」によって説明されていた人種という通念や偏見と向き合い、その偏見を是正し西洋白人が支配する世界へと参入していこうとするフィルマンの試みは、第三章の鈴木論文によって展開される、ユダヤという「人種」がいかにしてフランス社会へと参入することができるか模索し実践する過程と重なる部分が大きい。両論文が示すのは、人種的に虐げられた者たちによる近代フランス世界への平等的な参画であり、文化政治的ヘゲモニーへの挑戦の試みであろう。鈴木が描き出すのは、「科学」やイデオロギーによって「セム人」として分節され、マジョリティとは異なる存在として集団化されたユダヤ人たちが直面した第三共和政期の一局面である。ユダヤという宗教的共同体の伝統と、フランス国民という政治的共同体の理念とを調停しようとしたレオン・カーアン（L. Cahun）の著作の分析からみえてくるのは、マイノリティとして共和国に生きるものたちが要所要所で選択する虚実入り交ざった戦略的共同体意識であり、順応とも抵抗とも峻別しえないアイデンティティの模索および構築過程である。「人種」による本質主義的な「他者」認識を否定すると同時に共和国への愛国心を示そうとするカーアンの文学を介した実践は、フランス共和国本国に生きる他のマイノリティの戦略および植民地地域の被植民者らの諸戦略とともに比較検討しうる主題となろう。

人種の分節に基づく「他者」支配が理論的にも現実的にも突き進むこととなった第一次共和政期にあって、「他者」たる被植民者はいかなる表象のもとに描かれることとなるのか。一九世紀後半以降、サハラ以南のアフリカは西洋による植民地分割の対象となると同時に、移動手段が容易になったこともあり、ヨーロッパ大陸からの数多くの植民者やジャーナリストの訪問先となり、その経験と印象に基づく文学作品が出版されることとなった。植民者として、あるいはジャーナリストとして、カメルーンおよび西アフリカ諸国（セリーヌ）、セネガル（ドゥメゾン）、ケニア（ケッセル）、ガボンやコンゴなどのアフリカ各地（シムノン）を旅した計四名の作家を扱う第二部は、時代的要請に基づく新たな文学ジャンル（「植民地文学」、「ルポルタージュ」）の固有性を踏まえつつ、植民地に生きる「他者」、さらには植民地という「他処」の分析を行っている。

第四章の吉澤論文は、一時的ながらも現地の商社で働く植民者としての経歴をもつ二人の作家ルイ＝フェルディナン・セリーヌ（L.-F. Céline）およびアンドレ・ドゥメゾン（A. Demaison）を対比させながら、両者の植民地アフリカ人に対する表象の差異、さらにはその後の反ユダヤ主義的傾向の誘因を探る。植民地で売買される「ハンカチ」への対応の仕方に表れるように、ステレオタイプ化された無名の「複数」の存在として被植民者を描くセリーヌと、主体的に振る舞う被植民者の存在やグリオのディエリ・モリ（D. Mori）との親密な思い出などを作中に織り込むドゥメゾンとは対照的である。後者は、植民地主義的プロパガンダに奉仕する「植民地文学」というジャンルを生きつつも、自らの反エリート主義的意識を被植民者へと奇妙な形で投影するのであり、こうした意識がユダヤ系資本家らに代表される資本主義の「エリート」集団への敵意の要因ともなっている。名を有する被植民者の主体性を織り込む新たな可能性を開きつつも、自らその扉を閉じてしまうドゥメゾンの振る舞いからは、被植民者の表象が、あるときはその主体性・個別性を重視したものに、またあるときはその匿名性・集団性を強調したものに容易に変更可能な操作対象であることを物語ってもいよう。

セリーヌとドゥメゾンらと同様、植民地アフリカへと赴き、自らの経験と印象を元手に作品を創り上げるジョルジュ・シムノン（G. Simenon）とジョゼフ・ケッセル（J. Kessel）という二人の作家に注目する第五章のランバル論文は、近代的ジャーナリズムの「ルポルタージュ」という観点から、「他者」であり「他所（ailleurs）」でもある植民地アフリカをめぐる表象を分析している。第三章の鈴木論文が示すユダヤ表象のように、一九世紀から二〇世紀にかけてのジャーナリズムは一般大衆の「人種」観を強化してきたが、ランバル論文は「ジャーナリストにして作家、あるいはトラベル・ライター」という二人の作家と向き合いつつ、第三共和政期末期から第四共和政期に至る、「黒い大陸」をめぐる二人のエキゾティシズムと被植民者観の差異を浮かび上がらせる。かたやケッセルのルポルタージュが「自然と調和」したエキゾチックなアフリカ像を演出し、植民地帝国に対するノスタルジーの残滓をとどめるのに対し、シムノンのそれは、白人の陰画としての黒人表象を残しつつも、「神秘的な」アフリカ表象を否定し植民地の現実を読者へと伝えている。シムノンのルポルタージュが垣間見せた植民地描写の新たな局面と、その一方向的な「他者」、「他所」表象という限界は、植民地アフリカの変化する現実を伝えうる新たな文学の登場を予期させるものとなっている。

第三部はキリスト教布教を通じた植民地アフリカの支配と管理の理論と実践、さらにはキリスト教布教によって引き起こされる被植民者の葛藤と抵抗とが三名の論文によって分析されている。近代フランス社会において徐々にその公的地位を奪われていくキリスト教は、植民地アフリカに新たな信徒らの可能性を見出し、植民地論や「科学」の装いを伴いつつ植民地共和国における存在意義を確保し自らの「ミッション」の正当性を喧伝することになる。ライシテ時代においてなお、アフリカの植民地化を進めるために政治と宗教とが密接に関係し合う諸相が描かれよう。

第六章の柳沢論文は、植民地学の教育者であり理論家であったジョルジュ・アルディ（G. Hardy）に着目し、フランス領西アフリカ（ＡＯＦ）の芸術をめぐるアルディの認識とその管理に関するヴィジョンを通じて、宗教をめぐる諸問題が協同主義的な植民地化のロジックに組み込まれていることを明らかにしている。ＡＯＦにおける植民地主義的な「均衡」の維持と協同主義的な「歩み寄り」の理想に基づくアルディの植民地論の分析からみえてくるのは、芸術を含む伝統的文化を取り込みつつ被植民者の宗教的心性へと迫るキリスト教布教の有効性、そしてその有効可能性に信頼を寄せる公的な植民地学者の立場であるが、こうした展望をアルディに可能とさせたのが、カトリックの世界宣教をめぐる方針転換であった。第七章のゼルビニ論文でも指摘されるように、現地の文化を尊重したバチカンによる布教方針の舵切りは、ＡＯＦをはじめとするアフリカの文化変容を大きく誘引することとなったが、当時の植民地管理論をこうした宗教的時勢と関連づけて解釈することで、ダオメを含むＡＯＦ地域における宣教の実態およびそこから生じた宗教文化や芸術様式の変化に新たな考察の手がかりを与えることとなるだろう。他方で、各地域の文化に適した形でのキリスト教布教に可能性を見出していたアルディの展望があまりにも楽観的・理論的・一方向的なものでしかなかったことは、最終章の砂野論文にて分析されるベティの小説からうかがうことができよう。

アルディの友人であるフランシス・オピエ（F. Aupiais）神父をはじめ、伝統的宗教から天啓の教えに改宗させるという目的に応じて自らの「使命」を果たしていたのが諸々の宣教師であり、彼らが属する宣教団であった。第七章のゼルビニ論文は宣教団運営による「宣教博物館」に着目し、宣教の過程で収集された「器物」の保存、展示、表象の諸相と変化を分析し、宗教的民族学の整備過程を明かすとともに、展示物の絶えざる再編過程に含まれる芸術学的問いへと迫る。民族学的側面を有していたとはいえ、その宗教的かつ政治的「プロパガンダ」の側面を色濃く宿した宣教師らの営為および宣教博物館の主題は、美術界と民族学との近代的かつ漸進的な対立図式からは零れ落ちてきた。一九世紀半ばから二〇世紀にかけてアフリカ各地に派遣された宣教師らの活動を介して、共和国と植民地主義、植民地支配に組み込まれるライシテ時代のキリスト教、諸学問の成立と文化、展示制度における「他者」表象、アフリカ芸術の「発見」など、本書で取り扱われるさまざまな要素がつながり合うことをゼルビニ論文は体現していよう。

植民地アフリカへと派遣された宣教師が被植民側の目にどのように映ったか、その実態を再構成することは容易ではないが、第八章の砂野論文はモンゴ・ベティ（M. Beti）による小説およびその登場人物の分析を介し、この問題に取り組んでいる。カメルーンは、第一次世界大戦の幕開けとともに、その大部分がドイツ領からフランス領植民地となっているが、ベティは一九三〇年代のこの国を舞台に、フランス人宣教師を描いた作品『ボンバの哀れなキリスト（*La pauvre Christ de Bomba*）』や『奇跡の王（*Le roi miraculé*）』を執筆している。ベティの小説に描かれるような、宣教師が体現する植民地主義の横暴さ、さらにはキリスト教布教とそれに伴うアフリカ文化変容という主題は、アチェベ（C. Achebe）の『崩れゆく絆（*Things fall apart*）』を想起させるかもしれない。とはいえ砂野はベティによる一連の作品読解を通じて、「植民地支配の補完者であり受益者」たる宣教師像をあぶり出すのみならず、アフリカ人社会とアフリカ人に対し「新しい時代を準備する触媒の役割」を担う存在としての宣教師像をも浮かび上がらせている。宣教師による植民地での布教という事態を巧みに利用し、ときに野心的に、ときに狡猾に植民地状況下の社会を生き抜こうとする料理人ザカリのように、新たな「主体」の現れをもベティの一連の小説は描き出している。

すでに述べたように、共和国的理念に基づく思想が「文明化の使命」へと結実する過程は、そのままフランスによる植民地主義の高まりと呼応している。そうした意味でいえば、「文明化の使命」をめぐる諸観念とイデオロギー、その歴史や文化を巨視的で政治的なトピックスから描き、より明快な道筋からなる歴史を再構成することも可能かもしれない。とはいえ、そうした歴史観や文化観は、匿名かつ集団的な被支配者・被植民者の存在を前提にして進められる危険性が否めない。植民地主義批判の古典ともいえる『被植民者の肖像（*Portrait du colonisé*）』のなかでアルベール・メンミ（A. Memmi）が批判していたように、「複数形」という特徴は「被植民者を脱人格化することの徴」であって、植民地主義的言説において「被植民者は個別的な仕方で特徴づけられることは決してない」（Memmi 1957 : 104）。いわば、巨視的な歴史においては、当時の人種理論や植民地文化観同様、力をもたない者たちは集団的な「複数形」で語られ、その個別的な名と生は抹消され、具体的な出会いにおける交渉や葛藤の現場は切り捨てられてしまう。支配への抵抗の意志が生み出す無数の個別的思想や戦いを、歴史の網目から知らずしらずのうちに遺漏させてしまうような事態は極力避けなければならない。

植民地化の、そしてキリスト教による文明化の対象として、さらには人種理論によって区分・分類され管理される「客体」として描かれる人びとは、決して物言わぬイデオロギーの操作対象でもなければ、知の客体でもない。限られた状況下において自らの生を主張し、表現し、交流し、創作を行っている。さらには個別的な生に対する関心は、植民地へと赴く宣教師らにも向けることができるかもしれない。もちろん被植民者と植民地主義の「補完者」ともいうべき存在とを同列に語ることは、植民地主義の悲劇の過小評価との誹りを免れないが、前者が植民地状況下で自らの生を模索するのと並行し、後者もまた植民地主義に忍び寄る世俗化の波に攫われる自らの身を確保しようと画策していたことは確かであろう。宣教師らがキリスト者であると同時に、愛国者であり、植民地行政官の協力者であり、さらに人類学者、探検家といった複数の側面や職能を備えた時代にあって、宣教師個々人の意図や信念を一般化することは難しいが、彼らもまた「文明化の使命」の思潮を受け、自らの営為をそれに沿う形で修正し演出することで自らの立場と生とを確保しようと模索していたのではないか。

そしてこうした関心は、より広い意味での植民地状況下の文化や表現全体にも敷衍しうるものだろう。宗主国にて形成され蔓延するイデオロギーと理論は、植民地地域における「出会い」において、必ずしもそのまま適応・応用されるものではなく、ときに融通無碍に、ときに泥縄式にその対応が迫られるだろう。理念と方法論を携えた無数の宣教師らは、『ボンバの哀れなキリスト』のドリュモン神父のごとく、植民地アフリカでのその適用に際し、ときに困惑し、ときに無力感をも感じたことであろう。しかし、植民地状況下に生きる「主体」たちの出会いと振る舞いが生み出すこうした想定外の、あるいは理論や理念を超出したところの文化変容こそ、植民地状況下の文化のありようではないだろうか。無数の「アルディ」や「ドリュモン神父」が、植民地をめぐる理念や理想を抱き、植民地の現場でその困難を前に立ち尽くし、無数の「ディエリ・モリ」や「ザカリ」が植民者らとの関係のなかに「主体となることへの希求」を見出す——そうした植民地状況下の著作や事例の分析を積み重ねる作業こそ、「文明化の使命」の時代において虚実が入り交じるイメージとともに果たされた歴史を再構築し、またそのなかで生成した文化や作品を再考するための重要な端緒となろう。

かつてカトリック宣教団パビリオンの展示に参加・協力していたいくつかの重要な宣教団は、現在、宣教師らによって世界各地で集められたさまざまな造形物や収集物を再編し、新たな物語、新たな歴史とともに再提示され始めている。「布教事業団」のコレクションの多くは二〇一四年に開館したリヨンのコンフリュアンス博物館に寄託されており、ある一角では世界の宗教的表現の一例として、別のある一角では博物学的収集物などとともにその造形的多様性を示す器物として館内を彩っている。真鍮製の磔刑像の所有者でもあった「アフリカ宣教会」の博物館は二〇一七年に一時閉館し、「アフリカ諸文化の十字路（Carrefour Cultures Africaines）」の名のもと新たな文化施設として活動を模索している。またセネガルなどの西アフリカ諸国へ宣教師を派遣した「聖霊会」のミュージアムが、二〇一八年一一月、ドローム県アレックスに新しく開館した。博物学的な動向や各宣教団体の経済的事情など、それぞれの事例は必ずしも等しく並べることはできないが、近年のこうした状況は、「文明化の使命」の時代を生き、フランスと植民地を往来した宣教師たちの歴史と記憶が今まさにフランスにて再編され続けている証左であるといえる。植民地文化や植民地言説の再編という今なお続くこうした動向を再考するためのアプローチを、本書は少なからず提供するはずであろう。

◉参考文献

味岡京子（二〇一八）『聖なる芸術《アール・サクレ》――二〇世紀前半フランスにおける宗教芸術運動と女性芸術家』ブリュッケ

アジュロン・C・R／平野千果子（訳）（二〇〇三）「一九三一年の国際植民地博覧会――共和国神話か、帝国神話か」ノラ・P（編）／谷川 稔（監訳）『統合』岩波書店、三八三-四一二頁

エリアス・N／赤井慧爾・中村元保・吉田正勝（訳）（一九七七）『ヨーロッパ上流階層の風俗の変遷――文明化の過程（上）』法政大学出版局

岡田裕成・齋藤 晃（二〇〇七）『南米キリスト教美術とコロニアリズム』名古屋大学出版会

カベザス・H／藤原貞朗（訳）（二〇一八）「一九二〇-三〇年代のパリのエキゾティシズム」『エキゾチック×モダン――アール・デコと異境への眼差し』東京都庭園美術館（展覧会カタログ）、一四四-一五三頁

クリフォード・J／太田好信・慶田勝彦・清水 展・浜本 満・古谷嘉章・星埜守之（訳）（二〇〇三）『文化の窮状――二〇世紀の民族誌、文学、芸術』人文書院

コンドルセ、N・de／渡辺 誠（訳）（一九五一）『人間精神進歩史 第一部』岩波書店

澤田 直（編）（二〇一七）『異貌のパリ一九一九-一九三九――シュルレアリスム、黒人芸術、大衆文化』水声社

鈴木雅雄・真島一郎（編）（二〇〇〇）『文化解体の想像力――シュルレアリスムと人類学的思考の近代』人文書院

竹沢尚一郎（二〇〇一）『表象の植民地帝国――近代フランスと人文諸科学』世界思想社

竹沢泰子（二〇〇五）『人種概念の普遍性を問う』人文書院

中野隆生（一九九五）「第三共和政の確立と動揺」『フランス史 三』山川出版社、一二一-一六二頁

西川長夫（二〇〇一）『増補 国境の越え方』平凡社

バンセル・N、ブランシャール・P、ヴェルシェス・F／平野千果子・菊池恵介（訳）（二〇一一）『植民地共和国フランス』岩波書店

平野千果子（二〇〇二）『フランス植民地主義の歴史――奴隷制廃止から植民地帝国の崩壊まで』人文書院

ボベロ・J／三浦信孝・伊達聖伸（訳）（二〇〇九）『フランスにおける脱宗教性《ライシテ》の歴史』白水社

真島一郎（二〇一一）「個体形成論」真島一郎（編）『二〇世紀「アフリカ」の個体形成——南北アメリカ・カリブ・アフリカからの問い』平凡社、九-五二頁

松沼美穂（二〇一二）『植民地の〈フランス人〉——第三共和政期の国籍・市民権・参政権』法政大学出版局

モルトン・P／長谷川章（訳）（二〇〇二）『パリ植民地博覧会——オリエンタリズムの欲望と表象』ブリュッケ

柳沢史明（二〇一八）『〈ニグロ芸術〉の思想文化史——フランス美術界からネグリチュードへ』水声社

吉澤英樹（編）（二〇一五）『ブラック・モダニズム——間大陸的黒人文化表象におけるモダニティの生成と歴史化をめぐって』未知谷

Ageron, C. R. (1972). Gambetta et la reprise de l'expansion coloniale. *Revue française d'histoire d'outre-mer, 215*, 165–204.

Ageron, C. R. (1978). *France colonial ou parti colonial?* Paris: Presses Universitaires de France.

Conklin, A. L. (1997). *A Mission to civilize: The republican idea of empire in France and West Africa, 1895–1930.* Stanford, CA: Stanford University Press.

Constantini, D. (2008). *Mission civilisatrice: Le rôle de l'histoire coloniale dans la construction de l'identité politique française.* Paris: La Découverte.

Daughton, J. P. (2006). *An Empire divided: Religion, republicanism, and the making of French colonialism, 1880–1914.* New York: Oxford University Press.

Delisle, P. (2009). Introduction générale. In P. Delisle (dir.), *L'Anticléricalisme dans les colonies françaises sous la Troisième République*, Paris: Les Indes savantes, pp.9–10.

De Reviers de Mauny, S. J. (1931). *Les heures glorieuses du pavillon des missions catholiques à l'Exposition coloniale de Paris en 1931.* Paris: Paul Martial.

Guilcher, R. F. (1931). A l'exposition colonial, Notre stand. *L'Echo des missions africaines de Lyon, 8–9*, 171–182.

Guillaume, P. (1926). La Sculpture nègre et l'art moderne (réédition, *Les écrits de Paul Guillaume: Une esthétique nouvelle, L'art nègre, Ma visite à la fondation Barnes*. Neuchâtel: Ides & Calendes, 1993).

Hodeir, C., & Pierre, M. (2011). *L'exposition coloniale de 1931.* Bruxelles: André Versaille.

James, C. L. R. (1963). *The black Jacobins: Toussaint L'Ouverture and the San Domingo revolution.* New York: Vintage Books.

Lacaze, L. (1931). Pour la participation des Missions Catholiques à l'Exposition Coloniale Internationale de 1931. *Les Missions Catholiques, 3131*, 142.

Lips, J. E.（1966）. *The savage hits back.* New Hyde Park, NY: University Books.

Manceron, G.（2009）. L'étrange application de la loi de 1905 dans les colonies. D. Borne, & B. Falaize（éds.）, *Religions et colonisation, XVIe–XXe siècle: Afrique-Asie-Asie-Océanie,* Ivry-sur-Seine: l'Ateliers, pp.101–107.

Markov, V.（1919）. *Iskusstvo Negrov*（reedition, translated by J. Howard, J., In J. Howard, I. Bužinska, & Z. S. Strother（eds.）(2015). *Vladimir Markov and russian primitivism: A charter for the Avant-Garde,* pp.217–251.)

Memmi, A.（1957）. *Portrait du colonisé, précédé de Portrait du colonisateur.* Paris: Corréa.（réédition, Paris: Gallimard, 2003)

Meynet, D., & Meynet, M.（2013）. *L'art colon.* Lyon: Fage.

Murphy, A.（1948）. *The ideology of french imperialism, 1871–1881.* Washington: Catholic University of America Press（reedition, New York: Howard Fertig, 1968）.

Neill, S.（1966）. *Colonialism and christian missions.* London: Lutterworth Press.

Peabody, S., & Stovall, T.（2003）. *The color of liberty: Histories of race in France.* Durham: Duke University Press.

Prudhomme, C.（2004）. *Missions chrétiennes et colonisation XVIe–XXe siècle.* Paris: Cerf.

Renault, F.（1989）. Aux origines de Ralliement: Léon XIII et Lavigerie 1880–1890. *Revue Historique, 281,* 381–432.

Salvaing, B.（1994）. *Les missionnaires à la rencontre de l'Afrique au XIXe siècle.* Paris: L'Harmattan.

Zerbini, L.（2014）. Regard sur l'art chrétien africain. In L. Zerbini, & J. Bondaz（éds.）, *Afrique en résonance. Collection du musée africain de Lyon.* Milan: 5 Continents, pp.38–49.

I

第三共和政成立期における宗教と人種

1

転換期の言説《ディスクール》

ライシテ(laïcité)とフランスの優位性

江島泰子

一　脱宗教化《ライシザシオン》と植民地化の時代

反教権主義とライシテ（laïcité）の進展

一八七〇年、スダンにおいてナポレオン三世が捕虜となり降伏したのを機に、第二帝政が廃止され、第三共和政が発足した。翌年、プロイセン軍に敗北したフランスは、パリ・コミューンの成立と崩壊を体験する。生まれたばかりの共和政は、王党派が議会で多数を占めるなど、王政復古の可能性を内包しつつ不安定な状態が続く。一八七五年の議会で三権分立・二院制・大統領領制による共和政案が承認された際、投票結果は三五三対三五二で、たった一票の差であった。一八七六年二月の選挙で下院において多数を占めた共和主義者たちは、王党派の大統領マクマオンおよび上院と鋭く対立することになる。その火種が「ローマ問題」であった。一八七〇年、イタリア王国によって教皇庁が占領され、ローマがイタリア王国の首都となる。教皇ピウス九世の居住区域はバチカン内に限定され、以来、教皇は自らを「バチカンの囚人」と称するようになる。こうした状況のなか、フランスでは一八七七年、複数の司教たちが教書を発表し、一人の司教にいたっては大統領マクマオンに公開書簡を出すことで、ピウス九世に対する支援を実現しようと試みた。

共和政樹立の立役者の一人で、後に首相を務めたレオン・ガンベッタの「教権主義、それこそが敵だ」という有名な言葉は、フランスカトリック教会のこうした動きに反発して発せられたものだ（Dansette 1965：365）。マクマオンは内閣を罷免し、強制的に下院を解散するという暴挙に出る。いわゆる一八七七年五月一六日の危機である。[1]

こうした時代状況のなか、カトリック教会の社会への影響力を削ごうとする反教権主義の動向は確実に進展していった。ライシテの実現は重要な政策課題の一つとなる。『フランス語宝典（*Le Trésor de la langue française*）』（一九七一年）によると、ライシテの第一の意味は「政教分離」であるが、第二の意味は、「公共あるいは私的な機関が、政教分離の原則に従い、聖職者や諸教会から独立していること」とされる。伊達聖伸は、「ライシテへと向かう動き」を意味するライシザシオン（laïcisation）の訳語に、「脱宗教化」の訳をあて、この訳語には読者にジャック・デリダの「脱構築」を想起させるというメリットがある、としている。したがって、「脱宗教化」の訳語は、新たなかたちで宗教性を構築する可能性を喚起できる（伊達二〇一〇：七）。『フランスにおける脱宗教性の歴史』のなかでボベロ（J. Baubérot）は、ライシテは学校の改革によって転換が始まり、それが政教分離によって完成されたと指摘する（ボベロ二〇〇九：一三三）。すなわち、教育分野における国家の中立性の実現を目ざす諸政策を打ち出すことで、カトリックの教義から解放された教育の定着が企図され、それがライシテ実現の出発点となったのだ。

一八九四年に端を発するドレフュス事件は、この政教分離の動きを加速させることになる。ドレフュス派と反ドレフュス派によって国が二分される事態となったが、カトリック教徒の多くが反ドレフュス派であったことは、反教権主義の高まりにつながった。一九〇四年七月七日に成立した法により、所属する修道会の法的身分のいかんにかかわらず、あらゆる修道士は教育の現場から退けられ、一九〇四年から一九一一年の間に修道会が運営する一八四三校が閉鎖に追い込まれる。閉鎖の対象から外されたのは、植民地や保護領のフランス学校で働く人材を養成する修道会付き修練所だけであった（Dansette 1965：583）。そして、ついに一九〇五年に「政教分離法」が成立するに至る。「政教分離法」は、一八〇一年にナポレオンを第一執政とする執政政府とピウス七世下のカトリック教会との間で結ばれた政教条約の破棄であり、政治体制の大きな転換を意味した。

ジュール・フェリーの政策

第三共和政の初期に教育改革を担った主要人物として、ジュール・フェリー（J. Ferry）をあげることができよう。フェリーは一八七九年から一八八三年の間に、公教育大臣を三度務めた。計五二か月にわたって大臣の座にあり、学校改革に関わる重要な諸法を成立させた。一八八〇年三月一八日に「高等教育における教育の自由に関する法案」が提出される。その第七条の趣旨は、フランスで無認可の修道会による教育を禁じることにあり、白熱した議論を巻き起こした。法案提出者フェリーは、次のようにこの条項を擁護した。

われわれが対象としているのは、無認可の修道会のみです。そのなかには、はっきりと明言しますが、ただ単に無認可であるのみならずフランス史を通じて禁じられてきた修道会、イエズス会が含まれています。そうです、皆さん、われわれはイエズス会からフランスの青年たちの魂を奪還したいのです。［…］いたるところで、フランス国旗を前にして、自由主義と共和主義の旗を前にして、彼ら（イエズス会の学校で教育された青年たち）は自分たちの旗を振りかざします。その旗に記されているのは「反革命」の文字なのです（Ferry 1895：57）。

フェリーは『イエズス会士』（一八四三年）の著者ミシュレ（J. Michelet）の後継者であり[2]、彼の教育改革からは「二

［1］一八八〇年代後半には、あわやクーデタにも発展しかねなかったブーランジェ将軍事件が起きるなど、共和国の歩みは引き続き不安定であった。
［2］『イエズス会士』は、ミシュレと同じくコレージュ・ド・フランス教授であったキネ（E. Quinet）と共同執筆された。

つのフランス」の解消を目指していたことが読み取れる。一八八一年に成立した「初等教育の無償化」法案に続いて、一八八二年三月には「初等教育の義務化とライシテ」に関する法案が可決されるが、その第一条において、宗教道徳の教育に代わって、「道徳・市民教育」が導入された。[3] こうしたフェリーの改革は、カトリック教会および修道会から国民の教育を奪還し、中立的な公教育を確立していくことを目指したものだった。それは政治家としてカトリック教会との妥協を図りつつも、断固たる反教権主義を実践した戦いであったといえよう。

一方、フェリーは、植民地支配を強力に推し進めた政治家でもある。ライシテの推進と植民地拡張政策——ここには、大革命に出発点をもつフランス第三共和政イデオロギーのあいまいさが垣間見られる。[4] 一八八五年七月二八日、フランス軍によるマダガスカル侵攻の経費に関して国民議会で議論がなされるなかで、フェリーは次のようにマダガスカルの保護領化推進を正当化する。「みなさん、声を大にしてはっきりと明言すべきでしょう。実際のところ、優等人種は劣等人種に対して権利を有していると、公然と言うべきでしょう……」。そして、こう付け加える。「優等人種は義務があるからこそ、権利があるのです。彼らは劣等人種を文明化する義務があるのです」。それに対し、急進左派に属するジョゼフ・ファーブルは次のように反発した。「それは言いすぎだ。それでは一七八九年と一八四八年の諸原則の放棄、正義の法を恩寵の法で置き換えることの容認になってしまう」。この反論の言葉には明らかに、ミシュレが『フランス革命史』序文(一八四七年)で力説した恩寵と正義の対立構造が反映されており、フェリーはミシュレ思想の名において反論されたといえるだろう。さらに左派議員のエミール・ベルヌからは、「それでは宣教師たちを保護するといい！」という言葉が飛び出す(Ferry 1897 : 210-211)。

ライシテは、大革命に端を発する近代フランス社会の基盤である(Mayeur 1984 : 153)。フェリーは、その推進者でありながら、海外においては文明化の名のもとに植民地化を進めていく。ところがその際、必ずしもそれらの地におけるライシテの推進にはこだわっていない。植民地支配の推進には、教皇庁およびフランスカトリック教会の支援が必要であったため、フェリーは現地でフランス人宣教師たちを支援し、カトリック教会の利益を図ることをためらわなかった（Chevalier 1985：174-175）。

ライシテを国是として掲げ国民教育を推進する共和国。一方で、まさに時期を同じくして、フランスは世界各地で植民地化を推し進めていった。これらの諸政策の背後には、国のあるべき姿を語るさまざまな言説《ディスクール》が存在する。『われわれと他者』の著者（T. Todorov）によれば「言説もまたできごとであり、歴史の推進力であり、単なる歴史の表象ではない」（トドロフ 二〇一五：一〇、一四）。以下では、それぞれのあり方で第三共和政を準備したミシュレ、ルナン（E. Renan）、ユゴー（V. Hugo）の三人を取り上げ、彼らの言説を分析していくことになるが、まずは、彼らのライシテに関する考えについて検討していく。さらに、植民地化に関する主張が問題となるが、それは彼らの人種観[5]と不可分なものである。トドロフ（二〇一五）はルナンについて触れ、「［…］アーリア人のセム語族に対する優越は、白人種のその他の人種に対する優越とまったく平行した用語法によって記述されている」と指摘する。すなわち、人

［3］ただし、宗教教育が任意で行われる私立学校に子どもを入学させる自由は存在し、またカテキスム（教理教育）を受けたい子どものために日曜以外の週日の一日を休みとして設定している。また、フェリーが公教育省の大臣職にあった期間にも、「神への義務」という観念は教育課程プログラムに存在し、それが教育課程プログラムから削除されるのは一九二三年になってからである（ボベロ 二〇〇九：一〇三）。

［4］トドロフによれば、すべての国民を対象とした無償の義務教育というフェリーの教育政策と植民地政策の間には、「教育的、文明普及的な使命」という共通項がある。しかし、フェリーの人道主義は人種差別主義に色づけられ、彼の植民地政策はナショナリズムに基づくものである（トドロフ 二〇一五：四〇九-四一〇）。一方、オズーフは「しかしながら、植民地化とは、共和主義を掲げた解放者たるフランスによる営為であるはずだった。それはミシュレが構想したフランスである。隷属する国々ではなく、同盟国、自由な人間たちの国々を生み出すはずであった。すなわち、植民地という地位は最終的には否定されるよう定められていた。植民地化は、その成功のゆえに消滅するはずであった」と述べている（Ozouf 2014：85）。

［5］本章では race という語について、あえて「人種」という訳を用いる。たとえば、ルナンにおいて race indo-européenne は「インド・ヨーロッパ語族」を意味しているが、race という語をめぐって彼の言説を検討しようとするとき、race の内容を酌量して訳し分けると逆に混乱を招く恐れがあると考えたためである。

種理論には生物学的なものと文化的なものの二通りがあるが、それらは複雑に交錯しており、反ユダヤ主義と黒人差別はその根幹において共通する側面をもつ（トドロフ 一九八九：二〇六、二三五）。したがって、三人の人種観の考察にあたっては、ユダヤ人に関する言説にも注意を払いつつ、彼らがアフリカと黒人種についてどのように考えていたのかをみていく。まず、フェリーにとって重要な参照項の一つであったミシュレについて考察する。

二　転換期の言説《ディスクール》

ミシュレの場合

フェリーはミシュレの賛美者であり、彼の教育への情熱がミシュレの教育論『われらの息子たち（*Nos Fils*）』（Michelet 1987）の系譜に属することは疑いを容れない（Ozouf 2015：1259, L. Rétat 1985：25）。ミシュレはフェリーにとって重要な参照項の一つであり、その思想は第三共和政下の学校教育に多大な影響を与えた（Puts 1987：354）。

フェリーとミシュレの接点は、第二帝政期の一八六九年に行われた立法議会選挙にも見出せる。リトレ、ガンベッタといった人物たちとともに組織した後援会の名義で、ミシュレはパリの第六選挙区の候補であるフェリーを応援する公開書簡を『ル・タン（*Le Temps*）』紙に掲載する。『ル・タン』は、プロテスタントとフリーメイソンの影響が強く、反教権主義さらには反カトリック主義が色濃い新聞であったことは特筆に値する（Girard 1985：53）。フェリーの主たる対抗馬はカトリック系の候補であった。ミシュレの公開書簡の一節には次のくだりがある。

二つの党だけが対峙している。

一つは、司祭党。それを助けるために目下すべての行政機関が役割を担っている。

もう一つは、自由の党。教権主義者たちは六区を自分たちの牙城と思っているが、六区の人びとは自由の党に投

票するのをためらわないだろう。(Michelet 2000：539-541)

選挙結果は、フェリーの当選であった。ミシュレは勝利を称える手紙を彼に書き送る。これも『ル・タン』紙とさらにもう一つの新聞紙上に掲載されたことを踏まえると、公開書簡的性格が強い。そこには、「王朝は過ぎ去っていくが、聖職者たちは残る」という文言があり、第二帝政下における国家とカトリック教会の癒着に対する鋭い糾弾がみられる。また、カトリック教会を「骸骨」と形容し、アンシャン・レジームと共に死滅すべきであった過去の遺物であって、やがては崩壊するものと断言している(Michelet 2000：542-543)。

ミシュレのカトリック教会非難は、『人類の聖書』(ミシュレ二〇〇一)ですでに確認できるように、ユダヤ・キリスト教そのものの糾弾にまで至る。『人類の聖書』の執筆中、彼はある手紙に次のように書いた。

もし私が成功するなら、この小さな本は、家内の教育、家長による教育の出発点となるだろう。国民や家族などによって、内容に多少の違いが含まれるとしてもだ。(Michelet 1999：631)

ミシュレは自らの手になる「聖書」をして、もう一つの聖書にとって代わる宗教・道徳教育の指針とすることを夢見たようだ。『われらの息子たち』は『人類の聖書』の延長線上にある著作だが、そのなかには次のようなくだりがある。「私は民衆として生まれた。私は心の内に民衆をもっている。過去の時代に民衆が打ち立てた建造物に私は心を奪われた。私は一八四六年には〔『民衆』において〕かつて誰もなさなかったかたちで民衆の権利を措定し、六四年には〔『人類の聖書』において〕民衆の長い宗教的伝統を措定した」(Michelet 1987：497)。たしかに、ミシュレは『民衆』において、すでに教育の重要性についての信念(「ところで政治の第一部は何であろうか。教育である。第二部は？教育である。そして第三部は？　やはり教育である」)を表明し、その大きな意義の一つを国民の融合にみる。「祖国は多様性と同時に、一致和合した姿で、若くまた魅力的に、学校という場所に現れるであろう」（ミシュレ 一九七七：二九〇、二九五‐二九六）。ミシュレは、貧富の差による国民の分断を危惧し、学校が異なった階級間の出会いと理解の場になることを望む。ここには、「二つのフランス」を生じさせまいとする明確な意識がある。ただ注意すべきことは、『民衆』においてミシュレは格差による分断を恐れていたのであるが、『人類の聖書』を経て『われらの息子たち』では別の視点からの分断回避が語られているということだ。ミシュレの教育論はキリスト教が説く人間観の否定を土台として構築されているため、随所にユダヤ・キリスト教批判が見受けられるのは驚くにあたらない。『われらの息子たち』の第一部第一章のタイトルは、「人間は無垢で生まれるのか、あるいは罪ある者として生まれるのか——二つの対極の教育」である。アダムとイブの楽園追放の物語が示す、最初の人間の罪のゆえにすべからく人間が罪ある者として誕生するという原罪の教義は、ミシュレにおいては「不敬で野蛮な神話」と形容される。さらに、支配者である王の依怙贔屓《えこひいき》と同一のものとされる神の恩寵に対立するものとして、「自由、平等、友愛に基づいた正義の教育」が提案される（Michelet 1987：364, 367）。次の引用は『フランス革命史（*Histoire de la Révolution française*）』の序文にも現れ、まったく別の視点からとはいえ、『人類の聖書』で提示されたのと同じ図式である。

> したがって、二つの原則が対峙している。キリスト教の原則と八九年の原則。
> いかなる和解が可能か？　いずれも無理だ。
> 結論はしたがって、人生において、ゆりかごからまったく反対の二つの道が分かれ出る。教育は、旧い原則に従うか、あるいは新しい原則に従うかで、まったく別ものとなり、まったく対立したものとなる。（Michelet 1987：371）

このように、『われらの息子たち』では、キリスト教と対峙する道徳教育の理念が示されることになる。それはフランス革命の諸原理に基づいた「正義の教育」であり、「正義」こそが、新たな「神」なのである（Michelet 1987：364）。ミシュレの教育論が、一種の宗教性を帯びていることは明らかである。ミシュレは啓典（旧約聖書、新約聖書、コーラン）の民の信仰を退け、「言葉である神（Dieu Parole）」に代わる「行動である神（Dieu Action）」による支配を希求する（Michelet 1987：455, 478）。この「宗教」とそれに基づく教育は、一見具体性を欠いているようにみえるが、ミシュレは教育の素材としてまずなによりも「祖国」を提案する。『民衆』の第三部第六章のタイトル「教義として、伝説としてすぐれたフランス――フランスは一つの宗教である」は、ミシュレの国家観を雄弁に物語っている。

まず教義と原則としての祖国がある。ついで伝説としての祖国がある。すなわち聖女オルレアンの乙女と、大革命による二つの贖いという伝説である。（ミシュレ 一九七七：二九三）

「贖い」という言葉は当然のことながら、イエスの受難による人類の罪の贖いを想起させる。ミシュレは『民衆』のなかではキリスト教を全面否定するまでには至っていないが、ジャンヌ・ダルクの火刑はイエスのまねびであることを超えて、ある意味イエスの犠牲に取って代わる。人類の救済者としての祖国フランスは、ジャンヌ・ダルクとともに生まれたのである（Lavisse 2010：263）。そしてそれに続くのが、「人間の全面的な復興」と定義される革命伝説である（Michelet 1987：424, 435）。第一、『われらの息子たち』の著者は、ジャンヌによって発せられた国民団結の声は教会にとどめの一撃を与えたとする（Michelet 1987：339）。教会法廷において異端のかどで火刑に処せられたジャンヌは、ミシュレにとって反教権主義の旗印にふさわしい人物なのである。ゆえに祖国の英雄にして、教会に殺害された異端者である彼女とともに、「祖国という宗教」が誕生したのだ。[6]

ミシュレの『人類の聖書』は、ユダヤ・キリスト教に抗する別の宗教・道徳の系譜を作り上げようとする試みである。「光の民たち」と呼ばれる民たちの系譜――すなわちインド、ペルシア、ギリシアと続く系譜――が、それにあたる。この系譜は、一七八九年の革命にその到着点を見出す。

インドから八九年まで光の流れが下ってくる。「法」と「理性」の大河だ。悠遠の古代は、君だ。そして君の人種（race）は八九年だ。中世は異分子である[7]（Michelet 2009：341）。

大革命の国フランスの優位性は、インド、ペルシア、ギリシアと連続する言語・宗教的系譜に依拠している。「夕闇、夜、薄明の民」と形容されるもう一つの系譜が存在する。先の引用が示すように、その系譜の根幹をなすのは、ユダヤ・キリスト教の系譜である。その別の系譜あるいは人種に対して、「光の民の系譜」あるいは「八九年の人種」

［6］一八七七年出版の『ふたりの子どものフランス巡歴（*La tour de France par deux enfants*）』と題された、子ども向けの本がある。一九七七年に絶版になるまでの百年間で八五〇万冊も売れた超ベストセラーである。学校で副読本として使われ、地理の教科書、道徳読本、自然科学教本、フランス法への基礎的導入といった多面的な性格をもっていた（Ozouf & Ozouf 1997：277-278）。著者は前書きで次のように述べている。

フランスという観念を中心に置き、フランスに関する道徳的かつ現実的なあらゆる知識を一冊にまとめた。それは、子供たちが祖国をその最も高貴な様相のもとに見出すようにするためである。フランスが、その栄光によって、その業績によって、その義務と正義への宗教的な敬意によって偉大であることを、子どもたちに示すためである。（Bruno 1877：IV）

ここで一八七七年という出版年に注意する必要がある。一八七一年普仏戦争に敗北したフランスは、五〇億フランもの賠償金の支払いを余儀なくされたうえに、アルザス・ロレーヌ地方をドイツに割譲する。『ふたりの子どものフランス巡歴』の主人公は、ロレーヌ地方出身の二人の孤児である。フランス国籍を獲得するために、叔父の住むマルセイユに向かって密かに独仏国境を越えて旅に出る。何よりも著者の意図は、フランスの偉大さを読者の子どもたちに理解させ、彼らに祖国への関心を目覚めさせることにある。あらゆる危険や苦難をものともせず二人の主人公が歩み続けるのは、祖国への愛に促されてのことだ。一八七七年の初版と、政教分離法成立（一九〇五年）後の一九〇六年版との間で、宗教関連の記述に大きな違いがあることは注目に値する。初版には歴史的人物として聖ベルナルドゥス、騎士バイヤール、ボシュエ、フェヌロンといった聖職者や信仰者が登場し、マルセイユ、ランス、パリの三つの大聖堂への言及がみられる。死の床にあって主人公たちの父親は神に思いをはせ、彼らは旅の途上でも夕べの祈りを唱えることを忘れず、危機に直面して天の加護を乞い求める場面もある。人びとは折に触れて神の祝福を求め、作品全体を通じて「神（Dieu）」の名が散見される。この初版は、カトリック教徒にも好意的に受け入れられた。とはいえ、主人公の子どもたちはその旅路において、一人の聖職者と出会うこともない。この作品の著者は、実はオギュスティヌ・フーイエで、ミシュレの『司祭、女性、家族（*La prêtre. la femme et la famille*）』に研究論文を付して一九〇〇年に出版した哲学者アルフレッド・フーイエの伴侶である。G・ブリュノはペンネームで、ジョルダーノ・ブルーノ（一五四八－一六〇〇、異端のかどで火刑に処せられたイタリアの哲学者）に由来する。初版に「神」への参照があるとはいえ、その神はカトリックの教説によって信者に示された「神」ではなく、恵み豊かなよき父にすぎず（Baubérot 2004：129, 132）、この書は本質的に反教権主義的な思想を宿している。一方、一九〇六年版をみると、「おお！（Mon Dieu!）」という驚きを表す間投詞さえ徹底的に排除されて、「神」という語はかき消える。さらに、先に引用した前書きの「義務と正義に対する宗教的な敬意」という表現から「宗教的な（religieux）」という形容詞が削除されている。これはただ単に、著者の宗教的信条の変化の反映であるだけではなく、第三共和政初期の時代の動向と密接に連動したものと考えるべきであろう。

ただし、一九〇六年版において、一か所だけ神の名が残っているくだりがある。ジャンヌ・ダルクに関する描写だ。信心深さで知られた中世の騎士バイヤールの最後の祈りは削除され、彼の死は単に祖国に殉じた軍人のそれへと変容したのに対し、オルレアン解放の少女は神の使いとしての役割を維持している。彼女が火刑で息絶える際の「イエス、イエス」という叫びも削除されていない。これは著者オギュスティヌ・フーイエが、当時多くのフランス人の愛読書であったミシュレの『ジャンヌ・ダルク』の記述を尊重したと推測することができるだろう。

初版と最終版の比較においてもう一つ注意を引く点がある。初版において読者は、十字軍遠征を説く聖ベルナルドゥスを挿絵とともに見出すが、改訂版では完全に削除され、代わりにフランス植民地帝国に関する記述が登場している。フランスが非ヨーロッパ世界に対するとき、占領、征服、統治といった覇権の概念が強調されていることがわかる。ちなみに人種に関する記述には二つの版で変化がないが、他の三つの人種――黒色人種、黄色人種、赤色人種（北米インディアンなどを指す旧称）――に比べて、白色人種は「最も完璧な人種」と定義されている。

以上のようにこの子ども向けのベストセラー本は、実によく時代を映す鏡としての性格をもっている。

［7］「光の民の系譜」とは、まずはインド・ヨーロッパ語族の分類に立脚している。さらに比較神話学者マックス・ミュラーによる、サンスクリットの神話とギリシア神話の同一起源説（Müller 1859：98–99）がミシュレに大きな影響を与えた。

は、「われわれの」の系譜であり、「われわれの」人種である（C. Rétat 2005：15–16）。「大革命の祖国フランス」の意識は、この系譜に属さないものを異分子として、「われわれ」の外に押しやる論理として働く。

『民衆』の最終ページには次の一節がある。「もう一つの宗教は、哲学上の人道主義的夢であるが、それは市民を滅ぼし諸国民を否定し祖国を捨て去ることによって、個人を救うと信じているのである［…］私はその夢をも同様に屠った。祖国が、私の祖国フランスだけが、世界を救い得るのだから」（ミシュレ 一九七七：二九三）。Z・ステルネルは、その著書『反啓蒙主義者たち（*Les anti-Lumières*）』のなかで、ミシュレはヘルダーの歴史哲学の影響を受け、卓越した国家フランスとそのフランスの文明化の使命という信念を有するに至ったとする（Sternhell 2010：578–581）。この信念は、たしかに啓蒙主義の理性論に反しており、そこから逸脱しているといわざるをえないだろう。しかし、その実現は、啓蒙主義と革命が生み出した原則を世界において普遍化していくことで果たそうというわけであるから、そこには思想的なねじれがある。

この「文明化の使命」の意識は、フランスの海外進出を肯定するものである。ただし、彼のハイチに関する言説は植民地主義者のそれではない。彼はハイチを「黒いフランス」と呼び、その独立を全面的に称える。というのもミシュレによれば、ハイチ人たちは、トゥサン・ルヴェルチュール（F.-D. Toussaint Louverture）の例が示す通り、啓蒙思想――ミシュレはことに、奴隷制に断固として反対したレイナル（G.-T. Raynal）の影響を強調している――を拠り所に、「ナポレオンのフランス」に対して英雄的な抵抗を行ったからだ。彼らは支配者として君臨していたフランスを恨むことなく、その大革命の理念を共に担う人びとであり、ゆえにもう一つの「フランス」なのである（Michelet 1982：588–589, ミシュレ 一九九一：一六九）。

たしかにミシュレは、アフリカにおける植民地化の推進についてはその必要を認めてはいるが、その過酷な風土はヨーロッパ人には適さず、したがって植民地開拓は「より頑強な人種たち」、つまり黄色人種や黒色人種に委ねるべきであると主張する。ミシュレ自身「気候理論」の信望者であり、『人類学事典（*Dictionnaire des sciences anthropologiques*)』の著者ベルティオン医師（L.-A. Bertillon）の説を容認する（Michelet 1982 : 588-590）。パリ人類学学校で人口統計学の教授であったベルティオンは、ミシュレの友人でもあった。ミシュレにおける「ネグロ（nègre）」と「黒人（noir）」の区別も、気候病理学に基づいている。[8] 彼は西アフリカに住む人びとを「ネグロ」と呼ぶが、「ネグロ」は人種ではなく、黒人種の「異常変形」であるという。

> ネグロであること、それは人種であるというより、実際は病気なのであって、別の気候に移し替えられれば、しばらく経つと回復する。（Michelet 1982 : 587）

さらに、『女』（ミシュレ 一九九一）には次のくだりがあるが、この部分はフィルマン（A. Firmin）が、黒人種に寄せるミシュレの好意に感応し、引用した部分（Firmin 2016 : 241）とも重なる。

> ところでハイチでは、自由と心の充足と知的教養のおかげで、純粋そのもののネグロ女性は消滅しつつあると教わったが、わたしにはうれしいことだった。彼女たちは細い鼻とうすい唇をした文字通りの黒人女性になりつつあり、毛髪さえも変化をみせているという。［…］
> 黒人女性は、昔ながらのネグロの女といった感じで顔立ちを端正にできないでいる分、美しい身体をしている。
> ［…］

［8］「ネグロ（nègre）」の定義は、一八世紀の各辞書において一定していない。サヴァリ兄弟の『世界商業事典（*Dictionnaire universel de commerce*）』（一七二三年）では、「アフリカの種族で、その居住地（Païs）はニジェール川の両岸に広がっている」とされている（Delesalle & Valensi 1972 : 88）。

黒人女性は、女らしさの点では、あの誇り高いギリシア女性をはるかにしのぐ。（ミシュレ 一九九一：一六五―一六六）

ミシュレによれば、「黒人と白人の間には、解剖学上の著しい差異はない」。そして、黒人と白人の間には、生命力にあふれる混血児が生まれてくる（ミシュレ 一九九一：一七五）。さらに次のようなくだりがある。「劣等人種と思われている人々がそのように見えるのは、われわれとは異なる文化を必要とし、ことに愛を必要としているからだ」（ミシュレ 一九九一：一六四）。このような言説は、後述するルナンの人種論と比較するとより明白となるが、ミシュレが人種差別主義者ではないことの確証となる。しかしまた、彼の人種に関する考察がヨーロッパ人における生命の枯渇の恐怖と結びついていることも明らかだ（C. Rétat, 2005 : 22）。そして彼は人種間の異種交配理論を求めさえする（「われわれには人間の混血方法に関する論理的で詳しい書物が必要となろう」）が、彼の「アフリカは女性である」という記述から、そこではアフリカ女性と白人男性の組み合わせ（逆の可能性への記述はない）のみが想定されているのだ（ミシュレ 一九九一：一六五、一七四）。

ルナンの場合

『プチ・ロベール辞典（*Le petit Robert*）』（二〇〇一年）のライシテの項にある引用――「ライシテ、すなわち諸宗教に関しての国家の中立性」――はルナンのものとされているが、実はエミール・リトレ（E. Littré）の言葉である。もちろん、ルナンはリトレの考えを共有しているが、このような取り違えの原因は政教分離に関するルナンの諸言説の重要性のゆえであろう。「近代社会の宗教的未来（*L'Avenir religieux des sociétés modernes*）」と題された論文には、次の一節がある。「（カトリック教会以外の）他の諸教会、あらゆる性質の他の諸結社が同等の権利を有して創設できるようにすべきだ。そうしなければ、不公正は明白である。［…］すでに自由な国々においては、公的な教会の創設は自由の条件でありうる。しかし、中央集権化された国々では、かくのごとき設立は自由の侵害となる」(Renan 1947a : 227)。ルナンはライシテを「人類の合理的な規範」と考える。そして以下のように、カトリック教会を非難する。「啓示されたとされる諸教義から距離を置く国家の中立性。これは人類の合理的な規範であるが、その十全な実現を妨げようとして、カトリック教会はいまだに抵抗している」(Renan 1947e : 964)。

ルナンは、第三共和政移行後も共和政には懐疑的であったが、一八七七年五月一六日にマクマオン大統領が引き起こした政治危機がきっかけとなり、政治的立場を変えた、いわば遅まきの共和主義者である。第三共和政においてルナンが崇められた理由は、彼が早い時期から政教分離の実現を予言していたことに求められる[9](Compagnon 2013 : 318, 320)。たしかに、パリ・コミューンの崩壊後ほどなくして書かれた『知的道徳的改革(*La réforme intellectuelle et morale*)』では、立憲王政をよりよい政治体制とする主張と、普通選挙に対する懸念が散見される(Renan 1947b : 360-362)。また、ミシュレとは異なり、民衆の教育は彼の関心からは遠く、人道的・社会的信念に根ざすフェリーの教育改革とは接点どころか、対立点さえ浮かび上がる(L. Rétat 1985 : 24-25)。『知的道徳的改革』では義務教育についての疑念が見受けられ、「民衆には宗教教育を存続させよう。しかし、われわれは自由にさせてほしい」という一節は示唆的である(Renan 1947b : 393)。ただし、ルナンの主張は、国家および市民社会の利益の視点にのみ立脚しているわけではない。『キリスト教起源史(*Histoire des origins du christianisme*)』の著者は、「最も自由で最も自発的であった宗教運動」が、コンスタンティヌス大帝の時代に公的宗教となることで、国家に従属して、今度は迫害者の立場になったことを、キリスト教の本来の姿からの逸脱、堕落とみている(Renan 1995 : 24)。したがって「祖国にも、血縁

[9] A・コンパニョンは例証として、『イエスの生涯(*Vie de Jésus*)』(Renan 1995)の次の一節を引用している。「カエサルのものはカエサルに。神のものは神に」キリスト教の未来を決定した深遠な言葉! [...] 霊と俗の分離を確立し、真の自由主義と真の文明の基礎が据えられた!」(Compagnon 2013 : 318)。

にも、諸法にも勝る何か」を本質とするキリスト教（Renan 1995 : 62）にとっては、政教分離こそがその本来のあり方への回帰の条件となるのであり、それは国家と宗教の双方の利益にかなうものと考えられているのだ。

では、人種に関して、ルナンはどのような理論を展開しているのだろうか。トドロフは『われわれと他者』（トドロフ二〇一五）のなかで、ルナンを人種差別主義者として厳しく糾弾した。一方、確認しておくべきは、ルナンにおいて人種（race）という語の意味は二種類あり、自然人類学が考える人種とは異なる「言語学的人種」という概念が存在するということである。それは、生物学的決定論とも、「血縁」とも関係しない（Crépon 2000 : 122–123）。ヘブライ語を専門とする文献学者であると同時に宗教史家でもあるルナンの人種理論は、インド・ヨーロッパ語族とセム語族の言語と宗教の比較考察にその基盤がある。彼はヘブライ語学者でありながら、ギリシア語の体系を基準としてヘブライ語を分析するという、学者にはあるまじき過誤を犯す。これはルナンが、一方を抽象的思考を可能にする言語、他方を抽象的思考に適さない言語として、ギリシアをその言語と哲学において称え、ユダヤの言語と宗教をその対極に置くことによる（L. Rétat 2005 : 35）。さらに、キリスト教を「われわれの作品」とし、「あらゆる次元において、インド・ヨーロッパ諸民族にとっての進歩は、セムの精神からどんどん遠ざかることにあります。われわれの宗教はますますユダヤ的ではなくなるでしょう」と述べるなど、ユダヤ教に示されるセム的諸要素をヨーロッパ文明にとって異質なもの、排除すべきものとする（Renan 1947 : 25, 28）。とはいえ、ルナンがユダヤ人に関して語るとき、いかなる生物学的分類とも関連しないことは特筆に値するだろう。『イスラエル民族史（*Histoire du peuple d'Israël*）』の著者にとっての人種とは、言語・宗教によって規定された実体なのである[10]。

一八七八年三月二日、「文献学が歴史学になした貢献」と題されたルナンの講演がソルボンヌ大学にて行われた。「言語学的人種」という語が登場するのはこの講演においてである。「皆さん、人間はその言語にも、その人種にも属していません。何よりもまず、自分自身に属しています。なぜなら、人間は何よりも、自由な存在であり、精神的な存在であるからです」という結びで終わるこの講演には次の引用が含まれているが、そこには自らの過去の言説に対する危惧が潜んでいるようにも読める。

私はまず、言語は人種に関する基準としては非常に不十分なものであること、さらに人種というものについては最大限慎重に語らねばならぬことを示そうとしました。殊に、人種や言語の適用は、私に限りない危惧の念を呼び起こします。現在の人間に関する事柄にそれを適用する場合です。過去の人間に関する事柄に当てはめたとき、誤った理論が生じる可能性があったとしても、その弊害はただ単に思索上のことで済みます。それに対して、とりわけ現在のことになると、すでに存在しない古い人種たちの死骸への適用ではありません。生者の意識に、生者の利害に関わるのです。ですから私は、これらの文献学上の原則がわれわれの時代の事柄に極度に拡大解釈されて当てはめられることを、常に恐れているのです。（Renan 1958：1230–1231）

そして、次の引用からは、インド・ヨーロッパ諸語がセム諸語に勝っており、文明をもたらすものとしてのインド・ヨーロッパ人種の優越が自明のものであるにしても、ルナンにとって、セム語族も文明史に位置づけられる人種であることには変わりないこと、そしてその一方で、文明史に位置づけられない人種が存在することがうかがえる。

一方、アフリカ、オセアニア、新大陸の劣等人種、さらに中央アジアの人種たちの到来以前に、ほとんど至るところに先住していた劣等人種たちに関しては、先に述べたところの主要な語族たちとの間に越えがたい溝がある。インド・ヨーロッパ人種にしてもセム人種にしても、そのいかなる分派も野蛮状態に陥ったことはない。これらの二つの人種は、至るところで一定レベルの文化を保持しているようにみえる。第一、野蛮な未開原住民が文明にまで高まった例などまったくない。すなわち、文明化された人種たちは野蛮状態を体験したことがなく、未来の進歩の萌芽を当初から内包していた、と想定すべきである。（Renan 1858：484）

この文脈から推察できるルナンの主張は、アフリカの原住民たちはインド・ヨーロッパ人種やセム人種と異なり、文明を有したこともなく、また、現在も有していないこと、さらに文明化するための萌芽をそもそも自らのうちに有していないということである。ルナンは異種交配によって均一な人類が出現し、将来において出自の記憶が喪失することを予想してはいるものの、「主要な諸人種に混血することで人類を毒するような、ひどく劣等な人種を除いて」という条件をつけている[11]（Renan 1961：204）。

先に引用したソルボンヌ大学の講演において、セム人種がもたらした一神教をインド・ヨーロッパ人種が自らの信仰としたことを指摘したうえで、ルナンはこう付け加える。「したがって、「神がヤフェトの土地を広げ、セムのテントに住まわせ、カナーンはその奴隷となれ！」という聖書の古い格言はいまだに真実です。この一節については、多く語ることがあるでしょう！」。この創世記九-二七のくだりには、父のノアからともに祝福されたヤファト（ヤペテ、ヨーロッパ人の先祖とされる）とセムについて述べたものだが、ノアのもう一人の息子ハム（カナーンはハムの息子）へ

---

[10] ルナンがヨーロッパの優越を主張するとき、それは言語・宗教的な人種の区別に立脚するものである。とはいえ、それは文化的人種差別主義であるという主張は成り立ちうる。特に、ルナンのイスラム教観は強い偏見に満ちており、ヨーロッパ文明が普及する根本的な条件を、イスラム教の崩壊にあるとする。彼にとってイスラムとは狂信であり、科学の蔑視であり、市民社会の排除である（Renan 1948：333）。一方、ルナンを反ユダヤ主義者と断定しうるかどうかには疑問がある。ルナンは『イスラエル民族史』の前書きで次のように述べる。

進歩とは、ギリシアが着想したことを発展させ、ギリシアが意図したこと、もしこんなふうに言ってよいなら、ギリシアが見事に提示したさまざまな見本を実現することである。

知的・道徳的活動の領域において、ギリシアにはただ一つだけ欠落したものがあった。しかし、その欠落は重大なものだった。ギリシアは貧しい者たちを軽蔑し、正義の神の必要性を感じなかった。［…］シリアの辺鄙な一角に定着した小

さな部族の熱烈な精髄《ジェニー》は、ギリシア精神のこの欠陥を補うものであったといえる。イスラエルは、義とされる神の支配のもとで、世界がかくも不公正に統治されるのを容認できなかった。［…］預言者たちは紀元前九世紀からこの考えを一つの教義とした。イスラエルの預言者たちは、今日われわれが社会主義者とか無政府主義者と呼ぶ類の、激烈な社会活動家である。彼らは社会正義に熱狂し、もし世界が公正でなくあるいはそうなることが不可能なら、そんな世界は破壊されるがいいと声高に宣言する。とても間違った見方であるが、とても豊饒な見方でもある。なぜなら、あらゆる絶望的な教説のように、たとえば今日のロシア・ニヒリズムのように、それは英雄的行動、そして人間の力の偉大な目覚めを引き起こすからだ。（Renan 1953：11-12）

この一節はある意味で、正義の実現を「光の民」の系譜に見出し、恣意的な恩寵の観念をユダヤ・キリスト教に依拠させた『人類の聖書』への反論となっていないだろうか。

ドレフュス派の初期の闘士で、シャルル・ペギーが「神の言葉がほとばしり出る無神論者」と呼んだユダヤ人ベルナール・ラザールは、ロシアのユダヤ人学生たちを前にして次のように講演を締めくくっている。「さて、講演を終えるにあたって次のことを言わねばなりません。ルナンが言ったように、あなたがたは世界に正義をもたらした民族であることを、決して忘れないでください。正義のために、すべての人間の友愛のために戦う兵士であることによって、人間たちに神を与えてしまったことを許してもらうようにしなさい」（Lazare 2012：154. 傍点は執筆者）。

また、次の一節も確認しておきたい。ルナンは一八五八年のある論文において、英国のインド支配に触れ、次にように記す。「そして、その点について、私は憐憫の叫びを押し殺すことができない。これらの真摯で謹厳な人種たちを過酷に扱うことは、彼らが（サンスクリットの聖典を保存することで）われわれの忘却を補ってくれたことを考えると、おぞましい忘恩行為である。かつての英国はそのことを、あまりにしばしば看過した。インド民族に対する軽視、無理解は［…］人類に対する罪（le crime contre l'humanité）であったし、中世におけるユダヤ人迫害とほとんど同等のものである」。L・レタはここで、ルナンが「人類に対する罪」という表現を使用していることに注目している（L. Rétat 2000：132）。

［11］「この見解をガルニエ=パジェスの『政治事典（*Dictionnaire politique*）』（Garnier-Pagès 1860）のなかの「人種」の項目の記載（「黒人種は白人種に比べて劣っていると言われるとき、現在においてはそれを否定するのは難しい。しかし、彼らが永遠に劣等であり続けるとか、以前に劣等であったうえに、今後もそうであると結論づけるのは、とんでもない不合理である！」）と比較するとその特徴が際立つ。

の呪いを含んでいる。伝統的に、このハムがアフリカ人の先祖だとする伝承が存在する。ルナンにおいては、セム人種（セム諸語の分析でヘブライ語が最重要視されているのと同様、ルナンが主として念頭に置いているのはイスラエル民族である）の寄与は認められている一方で、その他の人種は下位人類に分類されていることがわかる。一八七一年出版の『知的道徳的改革』のなかでの植民地化に関する見解には次のようなことが示されている。

> 大規模な植民地化はまったく第一義的な必然の政策である。［…］優等人種が劣等人種の国を征服し、支配のために定着することは何ら問題ない。
> 自然は、労働に適した種族を作った。中国人種だ。いかなる名誉の感情ももたないが、指先が驚くほど器用だ。［…］――大地の耕作に適した人種、ネグロがそれだ。黒人に対して親切で人間味のある扱いをしなさい、そうすればすべてがうまく収まる――。（Renan 1947b : 390）

プロイセンへの多額の賠償金の支払い、アルザス・ロレーヌ地方の割譲を余儀なくされたフランスの苦境を目の当たりにして執筆された『知的道徳的改革』において、ルナンは植民地化の推進を自国の経済的利益や威信の回復を目的として提案する。そこにおいて植民地化は、人種間の格差理論によって正当化される。ルナンは劣等人種の刷新を謳っているが、フランスによる文明化の義務の観念が植民地化推進の理由であるとは読み取れない。ルナンにおいては、「われわれ」の意識が言説を強く支配しているところに国家が顕現し、その外部にあるものを差別化していくのだ。

ユゴーの場合

次にヴィクトル・ユゴーに目を移してみよう。実在の殺人犯をモデルにして書かれた一八三四年出版の『クロード・グー（*Claude Gueux*）』は次の一節で終わる。「この一民衆の首《こうべ》。耕せ、開墾せよ、水をやり、種を播き、光を当てよ、教化せよ、活用せよ、切る必要はないのだ」（Hugo 1967：254）。ユゴーが三二歳のときに書かれたこの小説からは、彼が若くしてすでに民衆の教育の必要性を自覚していたことがわかる。「学校を一つ開けば、牢獄を一つ閉じることができる」という言葉は、ボベロの『フランスにおける脱宗教性の歴史（*Histoire de la laïcité en France*）』のなかでも、ユゴーのものとして紹介されているが、実は彼が述べたのではないという（Erchadi 2010：1）。こうした取り違えの背景には、ユゴーが生涯を通じて初等教育の導入を説いてきたという事実がある。

またユゴーは、ライシテという語ができる前にすでにライシテの擁護者であったということができる。一八四九年六月一日に公教育・宗教担当大臣であったアルフレッド・ド・ファルーによって提出されたファルー法は、聖職者側に有利な教育改革法であった。ユゴーは、翌年一月一五日国民議会でファルー法案に反対する演説を行った。それは、ライシテに関して語られる際には必ず引用される有名なテキストである。この演説でまず主張されたのは、初等教育の義務化と無償化である。「私にとって、教育問題における理念とは次のようなものです。すなわち、義務にして無償の教育です。義務なのは初等レベルにおいてのみであり、無償なのはすべてのレベルにおいてです［…］。無償の初等教育、それは子供の権利です［…］。それは、実のところ、父親の権利より第一義的で、国家の権利と一体のものです」（数森二〇一四：二〇）。つまり、ユゴーは教育が国家に属することを、ここで明確に述べている。次は同じ演説からの引用で、政教分離の考えに関するものである。

教育に関してすでにギゾー氏が述べたように、国家は非宗教的であるしかなく、それ以外ではありえないのです。［…］私としては、教会と国家の分離という古来の健全なあり方を保持することを望みます。それは私たちの父祖の夢でありましたし、それは国家の利益と同様、教会の利益にも叶うものなのです。（Hugo 1985a：219）

「教会は教会の領分に、国家は国家の領分に（いるべきだ）（L'Église chez elle et l'État chez lui）」というユゴーの有名な言葉は、ライシテの原則を的確に要約している。

人種の問題については、A・フィルマンのユゴーに関するコメントがわれわれの興味をひく。

> ユゴーは黒人種の友であり続けるだろうし、黒人種はジョン・ブラウン[12]の死が報じられたときに彼が示した損得抜きの憤慨の念を決して忘れることはないだろう。しかし、彼は、無意識のうちに、詩人特有の軽率さによって、神学教育の生み出した大衆の臆見を最も見事に反映していないだろうか。神学教育のせいで、中世においてはヨーロッパ人全体、さらに現代においてもヨーロッパ人の大部分が［…］、黒人をすっかり悪魔の化身と思っているのだ！（Firmin 2016：487）

ユゴーの言説がキリスト教教育の忠実なこだまであるわけではないが、黒人種に対する彼の否定的な感情を指摘できるだろう。一八二六年出版の『ビュグ・ジャルガル（*Bug Jargal*）』はハイチの奴隷反乱に題材をとった作品だが、出版年が示すようにユゴーの青年期の作品である。ユゴーの黒人観を知るために恰好の資料のようにみえるが、その解釈は研究者の間でも一致しない。架空の人物である主人公ビュグ・ジャルガルはコンゴ出身の奴隷で、反乱において重要な役割を果たす。彼は出自においても容貌においても、また倫理的観点からも卓越した例外的存在である。一方、他の黒人奴隷たちについてはその愚かさや残虐さが強調されており、支配者の白人たちも傲慢で残酷な人物として描かれている。他に、一八四五年に彼が口述筆記させた『サント・ドミンゴの反乱』と題された夢幻的ヴィジョンが存在する。これは、黒人による略奪行為がテーマで、かつての主人たちから略奪したさまざまな衣装を身に着けた反逆者たちは、「このように奇妙に着飾って、それはもうネグロとかネグロ女でさえなかった。それは雌猿であり、猿だった」と描写される（Hugo 1968d：952-953）。これは常軌を逸する詩人の想像力が生み出した幻想でしかないとはいえ、明らかに人種差別的な言説である（Hoffmann 1996：13）。また、王政復古期から七月王政期を通じて、ユゴーが奴隷制度廃止に関わってこなかったこと、さらに二月革命によって樹立された第二共和政期において、臨時政府によって実現した奴隷制廃止の実現には無縁であったことも事実だ（Gaudon & Gaudon 1998 : 8–9）。ところが、一八五一年の亡命以降、ユゴーは変容する。

死刑になったジョン・ブラウンの活動を擁護するために、ハイチの首都で発刊されている『プログレ（*Progrès* : 進歩）』紙の編集長にあてたユゴーの手紙がある。

複数のアダムがいるのでしょうか？　博物学者たちはこの問題を議論することができるでしょう。しかし、確実なのは唯一の神がいるだけだということです。

一人の父しかいないのですから、私たちは兄弟です。

この真実のために、ジョン・ブラウンは亡くなったのです。

［…］

地上には白人も黒人もいません。いくつもの精神があるだけです。あなたもその一つです。神の前では、すべての魂は純白なのです。（Hugo 1985b : 525）

最終行の「すべての魂は純白」だという部分に、色をめぐる一種の価値判断をみることは易しい。しかし、この手紙がハイチ人たちのうちに引き起こしたユゴーに対する敬意の念もまた、フィルマンの証言からもわかるように、否定できないだろう（Hoffmann 1987–1988）。

［12］ジョン・ブラウン（John Brown 1800–1859）はアメリカの奴隷廃止論者で、黒人奴隷の暴動を扇動したとされて、絞首刑となった。死刑廃止論者ユゴーは、ブラウンの刑の執行を止めるべく尽力した。

周知のごとくユゴーは死刑廃止論者であり、その闘士であった。死刑を野蛮とし、その廃止こそが文明の到来であると考えていた。野蛮と文明という対比のロジックは、こと死刑廃止に関しては彼の信念の普及に寄与するものである。つまり、死刑廃止は人類の文明化、人類の進歩を意味する。一方で、人類の文明化という理念は、ユゴーにおいて植民地化の肯定につながるものである。一八四一年一月九日、アルジェリア総督に任命され、ほどなくアルジェに出発することになっていたトマ＝ロベール・ビュジョー将軍と会話をする機会をもったユゴーは、アルジェリアの植民地化の困難を語る将軍に対し、「われわれの新たな征服は偉大なものです。文明が野蛮を踏み砕くのです。開明の民が闇のなかにある民に出会うことになります。われわれは世界のギリシア人です。世界を照らすのはわれわれなのです」（Hugo 1868a：1343）と語ったとされる。[13] アルジェリアの平定はビュジョー総督のもとで、焦土戦が繰り広げられ、侵略を組織的に行い、抵抗する人びとの大量虐殺など、非常に残虐な手段によって推進された（アージュロン 二〇〇二：二七-三一）。一八四七年の時点で、ユゴーがフランス軍の蛮行を問題視していたことがわかっている。しかし、同年4月に貴族院での演説を予定して書かれた草稿には「野蛮がアフリカに存在することは、知っています。しかし、当局には次のことを忘れないでいただきたい。[…] われわれが、かつてローマが所有し間もなくフランス領となる土地に赴いたのは、わが軍に野蛮を吹き込むためではなく、原住民全体にわれわれの文明を伝播するためです」（Hugo 1968b：624）とある。

二〇年以上の時を経て、一八七〇年のユゴーは同様に文明化を主張しながらも、その内容は大きく変化している。スペインの支配に対してキューバ人たちが立ち上がったとき、彼らの反乱を支持して、スペイン人の暴力を糾弾する手紙のなかで、ユゴーは次のように書き記す。キューバの場合は、ハイチの場合とは異なり、独立戦争の中核となったのは黒人ではない。しかし、ユゴーの文明化のヴィジョンにおいては独立運動の支持と奴隷制度の廃止は同じパースペクティブのもとにある。

文明化においては、長子権は権利ではなく、義務です。

この義務は、実のところ、諸権利を与えるのです。そのうちの一つが植民地化の権利です。未開の国は、子どもが教育を受ける権利をもつように、文明化への権利をもっているのです。そしてすでに文明化されている国は、未開の国々に対して文明化の義務を負っているのです。

[…]そこから、現在においては英国のアジアにおける義務、フランスのアフリカにおける義務が生じるのです。

[…]

文明化は植民地化を意味し、植民地化は後見を意味します。その通りでしょう。しかし、植民地化は搾取ではなく、後見は奴隷制ではありません。

後見は未成年者が成人に達したときにその権利を終えます。未成年者が意味するものが子どもでも民族でも、それは同じです。[…]

キューバは成人に達しています。

キューバはキューバにしか属していません。(Hugo 1970a : 868)

ユゴーにとって植民地化の目的は文明化である。民衆の子どもたちが教育のおかげで社会的な悲惨をまぬがれて向上できるように、アフリカの国々も文明化されれば、いずれは独立することになるとユゴーが考えているのかと問うことが可能だろう。右の引用の論理によれば、答えは肯定的なはずだ。

一八七九年五月一八日、奴隷制廃止を記念するあるバンケットが開催され、ユゴーはアフリカに関する演説を行っ

[13] この引用は『見聞録(*Choses vues*)』にあるが、マッサン版全集では、ユゴー夫人による聞き書きである『その生涯に立ち会った人によって語られたヴィクトル・ユゴー(*Victor Hugo raconté par un témoin de sa vie*)』の補遺として収録されている。

た（Hugo 1970b：1451）。出席者のなかの中心的な一人が、一八四八年の奴隷制廃止条例の主導者であったヴィクトール・シェルシェールである。「この野生のアフリカには二つの様相しかありません。人がいれば野蛮であり、無人であれば未開なのです」という言葉が示す通り、ユゴーは、そこに住まう人びとがいることを知りながら、アフリカを誰にも属していない大地とみなす。アフリカは、「常軌を逸した行動でセムの行く手を阻む怪物じみたハム」と形容される。灼熱の太陽が注ぐ過酷な大地は、ヨーロッパ人の征服を必要とし、そこはヨーロッパ人の移住に供された場所とされる。「このアフリカにあなた方のみなぎる力を注ぎなさい」。それによって、社会問題を解決し、無産者階級を土地所有者にするのです」。この演説では、アフリカ大陸における植民地化の目的は文明化だけではない。フランスの利益を考慮しての交易と産業のためでもある。彼が期待するのは、原住民の奴隷制を伴わない平和的な植民地化であり、それによって彼が野蛮あるいは未開と形容するアフリカを、二〇世紀には世界の仲間入りさせることである。この演説は拍手に包まれ、演説の終わりには「ユゴー万歳」の叫びが繰り返されたとされる。

小括

第三共和政初期にあって、ミシュレ、ルナン、ユゴーはそれぞれのあり方で教育の進展と非宗教化に貢献し、政教分離の実現に寄与した。

彼らの人種に関する見解、さらにアフリカと植民地化に関する意見は三人三様である。注意しておくべきは、彼らの生きた時代が、自然人類学が飛躍的発展を遂げた時代であることだ。ポール・ブロカは一八五九年にパリ人類学会を創設し、一八七二年に雑誌『人類学（*Revue d'anthropologie*）』を創刊、さらに一八七六年にはパリ人類学学校を開校して、自然人類学を発展させた。頭蓋測定や突顎の有無などの身体的特徴が人種を分類する基準となっていった。中等教育で使用された自然史の教科書では、人種の分類は動物学として扱われ、額面角の度合いが人種の相違の説明に用いられている（Langlebert 1898：214-215）。そうしたなかにあって、ある種の偏向や偏見を免れていないにしても、ミシュレもユゴーもこの時代の科学的潮流とは一線を画しているようにみえる。ルナンも、少なくともインド・ヨーロッパの系譜とセムの系譜の差異に関しては、生物学的決定論とは無縁である（Crépon 2000：125）。たしかにルナンは、一八四八年に書かれた『言語の起源について（*De l'origine du langage*）』で、「この一節に書かれていることは、人類の自然科学的起源とは関係がない［…］。私が問題にしているのは、人間が思考するようになった時点からであり、それはおそらく言語の出現と機を一にしている」と述べている（Renan 1925：235-236）。とはいえ、この一節は「アーリア人種とセム人種は世界を征服し、人類を統一へ導くよう定められているのであるから、この二人種に対してその他は、試作品、障害物、補助者としてしか数に入らない」（Renan 1925：232-233）という一文を含んでいることには注意が必要である。

客観的・普遍的真理を標榜する生物科学主義が時代の主要な思潮となりつつあるなかで、三人はそれぞれに独自のビジョンをヨーロッパの外部について示したといえよう。彼らの言説からは、共和国となったフランスが自らのあり方を模索する多様な論理がうかがわれ、歴史の転換期のあいまいな動揺を聞きとることができる。

◉参考文献

アージュロン・C・R／私市正年・中島節子（訳）（二〇〇二）『アルジェリア近現代史』白水社

阿部　崇（二〇一三）「フィクションとしての国家――エルネスト・ルナンの『国民とは何か』」『青山フランス文学論集』二一、一〇七－一一五

オランデール・M／浜崎設夫（訳）（一九九五）『エデンの園の言語――アーリア人とセム人――摂理のカップル』法政大学出版局

数森寛子（二〇一四）「フランス第三共和政期における「教育の自由」をめぐる議論――ヴィクトール・ユゴーによるファルー法反対演説（一）」『愛知県立芸術大学紀要』四四、一九－三三

工藤庸子（二〇一三）『近代ヨーロッパ宗教文化論――姦通小説・ナポレオン法典・政教分離（増補新装版）』東京大学出版会

工藤庸子（二〇一七）『ヨーロッパ文明批判序説――植民地・共和国・オリエンタリズム（増補新装版）』東京大学出版会

杉本　隆（二〇一五）「普遍史とオリエント――ジュール・ミシュレ」宇野重規・伊達聖伸・高山裕二（編著）『共和国か宗教か、それとも――十九世紀フランスの光と闇』白水社、一五三―一八六頁

伊達聖伸（二〇〇七）「ライシテは市民宗教か」『宗教研究』八一（三）、五三一―五五四

伊達聖伸（二〇一〇）『ライシテ、道徳、宗教学――もうひとつの一九世紀フランス宗教史』勁草書房

伊達聖伸（二〇一八）『ライシテから読む現代フランス――政治と宗教の今』岩波書店

トドロフ・T／小野　潮・江口　修（訳）（二〇一五）『われわれと他者――フランス思想における他者像』法政大学出版局（Todorov, T. (1989). *Nous et les autres: La réflexion française sur la diversité humaine*. Paris: Seuil.）

ボベロ・J／三浦信孝・伊達聖伸（訳）（二〇〇九）『フランスにおける脱宗教性《ライシテ》の歴史』白水社（Baubérot, J. (2007). *Histoire de la laïcité en France*. Paris: Presses Universitaires de France.）

ポリアコフ・L／アーリア主義研究会（訳）（一九九五）『アーリア神話――ヨーロッパにおける人種主義と民族主義の源泉』法政大学出版局（Poliakov, L. (1971). *Le mythe aryen*. Paris: Calmann-Lévy.）

ポリアコフ・L／菅野賢治（訳）（二〇〇五）『反ユダヤ主義の歴史（三）ヴォルテールからヴァグナーまで』勁草書房（Poliakov, L. (1968). *Histoire de l'antisémitisme de Voltaire à Wagner*. Paris: Calmann-Lévy.）

ミシュレ・J／大野一道（訳）（一九七七）『民衆』みすず書房（Michelet, J. (1846). *Le peuple*. Paris: Comptoir des imprimeurs unis）

ミシュレ・J／大野一道（訳）（一九九一）『女』藤原書店（Michelet, J. (1860). *La Femme*. Paris: L. Hachette.）

ミシュレ・J／大野一道（訳）（二〇〇一）『人類の聖書――多神教的世界観の探求』藤原書店（Michelet, J. (2009). *Bible de l'Humanité, édition critique par L. Rétat*. Paris: Honoré Champion.）

ミシュレ・J／桑原武夫・多田道太郎・溝口謹一（訳）（二〇〇六）『フランス革命史（上・下）』中央公論新社

Baubérot, J. (2004). *Laïcité 1905–2005: Entre passion et raison*. Paris: Seuil.

Blanckaert, C. (2009). *De la race à l'évolution: Paul Broca et l'anthropologie française*（*1850–1900*）. Paris: L'Harmattan.

Bruno, G. (1877). *Le tour de France par deux enfants*. Paris: Eugène Belin.

Bruno, G. (1907). *Le tour de France par deux enfants*. Paris: Eugène Belin.

Chevalier, P. (1985). Jules Ferry et le Saint-Siège. In F. Furet, *Jules Ferry fondateur de la République: Actes du colloque*, Paris: Ecole des Hautes Etudes en Sciences Sociales, pp.171–189.

Compagnon, A. (2013). Le Dieu de la IIIe République: Actes du colloque. In H. Laurens (dir.), *Ernest Renan: La Science, la religion, la République*. Paris: Odile Jacob, pp.311–328.

Crépon, M. (2000). *Le malin génie des langues*. Paris: J. Vrin.

Dansette, A. (1965). *Histoire religieuse de la France contemporaine: L'Église catholique dans la mêlée politique et sociale*. Paris: Flammarion.

Delesalle, S., & Valensi, L. (1972). Le mot《nègre》dans les dictionnaires français d'Ancien régime: Histoire et lexicographie. *Langue française, 15*, 79–104.

Erchadi, A. (2010). Retour sur la pensée éducative de Hugo: Le pédagogue déguenillé et les enfants d'éléphant. Compte rendu de la communication au Groupe Hugo du 18 décembre 2010.

Ferry, J. (1895). *Discours et opinions (t.3): Publiés avec commentaires et notes par Paul Robiquet*. Paris: Armand Colin & Cie.

Ferry, J. (1897). *Discours et opinions (t.5): Publiés avec commentaires et notes par Paul Robiquet*. Paris: Armand Colin & Cie.

Firmin, A. (2016). *De l'égalité des races humaines: Anthropologie positive*. CreateSpace Independent Publishing Platform.

Fizaine, J.-C. (1989). Droits de l'homme: Colonisation, esclavage dans l'œuvre de Victor Hugo. Compte rendu de la communication au Groupe Hugo du 22 avril 1989.

Gaillard, J.-M. (1989). *Jules Ferry*. Paris: Fayard.

Garnier-Pagès, É.-J.-L. (1860). *Dictionnaire politique: Encyclopédie du langage et de la science politique*. Paris: E. Duclerc et Pagnerre.

Gaudon, J., & Gaudon, S. (1998). Préface. In V. Hugo & V. Schœlcher, *Lettres: Victor Hugo, Victor Schœlcher*, Carenton-le-Pont: Flohic.

Gengembre, G. (2013). Sur les origines révolutionnaires de la laïcité. *Romantisme, 162*, 11–21.

Girard, L. (1985). Jules Ferry et la génération des républicains du Second Empire. In F. Furet, *Jules Ferry fondateur de la République: Actes du colloque*. Paris: Ecole des Hautes Etudes en Sciences Sociales, pp.49–57.

Hartog, F. (2017). *La Nation, la religion, l'avenir: Sur les traces d'Ernest Renan*. Paris: Gallimard.

Hoffmann, L.-F. (1987–1988). Victor Hugo, John Brown et les Haïtiens. *Nineteenth-Century French Studies, 16*(1–2), 47–58.

Hoffmann, L.-F. (1996). Victor Hugo, les noirs et l'esclavage. *Françofonia, 16*(30), 47–90.

Hugo, V. (1967). Claude Gueux. In *Œuvres complètes* (*t.5*), édition chronologique, publiée sous la direction de Jean Massin, Paris: Club français du Livre, pp.235–254.

Hugo, V. (1868a). Origine de《Fantine》. Victor Hugo raconté par un témoin de sa vie. In *Œuvres complètes* (*t.6*), Paris: Club français du Livre, pp.1343–1345.

Hugo, V. (1968b). La liberté de l'enseignement (le 15 janvier 1850). Actes et paroles I: Avant l'exil. In *Œuvres complètes* (*t.7*), Paris: Club français du livre, pp.254–267.

Hugo, V. (1968c). Portefeuille politique. In *Œuvres complètes* (*t.7*), Paris: Club français du livre, pp.619–666.

Hugo, V. (1968d). Carnets, albums, journaux. In *Œuvres complètes* (*t.7*), Paris: Club français du livre, pp.929–1222.

Hugo, V. (1970a). Pour Cuba. Actes et Paroles II: Pendant l'exil. In *Œuvres complètes* (*t.14*). Paris: Club français du livre, pp.868–869.

Hugo, V. (1970b). Discours sur l'Afrique. Actes et paroles II: Après l'exil. In *Œuvres complètes* (*t.15*), Paris: Club français du livre, pp.1450–1452.

Langlebert, J. (1898). *Histoire naturelle*. Paris: Delalain Frères.

Lavisse, E. (2010). *La nouvelle première année d'Histoire de France: Histoire moderne, histoire contemporaine*. Paris: Équateurs.

Lazare, B. (2012). Le nationalisme juif. In B. Lazare (éd.), *La question juive*, Paris: Allia, pp.138–154.

Manceron, G. (2003). Ecole, pédagogie et colonies. In P. Blanchard, & S. Lemaire, *Culture coloniale 1871–1931: La France conquise par son Empire*, Paris: Autrement, pp.93–103.

Mayeur, J.-M. (1984). *La vie politique sous la Troisième République, 1870–1940*. Paris: Seuil.

Mayeur, J.-M. (1997). *La question laïque au XIXe-XXe siècles*. Paris: Fayard.

Michelet, J. (1982). Histoire du dix-neuvième siècle. In *Œuvres complètes* (*t.21*), Paris: Flammarion.

Michelet, J. (1987). Nos Fils. *Œuvres complètes* (*t.20*). Paris: Flammarion, pp.358–519.

Michelet, J. (1999). *Correspondance générale* (*t.10*). Paris: Honoré Champion.

Michelet, J. (2000). *Correspondance générale* (*t.11*). Paris: Honoré Champion.

Müller, F. M. (1859). *Essai de mythologie comparée*. Paris: A. Durand.

N'zouzi, B. (2002). *La laïcité en question: Le parallélisme de la colonisation et de l'apostolat missionnaire dans les colonies françaises de l' Afrique centrale aux XIXe-XXe siècle*. Paris: New Legend.

Nora, P. (1997). Lavisse, insitituteur national. In P. Nora, *Les Lieux de mémoire* (*t.1*), Paris: Gallimard, pp.239–275.

Ozouf, J., & Ozouf, M. (1997). Le Tour de la France par deux enfants: Le petit livre rouge de la République. In P. Norra, *Les Lieux de mémoire* (*t.1*), Paris: Gallimard, pp.277–301.

Ozouf, M. (2014). *Jules Ferry: La liberté et la tradition.* Paris: Gallimard.

Ozouf, M. (2015). *De Révolution en République: Les chemins de la France.* Paris: Gallimard.

Rebérioux, M. (1987). Hugo dans le mouvement politique et social (1870–1885). Compte rendu de la communication au groupe Hugo du 4 avril 1987.

Puts, F. (1987). Introduction à *Nos Fils.* In *Œuvres complètes de J. Michelet* (*t.20*), Paris: Flammarion, pp.337–354.

Renan, E. (1858). *Histoire générale et système comparée des langues sémitiques.* Paris: Michel Lévy Frères.

Renan, E. (1925). *De l'origine du langage* (*8e édition*). Paris: Calmann-Lévy.

Renan, E. (1947a). L'Avenir religieux des sociétés modernes. In *Œuvres complètes* (*t.1*), Paris: Calmann-Lévy, pp.233–281.

Renan, E. (1947b). La réforme intellectuelle et morale. *In Œuvres complètes* (*t.1*), Paris: Calmann-Lévy, pp.324–435.

Renan, E. (1947c). Identité originelle et séparation graduelle du judaïsme et du christianisme. *In Œuvres complètes* (*t.1*), Paris: Calmann-Lévy, pp.907–924.

Renan, E. (1947d). Le Judaïsme comme race et comme religion. In *Œuvres complètes* (*t.1*), Paris: Calmann-Lévy, pp.925–944.

Renan, E. (1947e) L'islamisme et la science. In *Œuvres complètes* (*t.1*), Paris: Calmann-Lévy, pp.945–965.

Renan, E. (1953). Histoire du peuple d'Israël. In *Œuvres complètes* (*t.6*), Paris: Calmann-Lévy.

Renan, E. (1958). Des services rendus aux sciences historiques par la philologie. *In Œuvres complètes* (*t.8*), Paris: Calmann-Lévy, pp.1213–1232.

Renan, E. (1995). Vie de Jésus. In *Histoire des origines du christianisme* (*t.1*), Paris: Robert Laffont, pp.1–301.（ルナン・E／忽那錦吾・上村くに子（訳）（二〇〇〇）『イエスの生涯』人文書院）

Rétat, C. (2005). Jules Michelet, l'idéologie du vivant. *Romantisme, 130*(4), 9–22.

Rétat, L. (1985). Renan et le problème religieux sous la Troisième République. *Études renaniennes, 59*(1), 15–27.

Rétat, L. (1988). Ernest Renan et la révolution. *Études renaniennes, 74*(4), 3–16.

Rétat, L. (2000). Quand Renan dénonçait les crimes contre l'humanité. *Commentaire, 89,* 131–140.

Rétat, L. (2002). Races, langues, religions dans l'univers conceptuel et symbolique d'E. Renan. *Bulletin de la Société des Etudes renaniennes, 108,* 3–33.

Rétat, L. (2005). *L'Israël de Renan.* Paris: Peter Lang.

Reynaud Paligt, C. (2009). *La République raciale: Paradigme racial et idéologie républicaine* (*1860–1930*). Paris: Presses Universitaires de France.

Rosa, G. (2004). Hugo et la Révolution. Compte rendu de la communication au groupe Hugo du 26 juin 2004.

Simon-Nahum, P. (2008). L'Orient d'Ernest Renan: De l'étude des langues à l'histoire des religions. *Revue germanique internationale, 7,* 175–168.

Sorrel, C. (2003). *La République contre les congrégations Histoire d'une passion française 1899–1904.* Paris: Cerf.

Sternhell, Z. (2010). *Les anti-Lumières: Une tradition du XVIII*e *siècle à la guerre froide.* Paris: Gallimard.

Vergès, F. (2003). Coloniser, éduquer, guider: un devoir républicain. In P. Blanchard, & S. Lemaire, *Culture coloniale 1871–1931 La France conquise par son Empire,* Paris: Autrement, pp.191–200.

2

ゴビノーとフィルマン

二つの人種理論

長谷川一年

一　はじめに

本章の目的は、一九世紀フランスにおける二つの対照的な人種理論を比較考察することによって、近代的レイシズムの地平を確認するとともに、その議論の今日的射程を測り直すことにある。ここで焦点を当てる二冊の書物は、アルチュール・ド・ゴビノー（A. de Gobineau）の『人種不平等論（*Essai sur l'inégalité des races humaines*）』（一八五三–五五年）とアンテノール・フィルマン（A. Firmin）の『人種平等論（*De l'égalité des races humaines*）』（一八八五年）である。[1]

前者は、フランスの外交官作家の手になる大冊であり、その標題から容易に推察されるように、諸人種の間には知的・道徳的・身体的能力の本来的差異（不平等）があることを論証しようとしている。そこでは「人種不平等」テーゼの証明に向けて、人類学、歴史学、言語学、生理学といったさまざまな学問分野の知見が糾合されているが、その著者は正規の学校教育をほとんど受けておらず、外交官生活の傍らで小説や歴史書を執

［1］ゴビノーの『人種不平等論』については（長谷川 二〇〇〇–二〇〇一）で詳細な検討を加えており、本章の記述にはこれと重複する部分があることをお断りしておく。

図 2-1　アルチュール・ド・ゴビノー
(Raymond 1985)

図 2-2　アンテノール・フィルマン
(Firmin 1905)

筆しながら、生涯を通してアカデミズムの外部に甘んじた。そんな一介の独学者が、なぜこのような書物をものさねばならなかったのか。伝記的事実が教えるところでは、その動機の一つはゴビノーその人の「生まれの不安」にあった。母親の身持ちの悪さゆえに、自分は不義の子ではないかという不安に苛まれていたゴビノーは、アイデンティティの本源としての「血」に執着し、実生活では「伯爵」を自称して、みずからの血統の由緒正しさを誇示した。一見アカデミックな体裁を整えた『人種不平等論』は、第二版への序文で告白されているように、ある意味ではゴビノー自身の「本能の表現」ともいうべき実存的な契機に駆動された書物でもあった。

『人種不平等論』の刊行から三〇年を経て、ゴビノーの議論を真っ向から批判する一冊の書物が現れる。『人種平等論』と題されたこの本は、おびただしい数の文献を渉猟しつつ、随所にギリシア語やラテン語の引用を散りばめた大著で、質量ともに『人種不平等論』に拮抗している。著者フィルマンはハイチ出身の黒人である。ハイチで弁護士資格を取得し、一八八三年に外交官としてパリに赴任したフィルマンは、ポール・ブロカ（P. Broca）を中心に設立されたパリ人類学会（Société d'Anthropologie de Paris）への入会を許可され、当地のアカデミズムにじかに触れる機会を得た。若き黒人インテリにとって、それはおそらくアンビヴァレントな経験であったに違いない。ブロカに主導されたパリ人類学派は、黒人を最底辺に位置づける人種的序列を科学的に構築しようとしていたからである。こうした一九世紀に支配的な人種理論――ゴビノーの言説もその一部として包摂される――を論駁し、諸人種の本質的な平等を唱えることは、フィルマンにとって実存的な問題であると同時に、祖国ハイチの世界史的使命に関わる政治的な意図を含んでいた。『人種平等論』の巻頭に置かれた献辞には、著者の願望が率直に表明されている。「願わくば、本書が熟読され、アンティル諸島の澄みきった青空の下、わが人種が成し遂げつつある再生への歩みが加速されんことを！　本書が世界中のすべての黒人の子どもたちに、進歩と正義と自由への愛をかきたてんことを！　本書をハイチに捧げるということ、それはとりもなおさず、今日は貧しくとも明日は偉人となるであろう彼らに本書を贈るということなのだ」(Firmin 1885 : v)。

本章では以下、『人種不平等論』および『人種平等論』の理路をたどり直していく。どのように人種を分類し特徴づけるのか、人種が生み出す文明なるものをどう理解するのか、人種間の混血をどう評価するのか、人類はどこから来てどこに向かうのか――こうした論点を中心に、ゴビノーとフィルマンの理論的対立の諸相を浮かび上がらせてみよう。

二　ゴビノー『人種不平等論』

文明の没落

ゴビノーをしてこの大著の執筆に向かわせた初発の問題意識は、いかに文明は没落するのかというものであった。「諸文明の没落は、歴史上のあらゆる現象のなかで最も驚くべきものであると同時に、最も謎めいたものである。精神を震え上がらせるこの災禍には、どこかしら神秘的で荘厳なところがあるため、思想家は飽くことなくこれについて思考をめぐらせ、研究を重ね、その謎に迫ろうとしている」(Gobineau 1983 : 141)。文明の盛衰をめぐる問いは、古代ギリシア・ローマから一八世紀の啓蒙哲学者に至るまで、連綿と取り組まれてきた。文明を崩壊に導く要因として、宗教的ファナティシズム、奢侈、習俗の紊乱《びんらん》、信仰心の欠如、悪政などが指摘されてきたが、ゴビノーはこうした伝統的な議論に逐一反論を加え、宗教的・道徳的・政治的要因は文明の没落にとって副次的なものにすぎないと主張する。それでは本質的な原因とは何か。それは社会の内部、すなわち文明の担い手である人間の「退化（dégénération）」のうちに求めなければならない。ゴビノーによれば、退化とは異人種間の混淆によって生じる生理学的現象である。「「退化した」という言葉がある民族に適用されるとき意味しなければならないこと、また現に意味していることは、この民族は相次ぐ混血によって徐々に価値の変質を被り、その血管にはもう同じ血が流れていないので、今ではかつて保持していた固有の価値をもっていないということである」（Gobineau 1983 : 162）。文明の衰退は人種の混血によってもたらされる――これが『人種不平等論』全編を貫く基本命題である。

ところでこの基本命題は、人種間に価値の差異ないし不平等が存在することを前提にしている。ゴビノーによれば、各人種がもつ価値は本来的なものであり、混血以外のいかなる外的原因によっても変化することはない。文明化の能力を備えた優等人種と、みずから文明化できない劣等人種は、本源的に隔絶した存在である。たとえば大多数の黒人がそうであるように、他集団と接触することなく孤立したまま、「部族」の段階から「民族」の段階に発展を遂げられず、文明への第一歩すら踏み出せない種族が存在する。彼らが未開状態にとどまっているのは、「動物と同じように、混淆に対して人間の感じる自然な嫌悪感に打ち勝つ能力がないからである」（Gobineau 1983 : 165）。他方、こうした混血への嫌悪感、すなわち「孤立の精神」を克服しえた種族は、戦争による近隣種族の征服、被征服者の奴隷化、成員の階層化を経て、一部族からより大きな集合体へと脱皮する。さらに一部の種族は、長い時間をかけて土地や人間を融合させ、征服者と被征服者の間の軋轢を取り除き、やがて混血を起こして一つの民族を形成するようになる。この段階にまで到達できる種族だけが文明化の能力を備えているとみなされる。ゴビノーにいわせれば、人類は「斥力」と「引力」の二つの法則に支配されており、前者に従って混血を忌避し続ける種族は永久に孤立から抜け出すことができず、後者の法則を受け入れた種族だけが文明を築くことができるのである。

すでに明らかなように、ゴビノーにとって混血とは、一種のジレンマを孕んだ現象である。異人種との接触を避けて血の純粋性を保っていれば、退化が起こることはない。「一つの民族は永遠に同じ民族的要素から構成されている限り、決して滅びることはないだろう」（Gobineau 1983 : 170）。そのような状態は、しかし、文明以前ないし歴史以前の段階で停滞しているに等しい。文明化へと歩み出し、歴史の歯車を回転させるには、異人種間の接触と交流が不可欠である。だが、混淆は人種における原初の純粋性を喪失させ、退化を引き起こす要因にほかならない。それゆえ混血は文明の薬にして毒である。ゴビノーの歴史哲学においては、混血による文明化の果てに没落するか、混血を嫌って歴史以前の未開にとどまるか——「死か、非 - 生か」（Todorov 1989 : 192）——の選択しかないのである。

文明と人種

ここでゴビノーによる文明の定義を確認しておこう。まずゴビノーはフランソワ・ギゾー（F. Guizot）の『ヨーロッパ文明史（*Histoire générale de la civilisation en Europe*）』を取り上げて、その文明概念があまりに政治的である点を問題にしている。ギゾーにとって文明とは、立憲体制や代議政体、政治的自由の有無といった一国の政治的状態に関係しており、その論理を突きつめていくと、当時にあって文明はイギリスにしか存在しないということになるだろう。これでは文明の概念として狭隘で党派的といわざるをえないとゴビノーは批判する。

次にゴビノーはヴィルヘルム・フォン・フンボルト（W. von Humboldt）の議論を吟味する。フンボルトによれば、「文明とは、外面的な諸制度やさまざまな慣習、および、それと関わりを持つ内面的な心の持ち方に関して、民族を教化して人間らしくすることを指す」（フンボルト 一九八四 : 四五）。この定義では、ギゾーとは対照的にあまりに広すぎて、人びとが人間らしく温厚になれば文明化したとみなされるため、温和な野蛮人も文明の一員に数えなければならなくなるだろう。そこでフンボルトは、文明よりも高次の段階に、学問と芸術の尊重を本質とする「文化（Kultur）」を位置づけ、さらにその上位に一定の内面的気質としての「教養（Bildung）」を置いている。しかし、ゴビノーにいわせれば、教養というものは個人に属する事柄であり、社会が文明化しているか否かとはまったく別の問題なのである。

こうしてギゾーとフンボルトの定義をともに退けたゴビノーは、文明を以下のように説明する。「私の視線が捉えようとするもの［…］それは大衆のなかで発展する、物質的であると同時に精神的でもある力の総体なのである」（Gobineau 1983 : 218）。すべての人種は「物質的」な本能と「精神的」な本能の二種類を兼ね備えており、それぞれの強さの度合いによって人種の特性は規定されているという。前者は「男性的原理」とも呼ばれ、これが支配的な人種では功利的な関心が発達するため、物質生活を豊かにし、幸福を追求しようとする傾向が顕著で、その典型として黄色人種があげられる。後者の方は「女性的原理」と呼ばれ、想像力に恵まれた人種を作り出す。黒人種の大部分がここに分類され、精神生活に沈潜しがちで観念と事実を結びつけることができず、みずから運命を切り開こうとする向上心に欠ける点に特徴がある。その際、ゴビノーはこのような二つの本能の一方だけを称讃もしくは非難してはならないと注意している。いずれの本能も欠くことなく、しかも一方の本能が十分に備わっている人種だけが、高度な文化を形成し、文明の段階に達することができるというのである。

文明の担い手たる人種の性格に応じて、当然その文明も異なる相貌をみせるが、ゴビノーはあらゆる文明に共通する一般的特徴があると述べている。第一に、種々の欲望や感情をもつ群衆を一つにまとめることのできる体制が整備されなければ、文明は生成しない。第二に、安定への欲求、すなわち自分たちを統合している原理を尊重し、社会的基盤の安定化を図ることが必要である。第三には暴力を避けること、第四には社会性が不可欠であり、これなしに知性の向上や物質的改善は不可能である。以上のような特徴を要約して、文明とは「多くの人びとが平和的に自分たちの欲求を満足させようと努力し、自分たちの知性と習俗を洗練させる、相対的に安定した状態」（Gobineau 1983 : 224-225）のことであると定義される。

「相対的に安定した状態」という表現に留意しておきたい。一方でオリエント世界のような過剰な安定は停滞を招くが、当時のヨーロッパのように過度に流動的では永続的な発展を望めない。文明の持続のためには、さまざまな人種の間にある程度の接触があり、適度に新しいものを摂取していく必要があるという。トドロフが指摘するように、ゴビノーにとって最善とは二項対立の間で均衡を保つことであり、先述の「混血の両義性」もこの観点から理解しなければならない。「混血は単純かつ純粋な状態よりも好ましいということなのだ。民族も文明も異種のものを吸収することに存する。安定性と流動性、男性的なものと女性的なものは同時に存在しなければならない。白人種それ自身は、知っての通り人類の最高の達成であるが、実際には一つの「中間」であり、黒人種（少しばかり「女性的」にすぎる）と黄色人種（「男性的」にすぎる）の行き過ぎを避けることに成功している。白人種は少なくとも概念上は一つの混血なのである」（Todorov 1989：157）。

ゴビノーにおいて近代ヨーロッパ文明は完全に相対化されており、同時代の非ヨーロッパ文明に対して優位性を主張することはできない。ローマ帝国に匹敵するほど多様な人種を包摂したヨーロッパでは、イギリスなど若干の例外を除いて、社会的流動性が過度に高まっており、もはや「相対的な安定」という文明の条件すら満たしておらず、統治についていえば仏教やバラモン教の文明圏のほうがよほど安定している。またヨーロッパ文明は過去の文明に比して絶対的に優れているわけでもない。「人間の知性は、常に先人に対して勝っていると同時に劣ってもいる」（Gobineau 1983：301）と喝破したゴビノーは、人類の「完成可能性」などまったく信じていないのである。「われわれの文明は、海底火山の力で海上にせり出した一時的な小島に比較されるべきものである」（Gobineau 1983：236）。

人類の歩み

それでは、先史時代から現代に至るまで数々の文明を築いてきた人類は、どのように発生し、いかなる分化の過程をたどってきたのだろうか。人類の起源に関する論争は、一八世紀以降、植民地における非白人との接触や自然科学の発展に伴って激しさを増していた。「単一起源説（monogénisme）」によれば、人類は起源において一つの人種であったが、長い年月をかけて変異し、分化していったとされ、その変化の主要因は環境に求められる。これに対して「複数起源説（polygénisme）」は、現在のさまざまな人種はもともと異なる祖先から発達してきたものだと推測する。

一九世紀前半にアカデミー論争にまで発展したこの問題は、宗教的には聖書の記述との整合性が問われ、政治的には奴隷制への態度と関係してくるだけに、デリケートな側面をもっていた。

ゴビノーは両者の立場をそれぞれ検討しているが、キリスト教の教義と抵触することを避けようとしているためか、概して歯切れの悪さは否めない。複数起源説を支持する理由は見出しがたく、ある種の気候的要因によって人種の多様性が生じたとの立場をとりながらも、自然条件の影響の過大視や恣意的な聖書解釈については単一起源説に批判的といった具合である。この点についてポリアコフは、「結局、彼は、理論においては人類単一起源論者であるが、実際上は複数起源論者であったと言える」(ポリアコフ 一九八五:三一三)と述べているが、いずれにせよゴビノーの関心が起源云々よりも現在における人種の差異、混血以外には消去できない差異の不変性に向けられていたことは確かである。

こうして、人類の起源が単一か複数かについてどのような態度をとろうとも、いかなる外的な影響も相異なる種族を類似させ、同化させ、混同させることはできないだろうから、これらの種族は今日では互いに完全に切り離されているのである。

だから現在の諸人種は、単一だか複数だかの失われた最初の起源とはまったく別の支族であって、そのような起源は有史時代には全然知られておらず、われわれはその最も漠然とした特徴さえまったく思い描くことができない。そしてこれらの人種は、成員の体格や体型、頭蓋骨の構造、体内の構造、体毛の性質、肌の色などによって互いに異なっているが、彼らの主要な特徴は、混血の結果による以外、混血の力による以外に、失われることはないのである。(Gobineau 1983 : 268)

ゴビノーが「第一類型」と呼ぶ最初の人類については具体的には何も知りえないため、われわれに検証可能なのは「第二類型」――何らかの環境的要因によって、白人、黒人、黄色人という三つの人種の差異が確定した段階――からということになる。ゴビノーの説明に従うならば、黒人の特徴は「獣性」であり、知的発展は期待できないものの、強力なエネルギー、意志と欲求の強さ、鋭敏な感覚において他の人種を凌駕しているという。しかしこの点は動物との近さを示しており、まさに彼らの劣等性の証左でもある。これと対照的なのが黄色人で、欲求も体力も弱く、何事につけ凡庸である。実用性を重んじる実際的な人間であって、総じて黒人よりは優秀であるとされる。そして最後に白人は、エネルギーと知性を両立させており、肉体的・精神的に最もバランスがとれている。また他の人種とは異なり、秩序や自由、名誉の観念をもつとされる。これら三つの人種が現在の人種の祖型になるわけだが、一見して明らかなように、そこには白人を頂点とする堅固なヒエラルキー、すなわち「人種不平等」の体系が存在している。知性、体力、美しさのどれをとっても白人が傑出していて、この人種だけが文明化の能力を備えているとされる。したがって歴史上の全文明の栄光は白人の活動に帰せられるのである。

しかしながら、原初において諸人種が有していた特徴の純粋さは、すでに失われてしまっている。歴史のなかで混淆を重ねた結果、人種本来の特質は中性化され、その差異は薄まっているからだ。このことはゴビノーにとって「人種不平等」のシステムの崩壊を意味する。「小さなものは高められた。不幸にも、同時に大きなものも低められてしまった。これは何をもってしても償えない、埋め合わせのきかない、一つの災厄である」(Gobineau 1983 : 343)。この一節には、混血の二面性が端的に表現されている。一方では、劣ったものに優れた血が混入することによって、その価値が高められるという混血のメリットがある。世界の文明化は白人のみが遂行しうる事業であるが、もし混血が起こらず「人種不平等」の体系が不変であったなら、黄色人と黒人は永久に未開の状態に甘んじるほかなかったであろう。とはいえ他方で、混血は高貴なものの矮小化であり、世界の平準化を推し進める動因にもなる。「それゆえ、混血が一定の限度内で人類の大多数には好ましく、人類を引き上げ、気高くするとしても、それはまさにこの人類そのものの犠牲のうえに成り立っているのである。というのも、混血は人類をその最も高貴な部分において低下させ、衰弱させ、屈従させ、頭を落とすからである」(Gobineau 1983 : 344-345)。

白人の独占状態にあった美、知力、体力が万人に希釈化された結果、新たに生まれたのは、美しくとも体力に乏しく、体力はあっても知性に欠け、知性は備えていても醜く虚弱な温血人種である。一人の人間のうちに黒人の毛髪とモンゴル人の顔つきが、あるいはゲルマン人の目とセム人の身長が同居するような「人種的無秩序の恐るべき光景」（Gobineau 1983：284）が現出したのである。そしてそのような事態は、全人類の均質化が完了するまでやむことなく進行していく。「その身長、その容貌、その体格は似通ったものであろう。彼らは体力も同じ程度なら、性向も似たような方向性、能力においても同じくらいの力量であろう。そしてもう一度いっておくが、この一般的な水準というのは、不愉快このうえなく低いものであろう」（Gobineau 1983：1164）。

戦争も植民も交易も等しく混血を進行させ、無秩序を加速せしめるが、ゴビノーによれば、この傾向が特に顕著なのは、地理的には港湾都市や首都や植民地といった大量の人間が集まり交流する場所、階級的にはなかんずく「下層階級」においてである。ここでゴビノーの人種概念が孕んでいる階級的性格を確認しておこう。

すでに明らかになったように、あらゆる社会は、その各々が一つの人種を表す三つの基本的な階級のうえに立脚している。すなわち、勝利した人種に多かれ少なかれ似通った姿の貴族階級、偉大な人種に近い混血からなるブルジョワ階級、南部では黒人、北部ではフィン人という劣等人種に属するため隷属状態にあるか、少なくともかなり衰弱した人民階級である。（Gobineau 1983：1045）

人種の序列と階級の序列が対応関係にあることは明らかであろう。これらの各人種によって構成されたヒエラルキーは、度重なる混血のせいですでに崩壊した。階級のヒエラルキーも同じように、フランス革命以降の民衆の台頭によって破綻をきたした。こうした状況にあって重要なことは、根源的な差異を打ち立てた精神――ニーチェのいう「距離のパトス（Pathos der Distanz）」――を堅持することしかない。『人種不平等論』の主たる目的は、人類史の全事象を人種の関数として処理することにあったが、実際のところ、著者の関心はまずもって階級関係に向けられていたことを見逃してはならない。当時の貴族主義者に共有されていたはずの、没落への不安、過去追慕の感情、平民階級への侮蔑といった階級意識が、ゴビノーにあっては、ペシミスティックな色合いを帯びたレイシズムへと結実したのである。その意味では、ゲルマン人のガリア征服という史実に訴えつつ、征服民族の末裔たる貴族階級の支配を正当化したブーランヴィリエ伯（H. de Boulainvilliers）を、やがて一九世紀に隆盛を迎えるフランス人種思想の先駆けとみなすことも、そして、ゴビノーを「ブーランヴィリエの時期おくれの後継者」（アーレント 一九七二：八一）と呼ぶことも間違いではない。

歴史の終わり

ところで、ゴビノーはキリスト教の教義に配慮しつつ、人類の誕生を紀元前五千年頃と推定している。その様態は、アフリカを本拠地として南方アジアまで支配権を握っていた野蛮な黒人と、アメリカ大陸から両大洋を超えてヨーロッパとアジアに広がった黄色人の織り成すカオスであった。そこに初めて曙光が射し込むのは、「エリート種族」たる白人種、なかでもアーリア人の登場のときである。北方アジアの高原から移動を開始した白人は、行く手に立ち現れる他人種を次々と征服しながら、世界中に拡散していった。しかし繰り返しいえば、征服から融合に向かう過程で白人と黒人の間には混血が生じ、文明の各方面に暗い影を投げかけざるをえなかった。迷信や偶像崇拝が蔓延し、人身御供や売春といった風俗上の紊乱が顕著になり、専制的で残虐な統治が出現した。他方、数少ない混血の果実としてゴビノーがあげているのは、アッシリア文明とエジプト文明における芸術の芽生えであり、これは黒人の旺盛な想像力なしには生まれなかったとされる。

インドと中国に流入したアーリア人は、それぞれカースト制と家父長制を基盤として高度に安定した社会を築いたものの、その文明を永続させることはできなかった。ゴビノーはその原因もまた混血に見出している。周囲を黒人に取り巻かれたインドでは、カースト制の最上位たるバラモンですら純粋性を維持することはできず、エリートの地盤沈下とともにイギリスの支配を招き寄せることになった。中国では黄色人の影響力が強すぎて、アーリア性に反する中央集権化が進行し、停滞と無気力の気配が濃厚になる。

やがて文明の中心は東洋世界を離れ、東はバビロンから西はロンドンの間、北はストックホルムから南はテーベの間で移動することになる。このように世界史と西洋史を重ね合わせるゴビノーの歴史観は、古代ギリシアに「自由」と「理性」の歴史の始原をみたヘーゲル的な歴史哲学の影響圏にあるといってよい。古代ギリシアに関して、ゴビノーが称讃するのは紀元前一六世紀からの約八百年にわたって穏健な王政が敷かれていた時代のギリシアであり、その後の民主政への移行は東方からの人口流入による雑種化の反映とされる。ローマも同じく、版図の拡大とともに人種の混淆が進行していたところに、ゲルマン人の侵入が決定的となって崩壊に向かう。ゲルマン的要素とローマ的要素が相克する中世を経て、近代ヨーロッパは均質化の波に洗われ、デカダンスへの歩みを足早に進めていく。そのなかにあってイギリスは、大陸と切り離された狭い国土の上で異人種の血の混入を抑制してきたが、ゴビノーにいわせれば、いまやその人種的均衡も崩れつつあり、貴族政は民主主義に、封建体制は平等主義に置き換えられるだろう。

最後にゴビノーは人類滅亡までの時間を計算してみせる。アーリア人種はキリストが降誕したときすでに純粋性を失っていたが、地球誕生からその時点までに六千年から七千年が経過していて、社会を死滅させるにはこれと同じ時間があれば十分だから、人類に残されたのはあと四、五千年ということになる。そして、宗教も科学も人類を救うことはできず、「無言と化した地球が依然として、しかしわれわれなしで、無感動な軌道を空間に描き続けるであろう」最期の日を待つばかりであるという。

悲しむべき予測、それは死ぬことではない。堕落してのみ死に至ることが確実であることだ。そしておそらく、われわれの子孫を待ち受けるこのような恥辱すら、われわれは感覚できまい。もし、ひそかな恐怖心から、運命

の貪欲な手がもうわれわれを捕えていることを感じないようならば。(Gobineau 1983：1166)

人種というたった一つの要因から人類史の全事象を説明してきた『人種不平等論』の核心にあるもの、そして新しい「科学」たる社会進化論や優生学が全盛となっていく時代にこの本を忘却の淵に沈めたもの、それはこのあまりにも反時代的なペシミズムなのであった。

三 フィルマン『人種平等論』

人類学と人種

フィルマンの『人種平等論』がゴビノーの議論を強く意識しているのは、きわめて明白である。けれども、同時代のアカデミズムの動向に照らせば、フィルマンが批判すべきはむしろポール・ブロカではなかったか。一九世紀中葉のフランスにあって、このパリ大学の解剖学者はゴビノーとは比較にならぬ学問的名声を手にしており、一八五九年にはパリ人類学会を設立して斯界の主導的地位にあった。ここで当時のヨーロッパにおける人類学の展開を一瞥することで、「実証主義人類学」の副題をもつ『人種平等論』を理解するための補助線を引いておこう。[2]

ヨーロッパの一八世紀がリンネ(C. von Linné)やビュフォン(G. L. L. Buffon)に代表される博物学の世紀であり、探検家や科学者が地球上のあらゆる動植物を収集し、分類することに邁進していたとすれば、続く一九世紀はそうした博物学の成果を踏まえながら、さまざまな人間集団を人種という概念によって分類する民族学勃興の時代を迎えた

[2] この時期の人類学の展開については竹沢(二〇〇一)を参照。またブロカについては萬年・岩田(一九九二)およびグールド(二〇〇八)を参照。

といえよう。一八三九年にはウィリアム・エドワール（W. F. Edwards）を中心にパリ民族学会（Societé Ethnologique de Paris）が創設された。この組織は、人間の身体的特徴のみならず、知的・道徳的性格、言語、法、慣習、制度といった多様な側面から人間集団を規定し分類することを目的に掲げていた。こうした民族学の志向性は、イギリスの人類学者ジェームズ・プリチャード（J. C. Prichard）に影響を与え、一八四三年にはロンドン民族学会（Ethnological Society of London）が設立されることになる。

ここでの人種という言葉は、身体形質的に区別された人間集団を意味するだけでなく、言語や慣習といった文化的・歴史的な特徴も識別の指標とされていたことから、現在の「民族」概念に近い内実を備えていたといえるだろう。そして融通無碍に使われていたこの人種概念を、生物学的な意味合いに「純化」していったのがブロカであった。

当時、設立されたばかりのパリ人類学会で、脳機能をめぐる論争が起こった。脳と言語の関係については、すでに前世紀末以来、フランツ・ガル（F. J. Gall）がある種の大脳局在論を唱えていたが、頭蓋骨を触診してその起伏から精神機能の発達具合を判断するという骨相学の非科学的な身ぶりは、実証主義が諸学を席捲する一九世紀にはいかにも時代遅れとなり、一八四〇年代まで専門家の間ではジャン=ピエール・フルーラン（M.-J.-P. Flourens）の大脳等能論が支配的であった。こうしたなかでエルネスト・オーベルタン（E. Aubertin）――フィルマンが人類学会に入会する際の推薦人の一人――は、言語機能が大脳の前頭葉に局在するという説を唱えた。これを受けてブロカは、言語機能をつかさどる部位をさらに絞り込み、この部位の損傷が失語症を引き起こすことを明らかにした（いわゆるブロカ中枢の発見）。

大脳局在論を科学的に証明した解剖学者として医学史にその名を残すブロカは、他方で一万を超える頭蓋骨を収集し、それを測定するための計測器具をみずから考案した。そして諸人種の脳の容積や身体の部位を数値化し、顔面角や頭指数によって人種を序列化した。身体の表面に顕在化したこのような差異は、精神的な次元に深く関係しているに違いないという考えに至る。「人種においても個人においても、知的不平等は脳の容量に最も影響を及ぼす原因の一つであり、言い換えれば、他の点がすべて同じなら、知性の発展と脳の容量の間には顕著な関係があると結論づけられる。［…］理論を実践に移すにあたって、私は事実を検討し、脳の重量や頭蓋骨の容積に関する観察記録をできるだけたくさん集めた。そしてさまざまな著者がさまざまな方法で収集したこれらの資料から、以下の結論を得たのである。平均すれば、脳の総量については、老人より成人のほうが、女性より男性のほうが、一般人より優れた人間のほうが、劣等人種より優等人種のほうが大きい、と」（Broca 1871：193, 217）。こうして人種主義的人類学はブロカの権威によって「科学」の装いを身にまとい、さらにブロカの後継者ポール・トピナール（P. Topinard）によって自然科学的・生物学的な色合いを強めていく。[3] 世紀転換期になると、こうした人種主義的傾向とは一線を画し、人間を社会的存在として再定義するデュルケム（E. Durkheim）のような人びとが新たに「社会学」を生み出していくことになるだろう。

起源論争

フィルマンのみるところ、当時の人類学者の多くは——ダーウィンの『進化論』の仏訳者クレマンス・ロワイエ（C. Royer）が人類学会を「骸骨マニア」と揶揄したように——もっぱら人間の身体的特徴に関心を向け、知的・道徳的側面をなおざりにしていた。けれども人類学は、リンネやビュフォンに由来する自然科学としての側面だけでなく、カント以来の哲学的人間学の流れを汲んでもいる。「人類を構成するさまざまな人種について、身体的、知的、道徳的観点から研究すること」こそ、この学問の本領であるとフィルマンは指摘する。具体的にいえば、人類学が探究すべき問いとは次のようなものである。

人間の真の本質とは何か。人間はその素質を、いかなる環境下において、どの程度まで発展させることができるのか。すべての人種が同一の知的・道徳的水準に到達することができるのか。ことさらに精神を発展させる能力

［3］エドワール、ブロカ、トピナールの系譜については渡辺（二〇〇九：二一一－二三四）を参照のこと。

に恵まれているかにみえる人種とはどのようなものか。そして、そうした優越性を保証する有機的特徴とはどのようなものか。（Firmin 1885：15–19）

この問いに迫るために、まずフィルマンが取り組むのは人類の起源をめぐる問題、ゴビノーも頭を悩ませた複数起源説と単一起源説の論争である[4]（Firmin 1885：47–125）。パリ人類学会はその大多数が複数起源説に立っていた。フィルマンによれば、なかでも『人種複数論（*De la pluralité des races humaines*）』の著者ジョルジュ・プシェ（G. Pouchet）は人種間の精神的特徴を、ブロカは身体的特徴を重視するという違いがあったようだが、いずれにせよ白人と有色人種との間には越えがたい知的・身体的差異が存在し、それゆえ諸人種に同一の起源を見出すことは不合理であると結論づけた。

これに対してフィルマンは異議を申し立てる。たとえばプシェは宗教心（神観念）の有無という観点から、中央アフリカやオーストラリアの人びとがいかにキリスト教信仰とかけ離れているかを強調しているが、それは人類の起源とは別問題であるし、未開社会にも宗教の原初形態が存在することは明らかになりつつある。また皮膚の色や毛髪の性質といった形質的差異は、気温や湿度、日照などの気候的条件に左右されるものであり、その人の知性とはまったく無関係である（フィルマンは肌の色の違いが「メラニン」の働きによると明言している）。さらに、白人（コーカサス人）と黒人（エチオピア人）の間には無限のグラデーションがあるのだから、その両極だけを抽出して白人と黒人の不連続を主張するのは一種の詐術にほかならず、両極の間には複数の混血が存在していると主張する。

一般に単一起源論者は、混淆による繁殖可能性を種の同一性を判定する指標としており、その限りでは、白人と黒人の混血児が存在するという一事をもってしても複数起源説は否定されることになるだろう。一代限りで混淆可能だとしてもその子孫が長期的に繁栄することはなく、世代を重ねるごとに繁殖力のみならず知性や道徳の点でも劣化していく（最後には死滅する）という複数起源論者の見解に対しては、ドミニカにおける混淆の増大が、そして当時のハイチの状況が何よりの反証となっている。

旧フランス領ハイチについては、よりいっそう自信をもって語ることができる。それは私の故郷であり、私の母国だからだ。ハイチでもまったく同じ事実を容易に指摘することができる。それは反論不可能な証拠である。この島が独立したとき、白人はそこにほとんど残らなかった。それ以来、島にやってきた白人はごく限られている。彼らの目的は、一儲けして本国に帰ることだけであって、現地人と結婚するのは例外的であった。周知の通り、この八〇年というもの、白人女性と黒人男性、あるいは黒人女性と白人男性の混淆はきわめて稀有なことになってしまったので、これについては完全に無視してもかまわない。ところが、それにもかかわらず、ハイチの有色人種すなわちムラートは、ほぼ二倍に増えているのだ！（Firmin 1885：102）

黒人と白人が混淆可能であり、ムラートの人口が増加しているという事実は、混血への嫌悪感を克服できないがゆえに黒人が文明化不能と断定したゴビノーへの反論でもある。単に人口が増えただけでなく、ムラートは知的・道徳的にも改善を遂げた。「いずれにせよ、ムラートは知性において白人とまったく同等であると結論づけることができる。しかし、ムラートは知的能力を白人からのみ受け継いだのではない。それは全人類の共有財産なのである」（Firmin 1885：310）。複数起源論者の主張は一貫性を欠いていて、たとえば黒人とムラートの混血児――ハイチで「グリフ（griffe）」と呼ばれる――のなかには、黒人の血が四分の三だけ流れていることになるが、グリフはムラートのみならず黒人にも劣るとされている。もはやこれは科学ではなく、混血への嫌悪の表明にすぎない。

ただし、複数起源説に疑問を呈したフィルマンは、必ずしも単一起源説を支持しているわけではない。人種間の絶

［4］『人種平等論』のなかでこの問題を扱った章が最も大きい部分を占めている。

対的差異を否定することと、諸人種の起源が一つであると主張することは別の事柄に属する。フィルマンは前者を「単一説（doctrine unitaire）」と呼んで、単一起源説と区別している。地理的に遠く離れた場所で、同じ地層や同じ古生物の痕跡が発見されることがあるように、別々の場所で生まれた人種が同じ種に属していても不思議はない。起源における複数性と現在における単一性＝平等は矛盾しないというのである。

むしろフィルマンは、単一起源説が聖書の権威に依拠していることを問題にしている。ここでわれわれは、単一起源説と複数起源説の対立が、一九世紀のフランスにおいては宗教と科学の闘いでもあったことに注意しなければならない。晩年にガンベッタ派の上院議員を務めたブロカが熱烈な共和主義者であったことはよく知られているが、彼の主導する形質人類学は「科学」の立場からキリスト教的世界観と闘っていたのであり、その意味で複数起源説が「進歩的」にみえる文脈が存在していたことは重要である。およそ政治や宗教と無関係に思える大脳局在論のごとき医学上の学説でさえも、当時は唯心論と闘う新しい思想として熱狂的な支持を得ており、ブロカ説を信じることは共和主義に加担することを意味していた[5]。

結局のところ、フィルマンにとって、人類の起源をめぐる論争は第二義的な意味をもつにすぎず、結論として人類の単一性を導き出すことが肝要なのである。

> 種の単一性という結論を導き出すこと、それは精神の大いなる包容力によって、人種の多様性が知性にもたらしかねない誤った考えをすべて撥ねつけること、そして全人類を一つの共同体たらしめ、互いに理解し合い、各自の運命を共通の運命と結びつけることを可能にする、そういう本質的な特徴だけをみようとすることである。この運命こそ、文明というもの、すなわち種の最高度の身体的、道徳的、知的完成なのである。このように理解された人種の単一性の観念以外に、さまざまな人種や民族の間にこれほど生き生きとした健全な同胞感情を生み出すものはないだろう。(Firmin 1885 : 124)

ブロカと同じく「科学」の側に立ちながら、ブロカに反して「人種平等」のテーゼを証明すること、それがフィルマンの『人種平等論』の主たるモチーフであったといってよい。

人種の分類

ここでフィルマンが人種という概念をどのように理解していたのかを確認しておこう。フィルマンによれば、これまで人類学が人種を分類するために採用してきた主な基準は、骨、肌の色、言語の三つである。まず骨についていえば、形質人類学者は人間の身体のあらゆる部位の骨を収集し、観察してきた。なかでも頭蓋骨は、ガルの骨相学以来、その形状、容量、重さなどが綿密に測定され、人間集団を分類する基準とされてきた。しかしフィルマンは、人類学者によって作成された各種指標の検討をとおして、彼らのデータ処理が恣意的であるうえに、そこに示された集団間の差異なるものも個体差が大きすぎて有意ではないと指摘している。「あちこち撫でまわしてみたところで、頭蓋骨は死んだように沈黙しつづける」(Firmin 1885 : 229)。このように骨相学を批判したフィルマンは、頭蓋骨の内部にメスを入れていく脳研究の進歩についてはおおむね好意的で、ブロカやクロード・ベルナール (C. Bernard) によって思考のプロセスが物質的運動に還元され、脳機能の局在が立証されたことを歓迎している。たしかに脳科学はいまだ発展途上にあり、脳の観察から知性の優劣を判断できる段階にはないけれども、少なくとも脳の容量や重量が知性

[5] ブロカのもとで研修を受けたピエール・マリー (P. Marie) は次のように述べている。「学生たちといえば、局在論は進歩の可能性のある学説であるように思えるし、それに流行であるという理由から、さらには哲学的の立場から局在論者であった。[…] 極端な唯心論者の側からみると、脳の一定の場所にいろいろな精神機能を限局させようとするような学説のなかには、人間の魂の尊厳を害するような何者かがあるように思われたのである。このようにして、これらの局在説があらゆる革新家たちによってどんなに熱心に擁護されたかが容易に想像できよう。彼らの意見では、局在説が勝利を占めれば古い哲学思想をその根底から覆すことができるというのであった。また政治的な要素もまじえて、学生の間では局在説を信ずることは共和主義に荷担することでもあった」(萬年・岩田 一九九二：一〇〇)。

のレベルを決定する要因でないことは確かである。

では、言語による分類はどうか。フンボルト以来の言語類型論によれば、世界の諸言語は、孤立語、膠着語、屈折語の三つに分類され、中国語に代表される孤立語が最も原始的な段階に位置づけられ、次いでトルコ語やマレー語、アフリカの諸言語などの膠着語、最後にヨーロッパ諸語を含む屈折語へと発展していったとされる。それぞれの話者を人種でみれば、白人を頂点とし、黄色人を底辺とするヒエラルキーが完成するわけだが、フィルマンはこの分類法にも反対する。中国語でも優れた文芸作品が書かれているように、言語そのものに優劣はないし、言語と話者の肌の色も一対一で対応してはいない。言語と関係しているのは、人種ではなく人間の思考である。「認識されるべき真の関係は、言語と思考の関係である。高尚で何にも勝る特性、まさに人間が誇るべき特性を言語に付与するのは、思考なのである。言語が完全なものになるためには、それを話す人びとが意識、知性、学識、威厳を高めるだけで十分である」(Firmin 1885 : 195)。したがって言語の特性を向上させることができるか否かは、人種ではなく個人の問題ということになる。

このようにして、骨相学、脳科学、言語学などの成果を動員した人類学者の人種分類を批判したフィルマンは、結局のところ、伝統的な肌の色による区別が最も有効であると結論づけている。人種の間に差異があること自体はフィルマンにとっても自明であって、何らかの指標は便宜上必要である。「他にましなものがないので、われわれは実際的な分類基準として肌の色を採用したのである」(Firmin 1885 : 175)。なかでもジョルジュ・キュヴィエ(G. Cuvier)由来の三分類(白人、黄色人、黒人)は最も明快である。ただし、これは純粋に色による区別なのであり、そこに「インド=ヨーロッパ」という言語学上の概念や、「コーカサス」といった地名を重ね合わせるべきではなく、まして「高貴」を意味する「アーリア」などの表現を持ち込んで暗に価値判断を下してはならないと釘を刺している。

各人種の身体的特徴について、フィルマンは背の高さ、体力、寿命という側面から検討を加え、白人はその他の人種よりも背が高く、体力もあり、長寿であるという通説に反して、黒人やムラートがすべての点で白人に勝るとも劣らないことを統計によって裏づけている。とはいえフィルマンは、これをもって黒人の人種的優越を主張したいわけではない。重要なことは、こうした身体的特徴が自然環境や生活習慣によって形成される可変的なものであり、人種に固有の先天的特徴ではないという事実である。

これは人種における美の問題にも関連する。フィルマンは美醜の判断について、蓼食う虫も好き好きといった類の相対主義には与しない。調和や均整の観点から、たしかに美しい顔立ちというものは存在する。そして多くの場合、白人が黒人や黄色人より美しいことも認める。だが、美は決して白人の専有物ではない。ヨーロッパで出土した人骨から判断するなら、太古のヨーロッパ人はアフリカ人のように顎が突き出ていて、美しくはなかった。人間の顔は環境の影響を受けて変化してきたのである。「ほとんどの場合、人種の美しさは文明の水準に比例して発展する。人種の美しさは、もともと快適な気候条件のもとで、あるいは生存の必要に合わせて人為的に気候条件が改善された場合に、とりわけ発展するものである」(Firmin 1885：277)。フィルマンにいわせれば、黒人を醜いとみなしてきたのは奴隷制を正当化するためであり、隷属と道徳的頽廃が人間を醜くするのである。だから、文明の発展とともに知性が改善するにつれて、黒人もまた美の階梯を上昇する。「すべての人種が知的発展の結果として醜から美へと変化することに疑問の余地はない。知的発展が脳の器官と身体全般の維持に影響を与えることは日々明らかにされつつある」(Firmin 1885：282)。実際、野蛮な状態にあるアフリカ人よりも、文明化したハイチに美男美女が多いではないかとフィルマンは胸をそらせる。白人が最も美しいというのも実は疑わしい。むしろ白人と黒人の混血、とりわけムラートの女性がいちばん美しいのではないか。それは『人種不平等論』の著者の診断でもあったはずだ。[6]

もとよりフィルマンはここで自分の好みを開陳しているのではなく、あまりにも「色」に囚われた見方を相対化しようとしているように思われる。「黒人の美しい顔というものを想像できない人は、たいていの場合、輪郭の純粋さ

[6] ゴビノーは一八四六年、マルティニク島出身のクレオール女性クレマンス・モネロ(C. Monnerot)と結婚している。

から生まれる彫刻の美と、絵画的な彩色によるその輝きを混同するという、われわれがしばしば陥りがちな誤りのせいで、判断を狂わせてしまっている。前者のみが美の源泉であり、われわれのなかに理想の感覚を掻き立てる。後者は大事な装飾ではあるが、あくまで付随的なものにすぎない」(Firmin 1885：298)。

文明史における黒人

黒人を最底辺に貶める支配的イデオロギーを否定するには、文明史における黒人の貢献を実証しなければならない。その際、最大の焦点となるのは古代エジプト文明の担い手である。「科学と芸術の発展において、間違いなく西洋の白人民族を先導したこの人びとは、とても広大な地域に砂まじりの水を送り届けているナイル川の河岸に、それまでの人間集団が見たこともない、このうえなく素晴らしい社会機構を独力で作り上げたのである」(Firmin 1885：334)。いったい彼らは何者だったのか。アメリカの人類学者で複数起源論者でもあったサミュエル・モートン(S. Morton)は、独自の頭蓋骨調査に基づいて、古代エジプト人は白人であると主張した。あるいは一八四〇年代に発展した言語学の知見によれば、古代エジプトの言語はセム系であるから、エジプト人はアジアからアフリカに移住してきた人びとであると推測された。そしてゴビノーも、アジア方面からやってきた白人がコーカサスの血によってエジプト人を文明化したのだと断定した。しかし、こうした学説を広く流布させたのは、白人以外の人種に文明の源泉を認めようとしないヨーロッパ人の偏見にほかならないとフィルマンはいう。エジプトの動植物がエチオピア起源である以上、人の流れも同様に考えるのが自然である。芸術作品をみても、エジプト人の像は赤みがかった黒で着色されていて、白人を思わせる要素は微塵もない。エジプトは徹頭徹尾アフリカ的であるというジャン=フランソワ・シャンポリオン(J.-F. Champollion)の見解に与しつつ、フィルマンはこう結論づける。

エジプトはニグロの国、黒いアフリカ人の国であった。黒人は他のあらゆる人種に先駆けて文明の偉業を成し遂げた。人類のなかで思想の輝きと知性の目覚めが最初に生じたのは、黒人であった。今後、黒人は劣っているなどといわれたら、相手がサクソン人やケルト人であろうと、リグリア人やイベリア人であろうと、こう言い返してやればいいだけだ。「恩知らずめ！」と。この簡潔な言葉で十分だろう。メンフィスからメロエに至るまで、燃えるように暑いエジプトの古い建造物がそう答えるだろう。ギリシア人は黒人に敬意を払い、ローマ人はギリシア人に敬意を払い、全ヨーロッパが彼らに敬意を表することであろう！（Firmin 1885 : 377）

文明史の起源における黒人の貢献を確認したフィルマンは、再び祖国に目を転じ、黒人はもちろんムラートやグリフなどさまざまな割合で生じた混血のハイチ人のうちに、白人と同等の知的・道徳的資質が備わっていることを証明しようとする。ハイチ出身の作家や詩人の手になる魅力的な作品の数々が紹介され、法学や歴史学、実業の世界で活躍する同郷の友人知人の名前が挙げられる。[7] なかでも、ハイチ政府からパリに派遣されて医学を修め、政治学、人類学、文学など多方面に精通したルイ＝ジョゼフ・ジャンヴィエ（L.-J. Janvier）の博学多才ぶりは、黒人が環境次第で白人と同等以上の能力を発揮できることを示している。「彼の例が見事に証明しているのは、どんな人種に属する人間であっても、同じ知的発展の条件のもとで同じような目的に向かって行動する場合、互いに驚くほど似通ってくるということである」（Firmin 1885 : 467）。ここでフィルマンが数え上げた祖国の俊秀たちは、当時のヨーロッパでは無名の存在であったに違いない。だからこそフィルマンは、ハイチ政府に対して奨学金制度を充実させ、ヨーロッパ留学を促進するよう要求した。優秀な黒人を目の当たりにすれば、彼らも認識を改めざるをえないだろう。フィルマンはブロカの次の言葉を引用しながら、教育の重要性を訴えると同時に、ある種のダーウィニズム批判を展開している。

［7］弁護士でもあったフィルマンは、法学こそ諸学の王と考えていたが、この分野で活躍している黒人がまだ少ないことを嘆いている。しかし、それは黒人に法律のセンスが欠けているからではなく、法というものを精神の一部に組み込むだけの文化が発展していないからだと述べている。

るようにみえる。「教育、あらゆる形態の教育こそ、自然淘汰という身も蓋もない過程に抗いながら、社会が人種を改善させることのできる知的な力である。間違いなく教育は社会がとりうる最も有効な手段である。そのうえ、各人がその有用性に見合った地位を得られるような公正な制度があれば、このうえなく冷酷な自然淘汰がなしうる以上のことを、人種に対してなしうるであろう」(Firmin 1885 : 424)。

フィルマンのみるところ、ダーウィンその人、あるいはスペンサーやロワイエの個人的信念がどうであれ、進化論それ自体は「人種不平等」を根拠づけるものではなく、むしろどんな人種も環境への適応を通して発展していくことを教えている。たとえば当時、黒人の劣等性の証左として、宗教と道徳の未発達を引き合いに出す人類学者が少なくなかった。黒人は物神崇拝とトーテミズムの域を越えられず、いまだにカニバリズムのごとき残虐な風習を残しているというのである。これに対してフィルマンは、白人もかつて物神崇拝や食人の段階を通過してきたし、残虐というなら白人と黒人の関係、なかんずく奴隷貿易の歴史ほど血塗られたものはないと切り返す。そして、「石器時代のヨーロッパ人の習俗について知れば知るほど、それが今日のポリネシア人やオーストラリア人の習俗と同じであることがよくわかる」(Firmin 1885 : 516) というアドルフ・クラヴェル (A. Clavel) の見解に与しつつ、フィルマンは人種の優劣を歴史的な発展段階のなかに定位するのである。

それゆえ、白人であれ黒人であれ、諸人種は互いに平等である。どの人種も自然によって他の人種より優れた身体を与えられているわけでもなければ、他の人種にはみられない特別な素質を与えられているわけでもない。それぞれの人種の容貌に観察されうるあらゆる差異は、知的・道徳的な観点からすれば、器質的なものではなく偶然のものであり、恒久的なものではなく一時的なものである。したがって、遅れをとった人種のなすべきことは、ためらうことも落ち込むこともなく、先行する人種がすでに成し遂げた進歩に追いつくように努めることである。文明化した民族が理性の光と完成に向かって歩んだときにたどった法則は、文明化の過程において遅れた民族が

その栄光と偉大さの夢を実現させるときの法則でもある。（Firmin 1885 : 524）

ある一定の到達点に向かって、すべての人種が同一の発展過程を異なる速さで進んでいると捉えるフィルマンの文明史観は、素朴な進歩主義を前提としており、そこに一九世紀的な知の限界を認めることはたやすい。人類学の文脈に引きつけていえば、エドワード・タイラー（E. Tylor）に代表される進化論人類学の一角に、それは違和感なく収まるように思われる。[8] タイラーは、近代人類学の始まりを告げる画期的な著作『原始文化（*Primitive culture*）』（一八七一年）のなかで、「文化」の概念を「知識、信仰、芸術、道徳、法、慣習、そして社会の一員としての人間によって獲得される能力と習慣を含む複雑な総体」（Tylor 1903 : 1）と定義したうえで、世界の諸集団の文化的差異を進化の段階の違いとして把握した。「一方で、文明に広く浸透している均質性は、たいていの場合、同じような原因が同じように作用する結果としてもたらされるだろう。他方で、そのさまざまな等級は発展ないし進化の諸段階とみなされるだろう。その各々はこれまでの歴史の帰結であり、未来の歴史を形作るのにそれ相応の役割を果たそうとしているのである」（Tylor 1903 : 1）。ダーウィンも歓迎したタイラーの文化進化論は、複数起源説の立場から人種間の絶対的差異を主張していたロンドン人類学会と対決し、政治的には奴隷制と闘うための理論的武器を提供することになるが、タイラーの読者でもあったフィルマンの議論が進化論人類学と同型のロジックを備えていることは明らかであろう。[9]

ハイチ

自然的・社会的環境が人種を変化させる決定的要因である以上、奴隷制のごとき逆境のもとに置かれた黒人を現代ヨーロッパの白人と比較して、人種の差異を云々するのは公正ではない。黒人の進歩がその速度を増しつつあること

［8］人類学の歴史ならびに進化論人類学については竹沢（二〇〇一、二〇〇七）を参照。

は、ハイチの歴史を参照すれば明白であるとフィルマンはいう。「ハイチ独立の歴史は、われわれが知る限り最も感動的で最も劇的なものであるが、そこにみられる数々の事実は、黒人種がこのうえなく優れた立派な才能を自然から与えられたことをはっきり示している」(Firmin 1885 : 540)。フィルマンが世界の黒人にとって誇るべき偉業とみなすハイチ独立までの歴史は、およそ以下の通りである。[10] 一七世紀末以来、カリブ海に浮かぶイスパニョラ島の西側、フランス領サン=ドマングでは、黒人奴隷制を基盤としたプランテーション経済が発展し、この地は「カリブ海の真珠」と呼ばれた。旧体制下での黒人の抵抗は散発的なものにとどまっていたが、一七九一年八月、北部の黒人奴隷がプランテーションを脱出したことに端を発して、数万人規模の一斉蜂起が発生する。フランス本国ではすでに人権宣言が採択されていたものの、革命議会は植民地を保持する観点から奴隷制廃止に踏み切れないでいた。やがてヨーロッパで始まった革命戦争はカリブ海にも波及し、イギリスとスペインがサン=ドマング侵攻を画策する一方、現地の白人のなかには奴隷制の維持を条件にイギリスに同調する動きも出てきた。そこで一七九三年八月末、フランス政府により現地に派遣された代表委員は、黒人およびムラートに対してフランス市民たる権利を与えることを宣言し、翌九四年には本国議会もついに奴隷制廃止を決議し、黒人解放を追認するに至ったのである。

こうしてサン=ドマングの奴隷解放運動は、さしあたり所期の目的を達成したように思われたが、ナポレオンの人種差別思想と反動的な植民地政策に直面して、フランスからの独立へと舵を切ることになる。「ユマニテ」を偽善と断じ、奴隷制の復活を目論んでいたナポレオンは、一八〇一年に公布された「フランス領植民地サン=ドマング憲法」を見て激怒した。この憲法はサン=ドマングをフランス共和国の一部として位置づける「同化主義」の立場を標榜しながらも、自律的な権力の構築を可能にするとともに、総督に巨大な権限を集中させる条項を含んでいたので、事実上の独立宣言として受け止められたのである。この憲法の起草を命じたのは終身総督たるフランソワ=ドミニク・トゥサン・ルヴェルチュール(F.-D. Toussaint Louverture)、ハイチ革命の立役者である。三四歳で解放奴隷となったトゥサンは、プランテーションの経営者として財をなし、やがて一七九一年の一斉蜂起に合流すると、ほどなく軍事的指導者の地位に昇りつめていった。黒人解放の実をとるべく、スペイン、イギリス、アメリカにも接近するなど、機を見るに敏な軍人であったが、憲法公布がナポレオンの逆鱗に触れたことは誤算であった。一八〇二年、ナポレオンの送り込んだ将軍に逮捕されたトゥサンは、ジュラ山脈のジュー要塞に収監されて、翌年獄死した。

トゥサンは毀誉褒貶の激しい人物で、独立の英雄という評価もあれば、変節を重ねた野心家との見方もある。その専制君主的な側面を論難する声にフィルマンは、状況に応じてあらゆる術策をめぐらし、果敢に決断を下すのは政治家の当然の務めであり、それこそガンベッタ流の「日和見主義《オポルチュニスム》」にほかならないとトゥサンを擁護してみせる。「その偉大な人格は不滅の模範として、すべての黒人の記憶と称讃のなかで永遠に生き続けるに違いなく、われわれはこの黒人のうちに、ハイチに移送されたアフリカ人が経験した驚くべき急速な進化の最善の実例をみる」(Firmin 1885 : 545)。解放奴隷から身を起こした黒人が、水際立った軍事的才能と、ローマの古典に親しむほどの教養を兼ね備えていたことに、フィルマンは讃嘆の言葉を惜しまないのである。

トゥサンの捕縛後、総司令官となったジャン=ジャック・デサリーヌ(J.-J. Dessaline)の指揮のもと、ハイチ革命軍はついにフランス軍を撤退に追い込み、一八〇四年一月一日、ハイチは世界初の黒人共和国として独立を果たした。デサリーヌもまた賛否相半ばする軍人であり、その軍事的天才は認めながらも、性格上の残忍さを非難する向きもある。これに対してもフィルマンは次のように応じている。「われわれからすれば、すなわち、奴隷制の屈辱と苦難を

[9] さらにフィルマンの議論をタイラーの『人類学(*Anthropology*)』(一八八一年)と比較するならば、むしろ『人種平等論』のほうがラディカルさの点で際立っているという評価もある。「彼らがそれぞれ人種を扱った章を比べてみると、フィルマンの見解は人種と人種分類に関する批判的な見方を先んじて採用していることがわかる。他方、タイラーは同時代のヨーロッパの学者たちと同じように、控えめであるかどうかはともかく、肌の色の明るい、文明化した、より高度な人種と、肌の色の暗い、より劣等な人種とを区別している」(Fluehr-Lobban 2000 : 451)。

[10] ハイチ独立の歴史については浜(一九九八、二〇〇三)を参照した。

耐え忍んできた者たちの息子からすれば、そこにみてとれるのは人種平等の感覚の最高の現れにほかならず、デサリーヌはハイチにおいてこの感覚を象徴的に体現し続けている」(Firmin 1885 : 544)。奴隷制の苛酷さを等閑に付しながら、黒人の残虐さを針小棒大に言い立てる白人のダブルスタンダードを看破したうえで、トゥサンに次ぐ名誉をデサリーヌに与えているのである。

ゴビノーの目に映じたハイチは、独立後も貧困と政治的無秩序から抜け出すことができず、黒人とムラートの血なまぐさい抗争が絶えない破綻国家にほかならなかった。その人種理論に従えば、混乱の元凶はヨーロッパ外部の世界に白人の政治社会制度を移植したことに求められる。近い将来、「その肥沃な土地と天然資源によって何世代にもわたって農園主たちに富をもたらしてきたこの国は、やがて無人の地となり、豊かな平原、壮麗な渓谷、雄大な山々は、アンティル諸島の女王の手を離れ、野生のヤギの所有するところとなろう」(Gobineau 1983 : 186–187)。この不吉な予言に、フィルマンは自由と平等の理想がハイチを起点に世界中に拡散していくというヴィジョンを対置する。南米五か国を独立させたシモン・ボリバル(S. Bolivar)の活躍もハイチの援助なしには不可能であったし、合衆国の奴隷制廃止にハイチ革命が影響しなかったはずがない。古代エジプトから現代のハイチへ——文明化への扉を開く鍵は常に黒人の手中にあることをフィルマンは確信していた(Firmin 1885 : 582–594)。

レイシズムと政治

では、「人種不平等」の教説が科学的に無根拠かつ無効であるにもかかわらず、ヨーロッパの白人に支持されたのはなぜか。フィルマンはそこに政治的な動機を見出している。

文明化が進むにつれて、他者との連帯感が芽生え、同胞との一体感が醸成される。フィルマンはこの道徳感情を「パトリオティスム(patriotisme)」と呼ぶ。それは利他心を涵養する一方、エゴイズムの源泉でもある祖国は、人びとに献身を強制する。もともとは生まれた土地への愛着であったものが、同じ習慣、同じ容貌、同じ気質をもつ人びとへの愛と同一視されるようになる。これが人種観念ないし民族意識であり、陰に陽に政治的行動に影響を及ぼす。「祖国への愛がどんどん強くなり、偏狭な献身になってしまうと、自国民が頂点に立ち、いうなれば、争う余地なき覇権によって他国民の命運を支配するに至るまで、人びとに休むことを許さない専心を求める」(Firmin 1885 : 563-564)。

フィルマンの見立てでは、同時代のヨーロッパに生じている事態は、他人種を支配するための白人の連帯であり、その内部にスラヴ系、ゲルマン系、ラテン系の主導権争いはあるものの、「コーカサス同盟(union caucasique)」がアジアやアフリカの停滞した地域を領するべきであるという信念は深く共有されている。そこでヨーロッパ人がみずからの振る舞い——「文明化の使命」——を正当化するために持ち出してくるのが、「人種不平等」のテーゼなのである。他民族の土地を収奪し搾取するといった野蛮な行為にやましさを感じないためには、彼らが劣った人種であると前提しておくほうが好都合だからだ。ここにフィルマンは、政治と(擬似)科学の結合を看取している。「人類学的もしくは哲学的な諸問題に専念している人びとは、みずからが説く理論や教義の法的含意をまったく気にかけていないように思われる。ところが実際にはすべてが関連している。政治家というものは厄介な質問攻めで追いつめられると、不意に、自分の活動領域と全然関係がなさそうな科学的理論に支えを求めることがしばしばであった」(Firmin 1885 : 568-569)。こうして「人種不平等」を支持する人類学者や哲学者は、自覚的であれ無自覚的であれ、植民地主義に加担していることになり、少なくとも自説の政治利用を許しているに違いないのである。

となれば、いまや必要なことは明白である。「人種平等」のテーゼを承認し、その政治的意味を積極的に追求することである。

ゴビノーの場合がそうであったように、一九世紀のレイシズムの言説では階級間の関係が人種間の関係に対応するものとして表象され、ある種の貴族主義が白人中心主義的な世界観に通底していた。そうだとすれば、そこに「人種平等」のテーゼを導入することで、階級間の関係から支配・被支配の契機を取り除くこともできるはずである。「人種の平等が広く受け入れられることによって、世界の全民族における全社会階級の平等が揺るぎないものとして確立されることになる。［…］民主主義のための闘争が繰り広げられているところ、社会的境遇の差異がいまなお対立と抵抗の原因になっているところではどこでも、人種平等の教説が有効な処方箋となるだろう」（Firmin 1885：644-645）。

フィルマンの歴史観は、ヘーゲル以来の進歩史観を踏襲しつつ、人類の歴史を対立から調停・再生に向かう過程として捉える。「私は夢想家や狂信家のいかなる甘言にも屈することなく、すべての国民とすべての人種は逆らいがたい衝動によって均衡状態に向かいつつあると信ずる」（Firmin 1885：658）。その第一歩は、平等の原則を人権として掲げたフランス革命によって踏み出された。まさにそれゆえにゴビノーにとって諸悪の根源であったフランス革命は、フィルマンにとってはフランスの偉大さの証であった。「すべての人びとが真理に夢中になり、権利に喝采を送ったこの熱狂状態ほど、かつて人類が偉大かつ高貴に振る舞ったことはなかった」（Firmin 1885：28）。こうした平等の基礎のうえに人類の連帯は可能となるだろう。もちろん、現実には進んだ国民と遅れた国民の格差は常に存在するし、一つの国民の内部にも進んだ集団と遅れた集団はあるに相違ない。それはしかし、あくまでも「社会学的発展」の問題であり、「生物学的・自然的宿命」を含意する人種とは無関係である。そこに人種論を持ち込むことは、人類の進歩と繁栄、連帯に対する障害以外の何ものでもない。『人種平等論』の最後のページには、ここまで筆を進めてきた著者の信念と希望が語られている。

人種は平等である。すべての人種はこのうえなく高貴な美徳や高度な知的発展にまで到達するかもしれないし、まったくどうしようもないほど頽廃するかもしれない。種そのものを脅かしてきたし、いまも脅かしているあらゆる対立を通して、ある神秘的な事実がひそかにわれわれに示されている。すなわち、一つの見えない鎖が全人類を共通の輪につなぎとめているということである。人類が繁栄し成長するためには、互いの進歩と歓びに関心をもち、人間の心と精神の最も美しい開花である利他的感情をますます立派に育んでいかなければならない。（Firmin 1885：662）

四　ゴビノー、フィルマン、そして現代

レイシズム／反レイシズムの地平

ゴビノーとフィルマンの人種論の対照性について、これまで論じてきたところを要約しておこう。ゴビノーの理論体系においては、白人を頂点とする人種的ヒエラルキーが前提とされ、文明史上の偉業はすべて白人、とりわけアーリア人種の事績とみなされる一方、黒人は序列の最底辺に位置づけられ、原始芸術における若干の貢献を除いて、人類史にいかなる積極的役割も果たしてこなかったとされる。こうした言説に巣食う偏見を是正し、黒人の復権を図ることがフィルマンの課題であった。知力、体力、美しさにおいて白人が最も優れているとされる論拠がいかに恣意的であるかを暴露し、あらゆる点で黒人が白人に勝るとも劣らないことを検証する。そしてフィルマンは、古代エジプト文明に対する黒人の寄与が人類史にとって決定的な重要性をもっている以上、白人こそ黒人に敬意を表すべきだと主張したのである。

人種のヒエラルキーをめぐる対立は、混血についての見方にも齟齬を生じさせる。ゴビノーは混血を嫌悪し、「黒い血の混入」をことさら不吉な現象と捉えた。混血の増大は原初的な血の純粋性を汚し、人種間の差異のシステムを崩すからである。けれども、フィルマンのように人種間の平等を前提にするならば、混血を忌避する理由はなくなる。ムラートは知力や体力において何ら遜色なく、むしろ美貌にかけては白人にも勝ることを、フィルマンはハイチの現状を引き合いに出しながら力説したのだった。

しかし、いずれにせよ混血は不可避である。そうだとすれば、ゴビノーにとって、文明が衰退に向かうこともまた不可避といわなければならない。しょせん人類はあと数千年で死滅するのだという救いのないペシミズムは、あらゆる政治や政策を無化してしまうだろう。他方、フィルマンにとって、歴史は絶えず前進するものであった。人類は等しく「完成可能性」を分有しているのだから、現時点で後塵を拝する人種や国民も必ず先行集団に追いつくことがで

きる。フィルマンはハイチ政府に留学制度の拡充を訴え、自分の著作が黒人の子どもたちに勇気を与えることを願った。そこには人類の進歩を信じる人のオプティミズムがある。

伯爵を自称したゴビノーの人種理論は、フランス革命以降の民主化の進展のなかで没落の一途をたどる貴族階級の歴史認識を反映してもいた。近代を「平等の時代（âge de l'égalité）」と捉えたゴビノーは、その先に「単一性の時代（l'ère de l'unité）」の到来を予見し、これを「凡庸さの最終段階」（Gobineau 1983 : 1163）と切って捨てた。これに対してフィルマンは、「人種平等」のテーゼが狭義の人種論を越えて、国際関係や階級対立にも民主化の契機をもたらすことに期待を寄せた。デモクラシー＝平等化という時代の趨勢に、二人は正反対の姿勢で応じたのだった。

こうしてフィルマンはゴビノーの所説を真っ向から批判し、そして見事に反転させた。ハイチ独立から八〇年余りを経て、このような書物が若い黒人の手によって著されたことには、ある種の感慨すら覚える。だがここで注意すべきは、ポジとネガの関係にあるこの二つの人種論が、まさにそれゆえに、ある共通の理路ないし共通の地平を浮かび上がらせてしまうという事実である。フィルマンはゴビノーの想定する人種的ヒエラルキーを是認しないが、それへの反論がとりうる戦略は、基本的に白人、黄色人、黒人という伝統的な三分類に依拠しながら、黒人の地位向上を目指す以外になかった。さしあたりヨーロッパ文明の先進性を受け入れたうえで、黒人もこれと同じ水準に到達しうることを示すほかなかったのである。「文化の多様性」のもとに白人の優位性を相対化するには、社会進化論あるいは進化論人類学のパラダイムはあまりにも強力であった。[11]

またゴビノーとフィルマンは、生物主義的な発想の強弱に違いはあっても、人種の存在そのものを根本的に疑うことはなく、人類の歴史や文明、社会の様相を人種という要因によって説明した。二冊の大著で展開された人種論は、ともに一種の世界観にまで昇華されているようにみえる。かつてエルンスト・カッシーラー（E. Cassirer）はゴビノーの議論の仕方を「人種の全体主義」と呼んで、以下のように批判した。「しかし、私の考えでは、ゴビノー理論のもっとも重要な要素は人種そのものの讃美ではない。自己の祖先、家柄や血統を誇ることは、人間の自然な性格である。

それが一の偏見であるとしても、それは非常にありふれた偏見なのであり、必ずしも人間の社会生活や倫理生活を危険に陥れたり、その基礎を掘り毀つものではない。しかし、ゴビノーに見出されるのは、それとはまったく違ったものである。それは他のあらゆる価値を破壊しようとする企てである」（カッシーラー 二〇一八：三九八―三九九）。むろんカッシーラーの評価がそのままフィルマンにもあてはまるとは思わない。けれども、どの人種がではなく、人種なるものがそれ自体として一つの価値であり、それによって人類の営為を説明しうるという発想を共有する限りにおいて、フィルマンの反レイシズムが一定の限界――一九世紀的限界というべきか――を内在させていることは否定できないであろう。

ゴビノーからレヴィ＝ストロースへ

先に述べたように、フィルマンの議論を人類学の歴史に即して理解するならば、タイラーに代表される進化論人類学の文脈に定位することができる。人間の知的能力の同一性を所与として、すべての民族は同じような進化の過程をたどるというこの学説は、一九世紀後半の支配的思潮と合致して大きな影響力をもったが、やがてアメリカ自然史博物館の「進化論的展示」に反対したフランツ・ボアズ（F. Boas）を嚆矢として、二〇世紀に入ると文化相対主義からの批判にさらされることになる。その批判の要諦は、地球上の個々の社会はそれぞれ独自の歴史を背負っている以上、ヨーロッパ文明を進化の先端とする階梯の上には序列化しえないという点にあり、したがって諸集団の文化に価値の上下はないとの結論が導かれる。

---

［11］ウルボンは、一九世紀ハイチの人類学、特にフィルマンとジャンヴィエの著作を検討した論文において、『人種平等論』が「一九世紀末にあって人種差別的な人類学者のさまざまな議論に真正面から応答するべく書かれた唯一の作品であり、ゴビノーの企てに科学的に反論しようとした唯一の作品」であると評価しながらも、社会進化論のパラダイムをあまりに自明視しているため、「文化の多様性の承認」に想到しない点にその限界をみている（Hurbon 1984）。

こうした人類学の展開を踏まえると、広い意味で文化相対主義の一翼を担ったレヴィ=ストロース（C. Lévi-Strauss）が、フィルマンではなくゴビノーを高く評価していることには興味を引かれる。[12] この人類学者はなにゆえゴビノーに共感を寄せたのか。第一に、諸文化の優劣を峻拒して「序列なき差異」を志向したレヴィ=ストロースは、ゴビノーにも同じような志向性を読み取っている。一方でゴビノーは、白人を優等人種、黒人を劣等人種と捉えているが、他方で想像力や官能性において黒人は白人に勝り、あるいは実利主義にかけては黄色人の右に出るものはないと述べて、ある意味では人種や文明を評価する複数のスケールを用意しているようにみえる。ゴビノーが重視したのは「人種」の「不平等」というよりも、「文化」の「差異」ではなかったか。「ですから、偏見が反省的考察を凌駕している部分は忘れてみようではありませんか（別のところではその反対なのですからね。ゴビノーの人種主義というのは間歇的であって、思い出したように顔を出してくるものなのです）。そして彼が「人種」と書いてあるところをすべて「文化」と読み直してみようではありませんか。［…］ゴビノーの思考システムは原初的諸文化（この原初的諸文化の存在は彼にとっては理論的仮説なのですが）、それが出発点において不平等であったと言っているのではありません。それらが異なっているだけで十分なのです」（レヴィ=ストロース他 一九九一：二八八）。こうした戦略的な読解を通して、ゴビノーは西洋中心主義を批判する文化相対主義の先駆者として回帰することになる。

第二に、レヴィ=ストロースとゴビノーは、地上から差異が消滅するということ、すなわち均質化する世界への違和感を共有していた。たしかに、異質な文化の接触は新しい価値の創造の源泉であるだけでなく、文化が存続していくための必要条件である。けれどもその反面、異文化交流が促進され、ヒトやモノや情報がボーダーレスに行き交うようになると、それだけ世界の斉一化も進行する。文化は互いに異なっているからこそ、それぞれのユニークな個性を提供し合って、世界を多様で豊かなものにすることができる。レヴィ=ストロースは『悲しき熱帯（*Tristes tropiques*）』の末尾近くに人類学（anthropologie）は「エントロピーの学（enthropologie）」であると書きとめたが（レヴィ=ストロース 二〇〇一：四二六）、差異の体系としての世界秩序がエントロピーの増大によって無差異＝無秩序に向かうことを慨嘆したペシミストは、最初にこのような観点から世界を認識した思想家としてゴビノーを発見したのである。

フィルマンからネグリチュードへ

ゴビノーの思考の延長線上にレヴィ=ストロースがいるとすれば、フィルマンの議論の延長線上には、黒人であることの自覚を促す「ネグリチュード（négritude）」の思想と行動が現れるだろう。[13] 一九三〇年代のフランスで、マルティニク出身のエメ・セゼール（A. Césaire）、セネガル出身のサンゴール（L. S. Senghor）、ギュイヤンヌ（仏領ギアナ）出身のダマス（L. G. Damas）らによって開始された文学運動は、フランス文化への同化を拒否し、白人の普遍主義を相対化しようとした。若い黒人詩人たちは、みずからのアイデンティティを「黒人性」のうちに見出し、その源泉を「アフリカ」に求めていったのである。

ネグリチュードのその先には、一九六〇年代アメリカに登場した「アフロセントリズム（Afrocentrism）」を見通すこともできるだろう。「アフリカ人の卓越」をスローガンに掲げたこの思想運動の中心には、従来のアフリカ研究がヨーロッパ中心主義的であったことを批判し、アフリカ人の視角からのアフリカ研究を唱道するモレフィ・アサンテ（M. Asante）や、古代ギリシアの文明がアフリカおよびアジアに起源をもつと主張する歴史家マーティン・バナール（M. Bernal）などがいる。とりわけ後者の主著『黒いアテナ（*Black Athena*）』（一九八七年）は、白人による文明史の改竄を断罪して大きな論争を巻き起こしたが、エジプト文明を黒人の創造とみなしたフィルマンの谺《こだま》をそこに聞き取ることは容易であろう。

---

［12］ゴビノーとレヴィ=ストロースの関係については長谷川（二〇〇八）でより詳細に検討している。
［13］フィルマンと政治運動の関わりとしては、一九〇〇年にロンドンで開催された第一回パン・アフリカ会議に、二人のハイチ代表の一人として参加したことが挙げられる（Fluehr-Lobban 2000：460）。
［14］フランス語圏カリブ海文学の展開については、さしあたり中村（二〇一一）が簡潔な見通しを与えてくれる。

ネグリチュードは奴隷制と植民地支配によって否定された「黒人性」の全面的な肯定であり、近年のフランス語圏カリブ海文学の隆盛に影響を与えているだけでなく、[14] さまざまな社会的差別から黒人を解放する政治運動としても無視しえない重要性をもった。とはいえ、ネグリチュードの基本的な姿勢には、「わが人種」の名誉回復を企図したフィルマンのそれと同じ限界――白人と黒人、西洋とアフリカという二項対立を前提とした価値転倒の限界――が透けて見える。白を黒に塗り替えただけの普遍主義は、ただ一つの根源には還元しえないアイデンティティの「複数性」を抑圧することになるだろう。実際、アフリカの特権化ないし神話化は、世界中からカリブ海域に移り住み、そこで混血を重ねてきた人びとの疎外をもたらしているではないか。このようにネグリチュードを批判した「クレオール(créole)」の思想と運動が、カリブ海文化の混淆性をそのまま肯定して二項対立の脱構築を目指したことは、あとから振り返ればほとんど必然の成り行きであったようにもみえる。だが、クレオールの主唱者たち自身が「我々は永遠にエメ・セゼールの息子である」(ベルナベ他 一九九七：二五)と述べているように、ネグリチュードなしにクレオールの地平は切り拓かれなかった。二項対立というものは常にこのように乗り越えられていくほかないとすれば、近代レイシズムを克服する方途を探るためには、ゴビノーとフィルマンの対質は不可欠であるように思われる。

◉参考文献

アーレント・H／大島通義・大島かおり(訳)(一九七二)『全体主義の起源 二――帝国主義』みすず書房

カッシーラー・E／宮田光雄(訳)(二〇一八)『国家の神話』講談社

グールド・S・J／鈴木善次・森脇靖子(訳)(二〇〇八)『人間の測りまちがい(上・下)――差別の科学史』河出書房新社

竹沢尚一郎(二〇〇一)『表象の植民地帝国――近代フランスと人文諸科学』世界思想社

竹沢尚一郎(二〇〇七)『人類学的思考の歴史』世界思想社

中村隆之(二〇一一)『フランス語圏カリブ海文学小史――ネグリチュードからクレオール性まで』風響社

長谷川一年（二〇〇〇）「アルチュール・ド・ゴビノーの人種哲学（一）――『人種不平等論』を中心に」『同志社法学』五二（四）、一〇九–一六八
長谷川一年（二〇〇一）「アルチュール・ド・ゴビノーの人種哲学（二・完）――『人種不平等論』を中心に」『同志社法学』五二（五）、一三六–一六九
長谷川一年（二〇〇八）「レヴィ＝ストロースとゴビノー――レイシズムをめぐって」『思想』一〇一六、二〇九–二二八
浜　忠雄（一九九八）『ハイチ革命とフランス革命』北海道大学図書刊行会
浜　忠雄（二〇〇三）『カリブからの問い――ハイチ革命と近代世界』岩波書店
フンボルト・W・V／亀山健吉（訳）（一九八四）『言語と精神――カヴィ語研究序説』法政大学出版局
ベルナベ・J、シャモワゾー・P、コンフィアン・R／恒川邦夫（訳）（一九九七）『クレオール礼賛』平凡社
ポリアコフ・L／アーリア主義研究会（訳）（一九八五）『アーリア神話――ヨーロッパにおける人種主義と民族主義の源泉』法政大学出版局
萬年　甫・岩田　誠（編訳）（一九九二）『ブロカ』東京大学出版会
レヴィ＝ストロース・C、エリボン・D／竹内信夫（訳）（一九九一）『遠近の回想』みすず書房
レヴィ＝ストロース・C／川田順造（訳）（二〇〇一）『悲しき熱帯 Ⅱ』中央公論新社
渡辺公三（二〇〇九）『西欧の眼』言叢社
Broca, P.（1871）. *Mémoires d'anthropologie* (*t.1*). Paris: C. Reinwald.
Firmin, A.（1885）. *De l'égalité des races humaines: Anthropologie positive*. Paris: Cotillon.
Firmin, A.（1905）*M. Roosevelt président des États-Unis et la République d'Haïti*. Paris: F. Pichon et Durand-Auzias.
Fluehr-Lobban, C.（2000）. Anténor Firmin: Haitian Pioneer of Anthropology. *American Anthropologist, 102*(3), 449–466.
Gobineau, A. de（1983）. Essai sur l'inégalité des races humaines. In A. de Gobineau, *Œuvres*, (*t.1*), Paris: Gallimard, pp.133–1174.
Hurbon, L.（1984）. Sur une anthropologie haïtienne au XIXe siècle. In *Histoires de l'anthropologie*（*XVIe–XIXe siècles*）: *Colloque La Pratique de l'anthropologie aujourd'hui, 19–21 novembre 1981, Sèvres*, présenté par R.-E. Britta, Paris: Klincksieck.
Raymond, J.-F. de（1985）. *La Grèce de Gobineau: Correspondance politique d'Arthur de Gobineau, ministre de l'empereur à Athènes, 1864–1868*. Paris: Les Belles Lettres.
Todorov, T.（1989）. *Nous et les autres: La réflexion française sur la diversité humaine*. Paris: Seuil.

Tylor, E.（1903）. *Primitive culture: Researches into the development of mythology, philosophy, religion, language, art, and custom*（*4th ed., revised*）, *2 vols.* London: J. Murray.

3

郷愁と愛国心

レオン・カーアン『ユダヤの生活』にみる
第三共和政期のユダヤ系フランス人

鈴木重周

一　はじめに

第三共和政期のフランスにおいて「ユダヤ人」とはどのような存在だったのだろうか。

一九世紀という時代は、フランスのユダヤ人にとって大きな変化の時代であった。一八世紀末に時の革命政府が発布した二つの政令（一七九〇年一月二八日と一七九一年九月二八日）による市民権の付与によって、他のヨーロッパ諸国に先駆けて「解放」されたという輝かしい記憶は、フランスのユダヤ教徒たちのアイデンティティを革命の主体である共和主義の側に強く結びつけることとなった。以降、革命の時代が終わり、めまぐるしく政体が変動する激動の一九世紀前半を通じて、「フランス人」となったユダヤ教徒たちの多くは、自らを解放したホスト国の価値観を積極的に取り入れる同化政策を歓迎した。革命の理念によってフランス国民となった彼らは「ユダヤ系フランス人（Juifs français）」、すなわち、「ユダヤ教を信仰するフランス人」としての自己意識を確立していく。「フランスのユダヤ教徒」を「ユダヤ系フランス人」へと変える鋳型の役割を果たしたのが、一八〇八年にナポレオンが立ち上げたユダヤ教共同体の最高機関である長老会（Consistoire israélite）である。国家主導で創設された長老会が舵を取って推進したのがフランコ・ジュダイズムと呼ばれる折衷的同化政策であったことは、有田英也が『ふたつのナショナリズム』で詳細に論じている通りである（有田二〇〇〇：一一六–一一七）。つまるところフランコ・ジュダイズムとは、ユダヤ教徒としての宗教的実践と、共和国の市民としての義務とが互いに齟齬をきたさぬように慎重に配慮された、第三共和政期におけるマイノリティーの生存戦略であったといえるだろう。フランス国民としての意識に目覚めたユダヤ教徒たちは、ホスト国の近代的習慣と行動様式にすみやかに適応し、その影響は宗教儀式そのものへも及んだ。ユダヤ教徒にとっての社会的、宗教的生活の中心であるシナゴーグでの礼拝の際には、ヘブライ語ではなくディアスポラの地の言語であるフランス語が用いられ、改革派によって西洋式にオルガンによる伴奏も行われた。時代が進むにつれて、ユダヤ教共同体以上に共和国への帰属意識を強くした者たちは、歴史的に否定的なニュアンスを含む「ジュイフ（Juif）」――ユダヤ人――ではなく、より中立的で宗教色の薄い「イスラエリート（Israélite）」――イスラエルに出自をもつフランス人――を自称するようになる。フランス・ユダヤ史における一九世紀とは、革命によって解放された「ユダヤ人」が、宗教共同体をあげて推進された同化政策によって「ユダヤ系フランス人」あるいは「イスラエリート」へと自己意識を変容させていく時代であった。

ユダヤ教共同体内部での自己意識をめぐる動きは、ユダヤ教徒の師弟たちが教育を主たる手段として社会的上昇を果たすプロセスと軌を一にしている（Rabi 1983 : 17）。一九世紀後半になると、国家によるエリート養成機関であるグランゼコールを卒業したユダヤ教徒の子弟たちが社会に進出してくる。そのような「イスラエリート」の典型が、皮肉にも一九世紀のフランスで最も有名な「ユダヤ人」となったアルフレッド・ドレフュス（Alfred Dreyfus, 1859–1935）である。グランゼコールの一つである理工科学校（École polytechnique）卒業後に陸軍に入隊し、参謀本部の大尉となった彼が巻き込まれた冤罪事件として知られるドレフュス事件（一八九四–一九〇六）は、近代ヨーロッパの反ユダヤ主義史における最大のトピックであると同時に、フランスのユダヤ史においては、解放から三世代目となったユダヤ系フランス人が、吹き荒れる反ユダヤ主義の嵐のなかで、改めてその存在を問われる契機となった出来事でもあった。フランスにおけるユダヤ教徒とその子孫たちの、古代から現代に至る歴史を膨大な文献の渉猟によって描き出した大著『フランス・ユダヤの歴史』において菅野賢治は、ドレフュス事件の主人公であるユダヤ系将校が「いかにユダヤ教徒の呼称から遠い人物であったか」（菅野 二〇一六：三五九）という事実に着目し、事件そのものの顛末よりも個人としてのドレフュスの姿に光を当てながら事件について論じている。ドレフュス事件をめぐる先行研究の多くは、反ユダヤ主義、裁判の過程、知識人の介入といった周辺の動きを記述の中心とするものが多く、ドレフュスその人のユダヤ系フランス人としてのあり方が焦点化されることは少なかった。菅野が事件をドレフュスの個人史から再構成するのは、同書が「歴史記述における主体性の問題」を常に意識することを基本方針として掲げているためである（菅野 二〇一六：七―八）。反ユダヤ主義などを論述の軸として、受動態を用いてユダヤ史を語ることは、歴史記述におけるユダヤ人の主体性を奪うことになるのではないか。「される」ではなく「する」という能動態による記述こそが、これからのユダヤ研究にとって重要なのではないか。ユダヤ研究の潮流に対する菅野の問題意識は、本書において第三共和政期のユダヤ系フランス人を主題とする本章にとっても重要である。

以上を踏まえ、本章では、レオン・カーアン（Leon Cahun, 1841-1900）という、現在ではほとんど忘れ去られてしまった人物の著作『ユダヤの生活（*La Vie juive*）』（Cahun 1886）に着目する。『ユダヤの生活』は、独仏国境地帯に位置するアルザス地方の小村を舞台に、一九世紀前半のシュテットル――小規模なユダヤ教共同体を表すイディッシュ語――での生活を、古き良き時代への郷愁とともに描き出した文学作品である。読みやすい文体と多数の挿画からなる『ユダヤの生活』は、一読すると、ユダヤ教徒がかつて存在した共同体での幸福な生活の情景を懐かしく回顧するための書物でしかない。しかし、一九世紀後半のユダヤ系フランス人をめぐる社会状況とカーアンの個人史を踏まえたうえで同書を読み直してみると、もう一つの側面が浮かび上がる。それは、第三共和政期を生きるユダヤ系フランス人の著者が、「ユダヤ」と「フランス」との関係をどのように捉えているのかを共同体の外部であるフランス社会に示す、一種のマニフェストとしての側面である。アルザス・ユダヤ教共同体における伝統的な生活を主題とした物語のなかで、不自然なほど繰り返し描かれるのが、ユダヤ教徒たちが示す熱烈な祖国への愛国心である。ここでいわれる祖国とは一八世紀末にユダヤ教徒に市民権を与えた共和主義を受け継ぐフランスであり、エルサレムでは決してない。『ユダヤの生活』に描かれる愛国心というモチーフからは、普仏戦争の敗北に始まる第三共和政が次第にその政権基盤を安定させていき、ユダヤ教徒がフランス国民として同化・統合されていくなかで、その一員であるカーアンがフランスをどのような国家として思い描いていたのかをうかがうことができる。国家とカトリック教会が覇権をめぐってせめぎあうライシテの時代において、彼は自らが所属するユダヤ教共同体がどのようにあるべきと考えていたのか。そして、一八八〇年代から台頭する反ユダヤ主義にどのように対峙したのか。レオン・カーアンの『ユダヤの生活』を、一九世紀後半における「ユダヤ」と「フランス」をめぐるさまざまな相互作用の結晶として捉え、読み直すことによって、フランス第三共和政にユダヤ教徒の側から光を当てることが本章の目指すところである。

二　ユダヤ系フランス人としてのレオン・カーアン

本節ではまず、レオン・カーアンの個人史をたどることによって、彼のユダヤ系フランス人としての姿を浮かび上がらせたい。パリのマザリーヌ図書館で司書として勤務しながら、小アジアを研究領域とする東洋学者として、また同地を舞台とする少年向け冒険小説作家としていくつかの著作を発表したカーアンであるが[1]、現在、書き手としての彼の名はほとんど忘れ去られている。二〇一六年にカーアンの遺族からマザリーヌ図書館に草稿の寄贈があったのを契機として同図書館のウェブサイトに記載された紹介文から[2]、カーアンの生没年や東洋学者としてのキャリアや著作を知ることができるものの、事典項目的な情報を超えるものではない。一方、甥である作家マルセル・シュウォブ(Marcel Schwob, 1867–1905)をめぐる研究史において、カーアンはきわめて重要な存在として位置づけられ、伝記事項の調査も進んでいる。一九世紀末に博識と技巧とによって数多くの文学作品を発表し、同時代人のみならず現代でも高く評価される象徴派作家として知られるシュウォブは、[3] カーアンにとっては姉の次男である。カーアン自身に関するモノグラフが存在しない以上、本論考ではまず「マルセル・シュウォブの叔父」としての側面からカーアンにアプローチすることでその生涯を描き出してみたい。

姉の嫁ぎ先であるシュウォブ家とカーアンのつながりは深かった。同じくアルザス出身のユダヤ教徒である義兄ジョルジュ・シュウォブ（George Schwob, 1822–1892）はナントで共和主義日刊紙『ロワールの灯台（*Le Phare de la Loire*）』の社主を務めており、その知的かつリベラルな環境はカーアンにとって親近感を抱かせるものであった。加えて、ジョルジュの二人の息子――モーリス（Maurice Schwob, 1859–1928）とマルセル――にとって「レオンおじさん」は単なる親戚以上の存在であったといえる。ジョルジュの教育方針によって、モーリスとマルセルは、早くからナントを離れてパリの名門リセに入学し、グランゼコールへの受験準備をすることを求められていた。社会的成功の手段として教育と学歴を何よりも重視するブルジョワのユダヤ家庭に多くみられる光景である。パリに上ってきたシュウォブ兄弟に住居を提供し、親代わりとなったのが叔父カーアンであった。由緒あるマザリーヌ図書館司書とし

---

[1]『ユダヤの生活』以外のカーアンの主な著作は次の通りである。東洋学者として『アジア史研究序説――起源から一四〇五年までのトルコ人とモンゴル人（*Introduction à l'histoire de l'Asie: Turcs et Mongols des origines à 1405*）』（一八九六年）。冒険小説作家として『キャプテン・マゴンの冒険、紀元前一〇〇〇年のフェニキア探検（*Les Aventures du capitaine Magon, ou Une exploration phénicienne mille ans avant l'ère chrétienne*）』（一八七五年）、『青い旗（*Bannière Bleue: Aventures d'un chrétien et d'un païen à l'époque des croisades et de la conquête mongole*）』（一八七七年）、『アンゴの舵手たち（*Pilotes d'Angos*）』（一八七八年）、『兵士《イエニチェリ》ハッサン（*Hassan le Janissaire*）』（一八九一年）、『一二四一年の虐殺者（*La tueuse, 1241*）』（一八九三年）。このうち『青い旗』のみが現在ポケット版として入手することができる（Lacassin 1989）。

[2] Acquisition d'un manuscrit de Léon Cahun〈https://www.bibliotheque-mazarine.fr/fr/evenements/actualites/acquisition-d-un-manuscrit-de-leon-cahun（最終確認日：二〇一八年一二月二六日）〉

[3] 日本語で読めるシュウォブの作品としては大濱甫らの訳による『マルセル・シュウォッブ全集』（国書刊行会、二〇一五年）があげられる。

て実務と研究に勤しみながらいくつかの冒険小説を発表していた叔父の姿が、シュウォブ兄弟に影響を与えたことは想像に難くない。家族の期待に応え、無事に理工科学校への入学を果たした兄モーリスは、優れた経営手腕によって父から継承した『ロワールの灯台』をブルターニュ地方を代表する有力紙に押し上げ、自身はナントのアカデミー会長に就任するなど、名士としての地位を確立する。一方、高等師範学校（École normale supérieure）受験に二度失敗したマルセルは、グランゼコール進学を諦め作家として身を立てることを選択する。「パリに着いたときのマルセル・シュウォブの喜びはたやすく想像できる。最初の住みかが図書館だったのだから」とシュウォブの評伝作者が述べているように（Goudemare 2000：38）、フランス学士院敷地内のマザリーヌ図書館内に居住するという幸運に恵まれたことが後の象徴派作家を育んだことは間違いないだろう。やや図式的に整理すれば、カーアンのもつ実務家としての面が兄モーリス、書き手としての面が弟マルセルに影響を与えたといえる。叔父に対するシュウォブ兄弟の愛情は、一九〇〇年三月、その死を看取ったマルセルがモーリスに送った手紙からもうかがうことができる。

かわいそうなレオンおじさんは少しも苦しまなかったことをお伝えします。［…］おじさんはまるで眠っているようで、少しも動かずにずっと目を閉じていました。くつろいだ、穏やかな表情で、いつも眠るときにそうするように枕に頭を乗せていました。お見舞いに来た生徒のマチンとおしゃべりし、笑い、それから眠ったおじさんは、もう目を覚ましませんでした。（Goudemare 2000：251）

カーアンの死の翌日、一九〇〇年三月三〇日の『ロワールの灯台』にはすぐに追悼記事が掲載された。[4] 現在のところ、カーアンについて最も詳細な情報を与えてくれるこの追悼文をたどりながら、その生涯を再構成してみたい。

本紙にとっては取り返しのつかない損失である。

レオン・カーアン氏は三〇日の七時、心臓発作によってパリで逝去した。五九歳であった。はや二五年前から、カーアン氏は『ロワールの灯台』紙において誰もが賛辞を惜しまぬほどの卓越した技量と確かさをもって、主に外国の政治問題や軍事問題を論じていた。[5] 国内の政治問題に関しては、彼は日常のさまざまな問題に関して公平かつ健全に判断を下す書き手であった。彼は民衆に対して義務を負うべきブルジョワジーが必ずしもそれをしていないと評価していた。

『ロワールの灯台』の社主モーリスは、常に叔父カーアンに紙面を提供し、とりわけ国際面や軍事面においてその見解を尊重し続けた。冒頭で紹介されるのは、同紙の寄稿者としてのカーアンの姿である。その後に記事は、彼がどのような生涯を送ったのかを読者に紹介する。一八四一年にアルザス地方の中心都市ストラスブール近郊のアグノーに生まれ、若くしてパリでジャーナリズムの世界に身を投じたカーアンは、「新聞王」エミール・ジラルダンの日刊紙『リベルテ（*La Liberté*）』の編集に参加しペンによる活動を始めるものの、次第に第二帝政に接近していく社主の方針に反発して同紙を離れる。普仏戦争時には『モニトゥール（*Le Moniteur*）』の戦場特派員を務めた後、ナポレオン三世失脚による混乱期にはパリで祖国防衛のための歩兵隊に志願し、部下たちに慕われる大尉として勇敢に戦ったという。第三共和政が樹立されると、カーアンは植民地調査隊として海外へ赴くことを志願する。追悼記事では任地のシリアへ渡ったカーアンの様子が詳しく伝えられている。

---

［4］M. Léon Cahun, In *Le Phare de la Loire*, 31 mars 1900.
［5］ナントのメディア史研究者であるコジックとガルニエは、共和主義を掲げる『ロワールの灯台』は、植民地問題に関してはそれを推進するJ・フェリーに意見が近かったと述べている（Cozic & Garnier 2008 : 69）。

戦後、祖国を損なう内乱に参加することを望んでいなかったカーアン氏は、剣を鞘に収め、長らく彼を魅了していた歴史学と地理学の研究へと身を隠した。しかし、これらの研究は彼の活動的な欲求を満たすことができなかった。彼は失われた故郷が祖国に還ってくる日を心の内で夢見るアルザス人だったのだ。［…］厳しい職業である探検家の道を果敢にも選んだ彼は、シリア行きの任務に就く。持ち前の驚異的な洞察力によって、彼はその地域の未来を予感していたのだ。徐々にトルコ帝国が分割されるのを目の当たりにして、カーアン氏は我が国のためにユーフラテス川流域に至るシリアのすばらしい土地を確保しようと考えた。それは、理に叶っており我が国の伝統に合致する方針だった。彼は人生の三年間をその夢の実現のために捧げ、ユーフラテス川流域まで未踏の地を突き進んで彼の地を隅々まで歩き回り、鉄道を敷設するための標柱を立てた。彼がフランスのためにしたことなのだが、結局それを利用し鉄道を敷設したのはプロイセンだった。彼は原住民たちと交渉を重ねた。なかでも、山岳地帯で発見した感嘆すべき、強く戦闘的な白人種の民族であるアンサルレス族と交渉した。彼らにフランスの保護下に入るよう懸命に説得したのだ。やがて、すべてがうまくいくと思われた頃、彼は召還されてしまった。政府は「地中海の入り江で厄介事が生じることを望んでいなかった」のだ。最意気阻喪し、希望を失った彼は、支持も理解もしてくれなかった政治上の関係者たちとの親交を断ち切った。最終的に彼はあのすばらしいマザリーヌ図書館に司書として奉職し、『ロワールの灯台』と著作に身を捧げたのだ。

失意の帰国の後にマザリーヌ図書館にポストを得たカーアンは、学士院内のアパルトマンに居を構え、司書としての業務の傍ら小アジア地域の研究と冒険小説の執筆を開始する。現地での経験をもとに数々の冒険小説を発表し、アカデミーからも高い評価を得たカーアンは、学術面においても小アジア研究の集大成として『アジア史研究序説』を上梓し、その業績が認められソルボンヌで講義を担当した。学生たちを愛し、熱心に指導することで有名な講師だったという。

以上は、カーアンが死去した際に『ロワールの灯台』に掲載された追悼記事に基づいて描き出した生涯のスケッチである。おそらくはその大部分が生前の本人による語りから構成されたものである以上、記事内で語られているカーアンのシリア滞在などのエピソードが、どの程度真実であるのかをただちに裏づけることはできない。とりわけ、カーアンがどのような経緯でシリアに赴き、どのような立場で現地での鉄道敷設や他民族との交渉を進言していたのかを検証することは、本国からの派遣調査員が中近東においてどのような活動を行っていたのかを明らかにする重要な問題であるが、本論考では彼のユダヤ系フランス人としての姿に論点を絞りたい。

さて、『ロワールの灯台』による追悼記事には、故人に関して不自然に言い落とされていることがある。カーアンがユダヤ教徒であったことが言及されていないのだ。もちろん、『ロワールの灯台』の読者にとってはなじみの書き手であったカーアンがユダヤ系であることは、改めて告げるまでもない周知の事実であったことは想像に難くない。加えて、社主の「シュウォブ」同様、「カーアン」という姓が明らかにユダヤ系フランス人のそれであることは、当時の人びとにとっては明らかである。しかし、詳細に故人の業績をたどる追悼記事において、故人の主著である『ユダヤの生活』について触れられていないのはいささか奇妙である。フランソワ・プイヨン編『フランス語圏の東洋学者事典（*Dictionnaire des orientalistes de langue français*）』において、「レオン・カーアン」の項目執筆者アリーヌ・ヴァチエは、カーアンの業績を「学術的なもの」、「小説家としてのもの」そして「ユダヤ教徒としてのもの」に分類したうえで、「カーアンの著作の数々は今日忘れ去られてしまった。唯一、ユダヤ教徒としての一面を示す『ユダヤの生活』のみが今なお知られている文学作品である」と述べている（Vattier 2012 : 178）。

なぜ『ロワールの灯台』はカーアンのユダヤ性についての言及を避けたのだろうか。実は、一九〇〇年当時、同紙はナントで苦しい状況に追い込まれていた。ユダヤ系フランス人がドレフュス事件期に陥った状況の一例を確認するために、当時の『ロワールの灯台』について確認しておきたい[6]。偶然にもドレフュスと理工科学校の同期生であったモーリスは、それにもかかわらず、一八九四年一一月の同紙による第一報から一貫してこのユダヤ系将校を擁護しなかった。モーリスが社主として紙上でドレフュス派を宣言したのは一八九九年九月二一日、レンヌでの再審を経た政治的妥協によってドレフュスが釈放された翌日のことであり、共和主義を掲げるメディアとしてはきわめて遅い態度の表明であった。あくまでも「理性による判断」であることを強調しつつ、かつての同期生の「よからぬ性格」についてまで語る『ロワールの灯台』におけるモーリスの奇妙なドレフュス派宣言は、ドレフュスもろとも反ユダヤ主義の波にさらわれることを避けようとするユダヤ系フランス人の苦境をはっきりと示している。アルザス出身のユダヤ系かつ理工科学校の同期であるという社会的共通項をもつモーリスであればなおさら、安易にドレフュスに与することはできなかったのである。加えて、『ロワールの灯台』はナントでの反ユダヤ主義運動の標的とされており、フランス祖国同盟ナント支部が主導したユダヤ系商店の不買運動によって発行部数を大きく落としていた（Guiffan 1999 : 84–85）。特にカーアンが死去した一九〇〇年三月は、ナントにおける反ユダヤ主義暴動の記憶が生々しく残る時期である。『ロワールの灯台』にとって、ここで社主の叔父であるカーアンのユダヤ性をことさらに示すことは、ナントで再び反ユダヤ主義感情を呼び覚ますリスクがあったのである。このように、一九世紀末に国内を二分する「ユダヤ問題」へと発展したドレフュス事件は、ユダヤ系フランス人たちにあらゆる場面で慎重な対応を迫った。

三　「ユダヤ文学」としての『ユダヤの生活』

『ロワールの灯台』による追悼記事では言及されることのなかったカーアンのユダヤ性を考察するうえで最も重要な著作が『ユダヤの生活』である。本節では、同書をフランス・ユダヤ研究史上に位置づけることを試みたい。『ユダヤの生活』は一八八六年、パリの出版社モニエ・ド・ブルンホフから通常版が五フラン、和紙を用いた愛蔵版が一〇〇フランで発売された。パリ地方長老会の大ラビであるザドック・カーン（Zadoc Kahn, 1839–1905）が序文を寄せ、画家アルフォンス・レヴィー（Alphonse Lévy, 1843–1918）が挿画を担当した同書は、一八三〇年代のアルザス地方の小村ホーホフェルデンを舞台に、ユダヤ教徒の生活の情景を描き出した文学作品である。出版の経緯については詳らかでないが、序文および挿画担当者の人選といい、豪華な愛蔵版の出版といい、カーアンがパリのユダヤ教共同体ネットワークに属し、そこから協力を得ていたことがうかがえる。大ラビの序文に続き、全一一四ページの本文に六〇点以上の挿画が添えられた『ユダヤの生活』では、アルザスのユダヤ教共同体での暮らしにまつわる数々の挿話が語られるだけではなく、伝統的なユダヤの行事や食事、風俗などが紹介されている。物語中にときおり登場するアルザス・ユダヤ語の解説もあわせて、ユダヤ教徒には郷愁を、そうでない読者にはある種の異国情緒を誘う仕掛けが施された書物であるといえる。さらに、アルザス出身の画家レヴィーによる挿画も読み物としての同書の質を高めている（図3-1）。後にユダヤ教徒を主題とする挿絵画家としてパリやアルジェで活躍するレヴィーであるが、彼の画家としての方向性を決定づける仕事となったのが『ユダヤの生活』であった（Tillier 2005：290）。

『ユダヤの生活』はこのように書き出される。

> よき人アンセルムは、三時になると生徒たちを家に帰るようせき立てた。もう冬は来ていて、もうじき日が暮れるからだ。ホーホフェルデンのユダヤ教共同体の希望である一五人の子どもたちは騒々しく帰路についた。（Cahun 1886：1）

物語の主人公はアルザスの小村ホーホフェルデンのユダヤ教共同体で教師をしているアンセルム・メイエルである。アンセルムが子どもたち

図3-1　アルフォンス・レヴィー《過越の祭りの肉団子作り》（Cahun 1886：28）

［6］ドレフュス事件期の『ロワールの灯台』と反ユダヤ主義との関係の詳細については鈴木（二〇一六）を参照されたい。

に教えているのは「ユダヤ教入門」だけではない。フランス語、ドイツ語、歴史、算術、幾何といったあらゆる科目が彼によって「ユダヤ教共同体の希望」たちに教授されていた。薄給の教員であるアンセルムは貧しかったが、皆が彼を尊敬していた。アンセルムは博識であり、ユダヤ教の経典であるタルムードやカバラーに精通しているのはもちろん、マイモニデスやラシの著作にも親しんでいた。また、カトリック司祭とは新刊小説を貸し借りするほどの友人関係にあり、村に住むナポレオン軍に従軍したという大尉とも冗談を言い合う仲であった。『ユダヤの生活』において、敬虔なユダヤ教徒である主人公アンセルムは、学問に通じ、フランス語の読み書きを教え、カトリック司祭やフランス市民とも友好的に付き合うことのできる人物として描かれている。ここに、著者カーアンの考える理想的なユダヤ教徒の姿が表れているといえるだろう。

ヘブライ文学研究者ベアトリス・フィリップは、「親しみがあり温かいものである失われた過去を愛慕する気持ちと、近代化によって共同体の外の世界へ出て行くことへの欲望が混じり合った」ユダヤ教徒がもつ複雑な感情を『ユダヤの生活』は表現していると評価している（Philippe 2016 : 153–154）。フィリップによれば、共同体の子どもたちにユダヤ教に関することのみならずフランス語や歴史なども教え、異教徒たちとも友好的な関係を構築している教師アンセルムは、「ユダヤの村々に近代という風を吹き込む」（Philippe 2016 : 154）存在である。『ユダヤの生活』は、一八八六年当時においてすでに喪失されたアルザスのシュテットルへの郷愁をかき立てる物語であると同時に、アンセルムの姿を通してユダヤ教徒の読者に近代化の必要性を説く構造ももっているのである。ところで、アンセルムにはモデルが存在することが、甥であるシュウォブをめぐる研究から明らかになっている。シュウォブの友人である文献学者ピエール・シャンピオンは次のような証言を残している。

シュウォブの母マチルド・カーアンはシャンパーニュ地方のカーン（Caym）家の子孫で、マルセル・シュウォブは母から聞いた思い出をよく話してくれた。一族の言い伝えによれば、先祖は聖王ルイの家令から授けられた一振りのサーベルをたずさえてジョワンヴィルと一緒に海を渡った者たちの一人であるという。彼らカーアン家はアルザス出身の、フランスに友好的で教養あるユダヤ教徒であった。曾祖父アンセルム・カーアンはホーホフェルデンの村で子どもたちにフランス語を教えていた。こういった言い伝えを叔父のレオン・カーアンが一冊のすばらしい本にまとめた。『ユダヤの生活』というフランスへの友情に満ちた偉大な書物は、広く世間に知られるのにふさわしいものである。（Champion 1927：11–12）

この証言からわかるのは、マルセル・シュウォブが母を通してカーアン家の物語を知っており、それを友人であるシャンピオンに語っていたということである。『ユダヤの生活』の主人公である善良なユダヤ教徒アンセルムは、カーアン=シュウォブ家の言い伝えに登場する曾祖父をモデルとした人物であった。ルイ九世の命によりジャン・ド・ジョワンヴィルに従い十字軍の一員として地中海を渡ったユダヤ教徒の祖先は、一九世紀にアルザスのユダヤ教共同体でフランス語を教えるアンセルムの姿に重なる。両者が体現しているのは、フランスのために奉仕するユダヤ教徒の姿である。シャンピオンが「フランスへの友情に満ちた偉大な書物」と評価する『ユダヤの生活』は、カーアン=シュウォブ家に受け継がれる言い伝えをよみがえらせたものであるといえる。

一方、イェール大学のユダヤ研究者モーリス・サミュエルズは『ユダヤの生活』をフランスにおける「ユダヤ文学」の系譜上に位置づけている。『イスラエリートの創出（*Inventing the Israelite*）』においてサミュエルズは、フランスにおける「ユダヤ文学」を「ユダヤ人によって、フランス語で、ユダヤ人であることを主題として書かれたもの」と定義し（Samuels 2009：3）、フランス文学史においてほとんど知られていなかったユダヤ人作家たちの存在に光を当てた。「フランス近代社会においてユダヤ人が生きるとはどのようなことなのか」を「ユダヤ文学」から読み解いていくサミュエルズは、『ユダヤの生活』を、「ゲットー（ユダヤ人居住地）のフィクション（Ghetto Fiction）」というジャンルに分類している。一九世紀も半ばを過ぎると、ユダヤ教徒自身にとっても近代化という問題が浮上してくる。

アルザスをはじめとするかつてのユダヤ人居住地区からパリへ上り、そこでフランス式の生活に同化してしまったユダヤ教徒たちの罪悪感と近代化への葛藤が、かつて故郷にあったユダヤ教徒らしい生活情景を懐かしく回顧したいという欲求を生み出した。ダニエル・ストーベン（Daniël Stauben, 1822-1875）やダヴィド・ショーンスタイン（David Schornstein, 1826-1879）といったユダヤ人作家たちが、アルザスのユダヤ人居住地区における伝統的生活を情感豊かに描いて読者の郷愁を誘った。それは、フィクションにおける「ユダヤ的過去の利用」であったといえる。サミュエルズは、一九世紀のユダヤ文学における「ゲットーへの郷愁」という潮流のなかにカーアンの著作を位置づけつつ、「一九世紀後半に書かれたこの種のものでよく知られているのは、ダヴィド＝レオン・カーアンの『ユダヤの生活』という、アルザスにおける伝統的なユダヤ教徒の生活に関する情景集である。ストーベンの作品をあからさまにフィクショナルに、感傷的に、そしてより愛国心を喚起するように書き直したようなものである」（Samuels 2009：200）と述べている。サミュエルズが指摘するように、カーアンの『ユダヤの生活』はユダヤ文学の主題を継承しながらも、明らかに「愛国心」を基調とした挿話が多く散りばめられたテクストなのである。

四　愛国心と反ユダヤ主義

『ユダヤの生活』を論じる際に決して等閑視することができないのは、当時のパリ長老会の大ラビであるザドック・カーンが同書に寄せた序文である。一八三九年にアルザスのモメンハイムに生まれたカーンは、第三共和政前期のユダヤ教共同体の中心的人物としてフランコ・ジュダイズムの旗振り役を務めつつ、ドレフュス事件期には陰に日に同胞を支え続けた（菅野 二〇一六：三四二-三四八）。著者カーアンとは同じアルザス出身で年齢も近いことから、同胞のために労をいとわない大ラビが序文を引き受けたのではないかと推測されるが、両者の具体的な交友に関しては明らかになっていない。さて、序文においてカーンが特に評価しているのが『ユダヤの生活』に描かれるユダヤ教徒たちの愛国心である。

私が光栄にも読者諸氏にご紹介する機会に恵まれたこの著作にあって、よりいっそうの魅力と興味をもたらしているものは、ページを繰るごとに感じられる愛国的な調子なのです。［…］ユダヤ教徒はとりわけ、友愛の念や熱狂に至るほどの限りない愛をフランスに捧げてきました。彼らはあらゆる状況においてフランスに感謝を示し、その繁栄のために働き、国旗を守ることができることに誇りを感じております。これまでも、そしてこれからも、アルザス人は人の二倍フランス人であり、アルザスのユダヤ教徒はさらにその倍フランス人なのです。（Cahun 1886：iii）

ここでパリの大ラビが表明しているのは、アルザスのユダヤ教徒がもつという強烈なフランスへの愛国心である。ザドック・カーンを研究するフレディー・ラファエルは、アルザスのユダヤ教徒の愛国心について、「アルザスのユダヤ教徒が国家に対してもつ深い感謝の念が、彼らのフランスへの愛着の根拠となっている。その国家こそ、世界で初めて彼らに人間としての尊厳を認め、他とまったく同等の当事者として彼らを歴史の舞台に再び送り出し、宗教的実践と連帯の責務、彼ら自身が他と異なっていることに特徴づけられた生活様式を守ることを認めたのだ」と述べている（Raphaël 2007：19）。歴史上、繰り返し独仏の領土争いの舞台となったアルザスにあって、故郷を喪失しながらもフランス国籍を選択したユダヤ教徒たちは、非常に強い愛国心をもつことで知られている。彼らにとって誇るべき祖国こそ、革命の光をフランスの東端まで届け、自らを解放した共和国であった。

同時に、この言明が宗教指導者としてのフランスの非ユダヤ教徒に向けたパフォーマンスとしての側面もあることは否定できないだろう。奇しくも『ユダヤの生活』と同年の一八八六年、無名のジャーナリストであったエドゥアール・ドリュモン（Edouard Drumont, 1844–1917）によるユダヤ人攻撃の書『ユダヤのフランス（*La France juive*）』が出版され、一九世紀最大のベストセラーとなった。上下二巻、計一二〇〇頁にも及ぶ同書では、古代から現代まで、フランス史に起こったあらゆる事件が「ユダヤ」と結びつけられ、あらゆる災厄の原因が「セム人（Sémite）」に帰せられた。ジャーナリストらしい扇情的な文体で「ユダヤ渦」に警告を促すドリュモンの著作こそが、ドレフュス事件へ至る道を舗装整備したといえる。

一八九四年一一月、陸軍参謀本部のユダヤ系将校が逮捕されたとき、ドリュモンは自らが創刊した日刊紙『リーブル・パロール（*La Libre Parole*）』でその「獲物」を誇示した。ドイツ軍のヘルメットのような髪型をしたドレフュスのカリカチュアをピンセットでつまみ上げ、排水溝に投げ捨てようと読者に指し示す得意満面のドリュモンを描いた《ユダ・ドレフュスについて》と題された挿画（図3-2）は、反ユダヤ主義者の欲望をグロテスクなまでに表している。『ユダヤのフランス』においてドリュモンは、「アルザスにいるプロイセンのスパイは、そのほとんどがユダヤ人である」といった普仏戦争時の新聞記事（『ノール（*Le Nord*）』、一八七〇年八月一九日）を引用しつつ（Drumont 1886 : 390）、国内のユダヤ教徒を敵国への内通者に見立てる言説をさかんに流布していた。アルザス出身のユダヤ教徒であるドレフュス大尉が、軍事機密をドイツに流していた「国家反逆罪」の容疑によって逮捕されたという紛れもない「事実」は、ドリュモンとその読者たちにとってはまさに「予言の成就」だったのである。このような時代にあって、ユダヤ教共同体のスポークスマンでもある大ラビ、カーンは、ことさらにアルザスのユダヤ教徒たちの愛国心を外部に向かって表明する必要があったのだ。『ユダヤの生活』の序文において大ラビの危機感は、アルザスのユダヤ教徒を「人の四倍フランス人である」とアピールする言葉に表れて

図3-2　《ユダ・ドレフュスについて》[7]

いる。

それでは、『ユダヤの生活』においてユダヤ教徒たちの愛国心はどのように描かれているのだろうか。ここでは、最も明確に著者レオン・カーアンの愛国心が表明されている挿話を確認したい。「刈り入れの時期がやってくると、ユダヤ暦の新年の祭りと「贖罪の日（Yom kipour）」が近づいてくる」（Cahun 1886 : 82）。アンセルムを主人公とした物語は、ユダヤ教徒にとって最大の行事である「贖罪の日」の時期を迎える。ホーホフェルデンのユダヤ教徒たちは、一年間の行いを悔い改め神の許しを求める厳粛な祭日である「贖罪の日」を祈りと断食で過ごすのだ。一方、新年（Roch ha Chône）の祭りは喜びに満ちたものとして描かれる。

ロシュ・ハシャナーのお祭りの翌日は、ホーホフェルデンのカトリック、プロテスタント、ユダヤ教徒が共に仲良く過ごすすばらしい日だった。宗教の区別なく、皆がピルエルさんの楽団の全体練習を聴きに押しかけたものだ。（Cahun 1886 : 91）

この場面で、カトリック、プロテスタントと共に過ごした祭りの日のことを、アンセルムは懐かしく回想している。村の楽団の楽しげな演奏を描写しながら、物語にふと著者カーアンの語りが差しはさまれる。

このとき、私たちの喜ばしいアルザス、このフランスで最も陽気な地方では、皆が機嫌よく仕事に励み、共に勇敢に耐えた過去の苦難の記憶を呼び起こしていた。日々働くことで将来への不安などなかった。寛容が万事丸く収めていたのだ。そう、演奏会の日、よきユダヤ人教師アンセルムと誠実な司祭は互いに腕を組んで散歩したも

［7］*La Libre Parole illustrée*（10 novembre 1894）

のだった。そして、農家の長男である美男子アンドレ・ベストは、ルター派ではあったが、ずっと優しげな瞳をアンセルムの長女に向けていた。反ユダヤ主義というあの野蛮な言葉――学者ぶった人間か、いんちきくさいプロイセン人が作ったものかもしれないが――がフランスへの帰化許可証を受け取るためには、一八七〇年の戦争と、ビスマルク閣下の才能への賞賛、無分別なドイツの模倣が必要だったのだ。反ユダヤ主義は、高度な言語学、ドイツ語の教師たち、ミュンヘンのビール、ショーペンハウアーの哲学、分析小説、ワーグナーの音楽、大砲が銃剣より優れているという信仰、歴史人類学、これらすべてのライン川の向こうのがらくたどもと一緒に、私たちのところにやってきたのだ。（Cahun 1886：91-92）

ユダヤ教の祭をカトリック、プロテスタントと共に祝った幸福な場面が描かれた後に、突如として「反ユダヤ主義（antisémitisme）」という言葉[8]が登場する。「反ユダヤ主義」という言葉は、ユダヤ人をセム族という異人種とみなし、ヨーロッパに住むアーリア人と対立させる人種理論に基づく概念であり、古代よりヨーロッパ・キリスト教社会に脈々と流れてきた宗教的ユダヤ教徒嫌い（anti-judaïsme）とは異なるものである。この新しいタイプの反ユダヤ主義の登場によって、祖先にユダヤ教徒をもつものは、たとえ改宗しようとも、「人種によって」排斥されることになる。カーアンは、宗教の別なく共存しドイツに対する苦難の歴史を共有していたという、自身は経験していない一八三〇年代のアルザスの小村の情景を描きつつ、反ユダヤ主義をもたらしたとする敵国への怒りをさらに露わにする。続く場面、一八世紀末、フランス革命の際にドイツと交戦し勝利したヴァルミーの戦い（一七九二年）について思いを馳せながら、カーアンはこう語る。

あの日の夕べ、ストラスブールの城壁に最初の旗を立てた少尉が、ユダヤ教徒だろうとカトリックだろうとユグノーだろうとかまわないし、彼がピカルディーの出身だろうと、ブルゴーニュだろうと、ガスコーニュだろうとかまわない（私としては、少尉はアルザス人の両親から生まれていてほしいが、宗教に関してはどうでもいい）。あの日の夕べ、人びとが三色旗をはためかせるのが、かつてガリアの地でアルゲントラトゥムと呼ばれたストラスブールの教会や寺院であろうとシナゴーグであろうとかまわない。ユダヤ教徒の兵士が最初に突破口に姿を見せ、ドイツ兵の一番手が行く手に立ちはだかるとする。敵兵がドイツ一のタルムード学者であったとしても、フランクフルトで、ベルリンで、ブレスラウで最も信心深いラビだったとしても、さらに、聖書をヘルメットにくりつけていたとしても、フランスの砲弾を土手っ腹に受けるだろう。かくあれかし。アーメン。これが、アルザスの、シャンパーニュの、ブルゴーニュの礼拝を守る私たちユダヤ教徒なりの反ユダヤ主義の理解なのだ。（Cahun 1886：92）

カーアンは、友愛に満ちた古きよき共同体を破壊した反ユダヤ主義に対して、フランスのユダヤ教徒としての解釈を読者に披露する。それは、敵国ドイツのユダヤ教徒に「フランスの砲弾」を打ち込むことをいとわない「ユダヤ教徒なりの反ユダヤ主義」であった。カーアンにとっては、宗教や出身地を考慮せずフランス人としてドイツと戦うことこそが重要なのである。この場面でのカーアンが、アルザスという地域への愛着をユダヤ性よりも上位において語っていることも注目に値する。戦場で敵国のラビと出会ったとしても躊躇せず戦うというカーアンの「反ユダヤ主義」が語られるこの挿話は、レヴィーの挿画で彩られた牧歌的な物語が続く『ユダヤの生活』において異彩を放っているると同時に、後の世界大戦におけるユダヤ教徒の志願兵の多さを予告しているかのようである。

［8］ヴィルヘルム・マルというドイツ人ジャーナリストによる造語で、フランス語の初出は一八七九年のベルギーの雑誌上であるといわれている（Kauffmann 2008：60）。カーアンがここで、当時は存在しなかったはずの反ユダヤ主義という言葉を用いてヴァルミーの戦いを語っているのは一種のアナクロニズムともいえる。

五　結びにかえて

「贖罪の日」についての挿話の終わりに、カーアンはアンセルムにこのように語らせる。

贖罪の日の夜ごとに、私の父がヴァルミーで戦った祖父の物語を語ってくれたことを思い出すのだ。父は私の皿に、食事のとっておきの部分を切り分けながらこう言ったものだ。「すべてをフランス国民のために！」（Cahun 1886：98–99）

『ユダヤの生活』において、「贖罪の日」というユダヤ教徒にとって最も重要な祭事を描いた挿話は、フランスに対する過剰なまでの愛国心の表明に満ちている。かつてドイツに勝利した戦いの記憶とともに「フランス民族」のために祈りながら「贖罪の日」の晩餐をとるアルザス・ユダヤの家族の姿こそ、フランコ・ジュダイズムの時代にレオン・カーアンやザドック・カーンがフランス社会に訴えたかったユダヤ教徒の理想像であったのだろう。両者はともに、家族を信仰の場として重視している。序文においてカーンは「ユダヤ教徒にあっては、宗教と家庭とは何世紀にもわたって強固に結びつけられ、互いに区別できないものなのです」と語る（Cahun 1886：iii）。本文においてカーアンは、アンセルムの家庭で営まれる信仰の情景を描きつつ「家庭がすべてであるような、教義のない、典礼のない信仰と笑ってはいけない」と述べ、そのような信仰のあり方を「われわれを祖国の、ガリアの地アルザスの、フランスの嫡出子として認めてくれた革命以来の伝統なのだ」と読者に説明する（Cahun 1886：98）。もちろんこのような信仰のあり方が正統的ユダヤ教徒のものとはいえないだろう。しかし、ユダヤ教徒としての信仰生活をあくまで家庭という私的な領域のものとし、公の部分ではフランスに忠誠を誓い続けるという彼らの表明は、共和国という枠組みにおいて他者と共存しようとする呼びかけでもあった。

『ユダヤの生活』の出版から五年が経った一八九一年、レオン・カーアンは文学作品ではなく、現実に生きるユダヤ系フランス人として語る機会を得た。オランダ人文献学者ウィレム・ビヴァンクとの会談[10]において、自身が描いた理想的なユダヤ教共同体の情景をあざ笑うかのように反ユダヤ主義言説が巷間にあふれるのを目の当たりにしたカーアンは、危機感を訴えずにはいられなかった。

私は請け合ってもいい。ユダヤ教徒の方では、有益かつ快適なものをもたらした近代社会に対していかなる嫌悪感ももっていません。しかしながら、法律も、根深い信念ももはや対立してはいないのに、ユダヤ教徒とキリスト教徒の団結の精神がますます強まっているとはいえません。むしろ、双方の間にある種の後退がみられるのです。(Byvanck 1892 : 265)

一八九一年にカーアンが語る、ユダヤ教徒とキリスト教徒の友好関係の「ある種の後退」が、反ユダヤ主義の流行を示唆していることは明らかである。「人種」を問題視し排斥の根拠とするドリュモン流の反ユダヤ主義の論理に従えば、いかに戦場でドイツ軍の同胞を打ち負かそうとも、「セム人」が「フランス人」になることはできない。国籍よりも人種が重んじられるからである。後のドレフュス事件期に反ユダヤ主義陣営からさかんに投げかけられたのは、ユダヤ系将校が防衛する「祖国」とは、はたして本当にフランスなのかという問いであった。このビヴァンクとの会談において、カーアンは「人種」をめぐり、かつてのシリア滞在時の経験に触れながらこう語る。

[10] 拙稿(鈴木 二〇一八)では、ビヴァンクとの会談で表明されるカーアンのユダヤ意識と甥であるシュウォブのそれとの比較が論点となっている。

私は現地の人びとと彼らの考えについておしゃべりすることを好みました。私は彼らの状況とともに彼らの人種を知りたかった。私は人種によって特別な性質があるなどということはまったく信じておりません。人種は単に人種としてみなすべきです。しかし、その私が民族学者であるのは理由のないことではありません。人種、これこそ抽象概念なのです。いや、人間には適応し模倣する能力があり、宗教と社会による影響が人種とともに、生活方法や容姿などさまざまな価値を規則化し決定するのです。人間の本質を示すためにひたすら人種についてのみ語ることをしてはなりません。そこには常に正確な時代状況と彼らを取り巻く環境とが加わらなくてはならないのです。(Byvanck 1892 : 150)

東洋学者としてのカーアンは、「人種」という概念のみで人間を判断してはならず、実際に現地に赴き、人びとと接し、彼らと語り合うことこそが重要であると語っている。「適応と模倣の能力」をもつ人間を理解するためには、時代状況と環境とを考慮しなければならない。このカーアンの主張は、『ユダヤの生活』であれほどの愛国心を示さなければならなかった一九世紀後半のユダヤ系フランス人について語っているかのようである。

本章でみてきたのは、レオン・カーアンというユダヤ系フランス人が、自らの家族に受け継がれる伝説をもとに創作した『ユダヤの生活』に描いた、かつてあった共同体への郷愁と強烈なまでのフランスに対する愛国心の表明である。一八七〇年から一九四〇年までの七〇年間、フランスに生まれたユダヤ教徒の子孫たちは、その時々の社会状況に翻弄されながらも一八世紀末の大革命によって他のヨーロッパ諸国に先駆けて自らを解放した共和国に共同体をあげて忠誠を誓い続けてきた。同書で描かれる「戦場で勇ましく敵国の同胞と戦う」ことを是とするフランスのユダヤ教徒の姿勢は、パリの大ラビであるザドック・カーンの序文によって承認されたものでもあるといえるだろう。もちろん、かつてのアルザスに反ユダヤ的な動きがなかったわけではなく、『ユダヤの生活』における、フランコ・ジュダイズムと愛国心で彩られた一八三〇年代のシュテットルの情景は明らかに現実とは異なるフィクショナルなものである。しかし、そこに描かれる、家庭において信仰を守り、公にはカトリックやプロテスタントと共存し、フランスのために奉仕し続け、祖国を守るためには敵国の同胞と戦うことをもいとわないユダヤ教徒たちの姿は、第三共和政前期のドレフュス事件前夜に生きるユダヤ系フランス人カーアンが「共和国」に思い描いていた理想をはっきりと伝えているのである。

◉参考文献

有田英也（二〇〇〇）『ふたつのナショナリズム――ユダヤ系フランス人の「近代」』みすず書房

菅野賢治（二〇一六）『フランス・ユダヤの歴史（上）――古代からドレフュス事件まで』慶應義塾大学出版会

鈴木重周（二〇一六）「ドレフュス事件期の反ユダヤ主義とジャーナリズム――ナントの日刊紙『ロワールの灯台』をめぐって」『日本フランス語フランス文学会関東支部論集』二五、八三–九六

鈴木重周（二〇一八）「カーアンの末裔――『一八九一年パリのオランダ人』にみるマルセル・シュウォブのユダヤ意識」『Ａｚｕｒ』一九、六七–八六

Allain, P., Fabre, B., & Gauthier, B. (2006). *Marcel Schwob: L'Homme au masque d'or* (catalogue de l'exposition du Centenaire de l'écrivain, Nantes). Nantes: Bibliothèque municipale de Nantes.

Byvanck, W. G. C. (1892). *Un Hollandais à Paris en 1891: Sensations de littérature et d'art*. Paris: Perrin.

Cahun, L. (1886). *La Vie juive*. Paris: Monnier, de Brunhoff.

Cozic, J. C., & Garnier, D. (2008). *La presse à Nantes de 1757 à nos jours* (*t.2*): *Les années Schwob* (*1876–1928*). Nantes: L'Atlante.

Champion, P. (1927). *Marcel Schwob et son temps*. Paris: Bernard Grasset.

Drumont, É. (1886). *La France juive: Essai d'histoire contemporaine* (*t.1*). Paris: C. Marpon et E. Flammarion.

Goudemare, S. (2000). *Marcel Schwob ou les vies imaginaires*. Paris: Le Cherche midi éditeur.

Guiffan, J. (1999). *La Bretagne et l'Affaire Dreyfus*. Rennes: Terre de Brume.

Kauffmann, G. (2008). *Edouard Drumont*. Paris: Perrin.

Lacassin, F. (éd.) (1989). *Aventures pour tous les temps*. Paris: Robert Laffont.

Philippe, B. (2016). *Les juifs et l'identité française: De la précarité à l'intégration*. Paris: Odile Jacob.

Rabi, W. (1983). Écrivains juifs face à l'affaire Dreyfus: Étude des comportements. In G. Leroy (éd.), *Les écrivains et l'affaire Dreyfus: Actes du colloque*, Paris: Presses Universitaires de France, pp.17–25.

Raphaël, F. (2007). L'Alsace de Zadoc Kahn. In J.-C. Kuperminc, & J.-P. Chaumont (dir.), *Zadoc Kahn: Un grand rabbin entre culture juive, affaire Dreyfus et laïcité*, Paris: Éditon de l'Éclat, pp.15–22.

Samuels, M. (2009). *Inventing the Israelite: Jewish fiction in nineteenth-century France*. Stanford, CA: Stanford University Press.

Tillier, B. (2005). L'ambiguïté de la mise en image: Le dessinateur Alphonse Lévy. In M.-A. Matard-Bonucci (éd.), *Antisémythes :L' image des juifs entre culture et politique (1848–1939)*, Paris: Nouveau Monde éditions, pp.281–290.

Vattier, A. (2012). Léon Cahun. In F. Puillon (éd.), *Dictionnaire des orientalistes de langue française*, Paris: Karthala, pp.178–179.

Ⅱ

「植民地文学」と「ルポルタージュ」

4

共和国内の二つの「他者」

アンドレ・ドゥメゾンとルイ＝フェルディナン・セリーヌにおけるアフリカとユダヤ

吉澤英樹

一　はじめに——第三共和政における他者の扱い

一八七〇年の普仏戦争敗北後に成立したフランス第三共和政は、当初はパリ・コミューンの動乱や議会政治内でのアンシャン・レジームの価値観の再興を求める王党派などの反動勢力と共和主義勢力とのヘゲモニー争いといった混沌からスタートしたものだった。その後、一八七五年の第三共和国憲法発布を経て、一八八〇年からジュール・フェリーを首班とする内閣のもとで公教育制度の導入とその無償化、そして公的な場からキリスト教勢力を排除していくことによって、フランス革命以来の普遍主義的人間観に基づいた共和主義的な諸制度を確立していくことになる。このようなアンシャン・レジーム的な身分制度を排除し、法の下での平等という原則に基づいた国民国家を形成していったのが第三共和政という時代であったといえるだろう。しかしながら、一方でフェリーらを中心として、共和国の原則を整備し、国民国家の確立を目指していた時期というのは、フランス国内である種の不寛容さが吹き荒れていた時期でもあった。本書第三章で鈴木重周が指摘しているように、一八八六年にエドゥアール・ドリュモンが上梓した『ユダヤ人のフランス（*La France juive*）』はベストセラーとなり、彼が主宰していた『リーブル・パロール(*La Libre Parole*)』紙が発行部数を伸ばしていき、反ユダヤ主義が興隆していく。これが、一八九四年に起きたドレフュス事件を契機に世論を二分化させ、ドレフュスの無罪判決によってそれが収束をみせるのが一九〇六年、奇しくもライシテの完遂する一九〇五年の翌年まで一〇年以上も続いていくわけである。このように共和国内における「他者」を分節し、共同体にとって異質なものとみていた人種主義者は、一般に共和主義の確立に異を唱えるカトリシズムとアンシャン・レジームへの回帰を目指すシャルル・モーラスが率いる政治団体であるアクション・フランセーズに代表されるような反動的な反共和主義勢力に限定された態度のようにみられるかもしれない。

しかしながら、公教育制度の確立などに邁進したジュール・フェリーは一方で、領土拡張論者としてフランスの植民地政策を牽引した人物としても知られる。実際、フェリー時代以降、一八八三年に植民地におけるフランス語を普及させるための教育組織であるアリアンス・フランセーズを設立、一八八九年に植民地行政官を育成する植民地学校(École coloniale)の設置、一八九五年にはセネガルのサン=ルイを総督府とするフランス領西アフリカ(AOF:Afrique Occidental Française)の創設といったように植民地行政は整備されていった。このように共和国によるフランス植民地帝国の拡大は、フランス国内でのライシテの進行と反ユダヤ主義により世論が二分化していく時代に同時に行われていたのである。

ここで植民地問題とユダヤ問題を同時に引き合いに出したのは、必ずしも第三共和政期における人種主義というものが反共和主義陣営だけにみられたものではないことを確認するためである。実際、フランス本国では共和主義の原則の徹底を推し進める一方で、フェリーは一八八一年から、一連の原住民法(Régime de l'indigénat)を制定し始め、「法の下での平等」という共和国の原則を植民地の原住民には適用しない方針を明確化させる。またフェリー内閣の官房長官であったポール・カンボンが創設し、後に外務省の管轄下で運営されていくアリアンス・フランセーズは、ライシテの原則に則った公教育の植民地への輸出機関といった性格があったにせよ、当初は主要メンバーにカトリック教会のシャリュムタン神父がいたことも知られている。共和主義者の主導によって推し進められた植民地主義は、共和主義の原則の視点からこのようなあいまいさを残す形で始まり、次第に保守陣営にも受け入れられていく（平野 二〇〇二：一七二－一七三）。このような事情を勘案すれば、本書第一部で他の論者が指摘するように、第三共和政期のフランスにみられた「他者」に対する差別的な視線とその制度化への動きというものが反共和主義者の占有物でないことは明らかだろう。たしかに本土のユダヤ人を共和国フランスの他者と見立てて分節する視線と、植民者が原住民を眺める視線は同じ性質のものではない。だが、同時代のフランスの異なる場所において、フランス人が分節した二つの「他者」の問題を連関させて考えることはできないだろうか。

この目的のため、本章では第三共和政期にフランス領のアフリカ植民地で日常生活を送り、その経験を作品に取り入れた作家の作品と彼らの他者観に着目したい。自身の経験をベースにしたミメーシス的な素材から、フィクションとして一つの自律した言説を作り上げる文学作品は、右のような問題を考えるにあたって客観的な資料とはいえないかもしれない。しかしながら、実効性を担保にして共同体内にカオスを生み出していく数多くのアクターの一つとして作用する行政文書や法例などのプラグマティックな言説とは違い、一つの視点から全体に関する完結した世界を提示し、それが個人によって書かれているにせよ、公刊を目的としているということは、複数の読者、つまり共同体のなかでその世界観の共有を前提としているために独自の重要性をもつ。さらに文学には時代ごとに付与されていた機能も異なるため、その時々の文学作品や文学の機能に視線を送ることは、その時代の特異性を理解することにつながることはいうまでもない。このような考えのもと、ここで取り上げるのは、ルイ=フェルディナン・セリーヌと、ほとんど知名度のないアンドレ・ドゥメゾンという作家である。

彼らは、お互いに一〇歳ほど年が離れているが、ともに二〇歳になるかならないかの若者だった頃、当時フランスの植民地帝国の一部であったアフリカで商社の現地社員として青春時代を過ごした経験をもつ。彼らはのちに作家となり、アフリカでの経験は一九二〇年代以降、それぞれの文学作品のなかに取り込まれていくことになる。フランスの植民地を主題とした文学作品の研究を行ったジャン=マリー・セイヤンは、主に植民地帝国が勃興する一九世紀末から第一次世界大戦前までの文学作品を論じている。このセイヤンによればこの時期の文学作品は三つに大別される。まず一つは、アフリカで平定任務に携わった軍人による教訓的な物語、次は作品の素材を探すためにアフリカへ探検に出かけたジャーナリスト紛いのルポルタージュ的な作品、さらにフランスから一歩も出ずにさまざまなの旅行記から内容を流用して読者の求めるエキゾチシズムを満たす新聞の連載小説作品であるという（Seillan 2006 : 16–17）。このセイヤンの時代区分に従えば、本章で取り上げる一九二〇年代以降に書かれたセリーヌやドゥメゾンの作品は第二世代にあたり、後述する「植民地文学」というジャンルに属するものである。彼らはアフリカにおいて、行政官や宣教師のような植民地行政の執行者としてではなく、民間企業の若い社員として第三共和政期の植民地で日常生活を送っていたという点で、第一世代の作家とは異なる立ち位置に身を置いた観察者であるといえよう。第三共和政下のフランス植民地帝国の末端で、行政官でもなく宣教師でもなく、または学者や旅行者のような一時滞在者でもなく、実業界の末端から眺めた彼らのアフリカの表象は独特なものである。しかし、本章にとってこの二人の作家が決定的に重要であるのは、植民地での経験を経て彼らが文学者としてのキャリアを積んで中年になったとき、奇しくも彼らはともに反ユダヤ主義を露わにし、フランスの敗戦以降、対独協力者として汚名にまみれていくという点にある。

本章の目的は、そのような彼らのアフリカ観と反ユダヤ主義はいかなる関係をもっているのかを明らかにするとともに、このような特殊な青春時代を送った彼らの文学観の共通点や相違に着目し、第三共和政にみられるある種の矛盾がどのように表出しているか考えながら、当時の文学の機能や作家の役割の一端を解明することにある。しかしながら、彼らの経験と作品や思想との因果関係は、ねじれをもった複雑さを垣間見せる反面、短絡的にみえる部分もあり、容易には捉えきれない。とはいえ、第一部で論じられていたように、第三共和政期の理念に基づいて他者を論じたルナンやミシュレらの人種観も一筋縄ではいかないものであったことを考えれば、このような錯綜こそが時代を反映したものであろうし、各自の異文化体験の事例に透ける背景を丁寧にみていくことによって、彼らの作家としてのそれぞれの独自性を理解することができるだろう。そしてその半面で、第三共和政期におけるフランス人の他者観の特異性を明らかにすることができるのではないかと思われるのである。

二　セリーヌとドゥメゾンのアフリカ体験と文学作品におけるアフリカの表象

まずは、セリーヌのアフリカ体験と文学作品へのその表出について触れたい。一八九四年生まれのセリーヌは第一次世界大戦に参加したものの、戦場で負傷し、右肩に残った後遺症のため早々に退役した。その後、植民地におけるゴム採取会社であるサンガ・ウバンギ森林会社の社員として一九一六年五月に、ドイツ領から英仏の共同統治になったばかりのカメルーンのドゥアラに送り込まれることになった。その後、九月に内陸部でカカオのプランテーションと雑貨屋の管理を任され、（アメリカへ出かける前にフランスへ一時帰国する）翌年四月までアフリカにとどまった。またセリーヌは戦後、医学博士号を取得し、一九二〇年代の中頃、国連によって再びアフリカに派遣されることになる。当時の経験は、演劇作品である『教会（*L'Église*）』（一九三三年、執筆は一九二〇年代中頃）と小説『夜の果てへの旅（*Voyage au bout de la nuit*）』（一九三二年）のなかで主に取り上げられている。

図 4-1　ルイ=フェルディナン・セリーヌ（Gibault 1985）

これらの作品のアフリカ表象は二回のアフリカ訪問体験を反映したものだ。両作品はともにアフリカを舞台としているが、本章で注目するのは、医師が主役の『教会』ではなく、セリーヌの一度目のアフリカ滞在時と同じ商社員のバルダミュを主人公に据えた『夜の果てへの旅』、そのなかでもとりわけ多くの研究者が言及するハンカチの逸話である。原住民を雇いながらバルダミュたちが商売を営む商店（factorerie）にゴムを売りにきた家族にハンカチ一枚を無理やり押しつけて、彼らの数か月の労働の成果を奪い取る場面だ。このような植民者と被植民者間の非対称的な取引は、友人シモーヌ・サンチュ宛の書簡で数箱のタバコと引き換えに大量の象牙をせしめたことを自慢するセリーヌ自身の経験でもある（Céline 1978：43）。ただ、小説ではタバコではなく、いったん金銭的な精算を経て物々交換をカモフラージュしつつ、非有用性を強調した品物に置き換えられており（Céline 1962：136–138）、押しつけられたハンカチをどう捉えてよいかわからず戸惑う原住民の描写とともに、植民地支配の不当性を告発したものとされている（梅木 一九九八：一一九）。しかしながら、セリーヌ自身はアフリカ人やその文化には関心がなく、作品における黒人（文化）表象はアフリカの風景同様に、西洋人の主要登場人物たちにスポットを当てるための影、単なる背景の役割に置かれているように見受けられる（Miller 1985：210）。トリックスター的な登場人物ロバンソンの影に追い立てられたバルダミュ同様、アフリカに着いてはや二か月後には次のニューヨークへ向かう手立てを画策しているセリーヌにとって、アフリカは通過点にすぎず、彼にとって精神を深く入り込ませていく対象ではなかったのかもしれない[1]（Céline 1978：59）。そのようなセリーヌと同じような境遇にいながらも彼とは対照的に、アフリカの表象を文学作品に焼けつけたのがアンドレ・ドゥメゾンだった。

一八八三年に生まれたアンドレ・ドゥメゾンは、生地のボルドーで一八歳まで教育を受けたのち、ギュスターヴ・エッフェルやジャン・ボードリヤールを輩出したグラン・ゼコールであるパリ中央工芸学校（École Centrale des Arts et Manufactures）への入学準備をしていたが、運悪く一家の破産のためエリートへの道が早々に断たれることになってしまった、と一九四四年のパリ解放後の警察の調書が伝えている[2]（Demaison 1944：f.27）。仕方なく神学校へ入り、その際ボルドーに本社を構えアフリカで一次資源の仕入れを行っていたモレル・エ・プロム社の子息の家庭教師を務め、そのまま一九〇二年、一九歳のときに兄弟とともに社員としてセネガルに赴くことになる（Cornevin 1975：188）。その後、一九〇六年からカザマンス地方のセディウ（Sédhiou）に拠点を置き、その一帯の落花生などの生産物の買い付けとともに、セリーヌと同じく原住民を相手に商店（factorerie）を営んでいた。当時の記録では、この頃すでにセネガルの主要言語であったウォロフ語を完璧に話していたそうである（Péhaut 2014：101）。さらに一九一三年に会社を辞めてアフリカを離れるまでにカザマンス地方で使われていたマンディンガ語やジョーラ語も同様にマスターしたといわれる。セネガル歩兵部隊に徴兵され参加した第一次世界大戦終戦後はフランスにとどまり、一九二三年に処女作の『ディアト（*Diato*）』を発表し、翌二四年に植民地文学賞を受賞、文壇にデビューした。その後、一九二九年には『〈野生〉動物の書（*Le livre des bêtes qu'on appelle sauvages*）』でアカデミー・フランセーズ賞を受賞し、一九三一年には植民地博覧会の公式ガイドブックを執筆するなど、「植民地文学」作家としての地位を確立していくことになる。

この処女作の『ディアト』について手短に紹介しよう。この作品のタイトルは、マンディンガ族出身の主人公の名前からとったものだ。ディアトは体が弱く、部族の友人のようにセネガル歩兵として戦争に行くことはできなかったが、機転が利き、商才に恵まれていた。船を使って交易を行い、富を築いていくことになる。そのうち幼馴染の女性のサナ（Sana）を娶り、村の大木を倒して大きな船を作り、より遠くの地域との交易を始める。その過程でジョーラ人の娘のキナリ（Kinali）を二番目の妻として娶り、その後白人から蒸気船を買い取ってさらに商売を広げたところでセレール人

図 4-2　ダオメの村で住民たちと写真に収まるドゥメゾン
（1930 年代初頭）（Demaison 1936：5）

［1］ディピカー（Depikar）から出した一九一六年七月二九日付両親宛の書簡においてすでにアフリカを離れアメリカに向かう計画が明かされている。

［2］フランス国立古文書館に収蔵された当該資料の閲覧に関して、執筆当時パリ第一大学大学院に留学中であった中村泰士氏に尽力いただいた。この場を借りてお礼を申し上げたい。

のティオロ（Tiolo）を娶った。そのうち、蒸気船は難破し、一文無しになったディアトは帰郷し、年老いた母と三人の妻と同居することになる。しかし、二番目の妻キナリとの間にだけ子どもができなかった。扱いに不満をもった彼女は、まず義理の老母を、それから主人公のディアトを毒殺してしまう。

以上があらすじである。ドゥメゾンとセリーヌの作品における共通点と相違点を考えるために、この小説にも登場する植民地アフリカの商店とハンカチの扱いに注目したい。ドゥメゾンの小説においても、セリーヌ同様、白人の民間の植民者が取り仕切る雑貨屋（factorerie）が登場している。つまり、ここで描かれているのは、植民地帝国の隆盛期であった第三共和政期におけるアフリカの片田舎の村の姿だ。『ディアト』においても、そこで売買される商品にハンカチが登場する。しかしながら、セリーヌとは違い、この交易は白人側の視点ではなく、原住民の側の視点で語られている。ディアトは新妻サナの歓心を買うために、白人の雑貨屋に立ち寄り、香水などとともにハンカチを買い、家に帰る。すると、妻は喜んで、すぐに自らそれらを身につけ始める（Demaison 1929 : 67）。つまり、原住民の客は蒙昧な得体の知れない存在として描かれているわけではない。ハンカチの機能を理解し、自らの意思で交易を行っているのだ。そこで描かれているのは、白人の商店とそこで行われる交易がなんの齟齬もなく現地の日常に溶け込んでいる光景なのである。このように、ドゥメゾンの作品に登場する黒人は、セリーヌのそれとは違い、人格をもっており、人種差別的な視線の安易さを免れているといえるだろう。その一方で、このような植民地の日常の描写の背景には第三共和政後期に行われていた協同主義的な植民地政策の反映をみることもできよう。

三　両大戦間期における「植民地文学」の機能

先述したように、ドゥメゾンの『ディアト』は一九二四年の植民地文学賞（Prix de Littérature coloniale）を受賞している。この文学賞は植民地省によって一九二一年に創設されたものだった（Kapor 2018 : XVI）。また、『ディアト』

発表と同年の一九二三年にドゥメゾンは、植民地行政に関わりのあった作家ピエール・ミル(一八六四―一九四一)と共作で小説『女と裸の男(*La Femme et l'Homme nu*)』を発表している。ミルは自身が植民地文学賞審査員であっただけでなく、一九二六年に植民地作家協会(l'association des Écrivains coloniaux)と海外学術アカデミー(l'Académie des Sciences d'Outre-mer)を創設したうちの一人だった[3]。つまり、この聞き慣れない「植民地文学」というジャンル自体が当時の植民地行政によって樹立されたものだった。そして、ドゥメゾンの作家としてのキャリアは完全にその流れに乗って形成されたといえる。このことを踏まえれば、ドゥメゾンが一九三一年の植民地博覧会の公式ガイドブックの執筆者になったことも不思議ではない。しかし、なぜ植民地文学が植民地行政当局にとって重要だったのだろうか。単純に考えれば、植民地博覧会のように、植民地帝国の正当性を対外的にアピールするプロパガンダの機能をもっていたことは容易に想像できるだろう。それに加え、当時の植民地文学には実はもう一つの機能があった。それは植民地帝国と発展をともにした地理学や民族学と並ぶ、植民地を理解するための一つの「科学」としての機能である(Singaravélou 2011)。植民地文学に関しては、植民地省が先導してジャンルを確立していった一方で、未来の植民地行政官を育成する植民地学校の教材として積極的に活用されており、ドゥメゾンの小説を題材とした卒業論文も書かれていた(Singaravélou 2011 : 341)。当時、植民地学校の校長であったジョルジュ・アルディが、植民地を理解するうえで、民族学に対抗する新しい学知として唱えた「心理地理学(géographie psychologique)」が依拠する資料として、ゾラやブルンチエールが唱えたような一つの科学として文学作品を活用し、植民地原住民の心性を理解することを目指したという。つまり、ドゥメゾンの作品は、植民地行政によって怪しげな科学性をまとわされて文学場へと投入された、植民地文学の有用性の原理のなかに完全に収まるようにもみえる。

[3] ミルは、植民地作家協会においては一九三三から三六年まで、海外学術アカデミーでは、植民地博の責任者リヨテ元帥を引き継ぎ三三年から三四年まで会長を務めた。

実際に、当時ドゥメゾンは、新書「ク・セ・ジュ」のような一般読者向けの「知ることの喜び（Joie de connaître）」という叢書から『アフリカ黒人の生活（*La vie des noirs d'Afrique*）』という通俗本を出版している。そこで読者は、アフリカ人の生活がヨーロッパの中世時代に例えられているのをたびたび目にすることになる。植民地で原住民が行っている通行税の習慣は、フランス中世にもみられたものだといい、アフリカ社会におけるグリオ（西アフリカの吟遊詩人）の役割を説明する際には、中世のトルバドゥールを引き合いに出す（Demaison 1936 : 86, 88）。さらに、氏族ごとに自らのアイデンティティを象徴するトーテムとして特定の動物を崇める現地の風習を、中世の貴族が家ごとにもっていたエンブレムに描き込まれた動物を例に出しながら説明する（Demaison 1936 : 105）。ここで、ドゥメゾンはフランスとアフリカを断絶することはせずに、現地の風習を自分たちの過去にみられたものと同一視することによって、やがて自分たちフランス人が現在立っている地平にまで辿りつくであろう進化の階梯によって結ばれた存在とみなす。つまり、「中世」は、当地の文化を尊重しつつも、文明化の余地を残すものとして、共和国による「文明化」の使命と協同主義を同居させるための当時の植民地行政を援護するレトリックであるといえる。

しかしながら、ドゥメゾンによるこのフランスとアフリカの「重ね合わせ」にはフランスの植民地行政が望む方向からずれていく線が垣間見えることもまた事実である。同書のなかでドゥメゾンはマンディンガ人のグリオであるディエリ・モリを中世のトゥルヴェールに喩えながら、彼との「真の友情（une amitié réelle）」による結びつきについて語っている（Demaison 1936 : 90）。この人物は、『ディアト』では登場人物の一人として、また一九三一年に発表された『ディエリ、または黒い智慧の書（*Diaeli, le livre de la sagesse noire*）』では語り手として登場する、ドゥメゾンの文学的イマジネールのなかで大きな役割を果たす実在のグリオである。そこでは当時貧しかったドゥメゾンが、ディエリの小屋で魚の炊きこみごはんを振る舞ってもらいながらマンディンガ語を学んだ経験が語られており、これがアフリカ時代の彼にとって、特権的な「静謐な時間」として記憶に刻み込まれている様が描出されている（Demaison 1936 : 91）。実は、まさにこの経験こそがセリーヌとドゥメゾンを結び合わせ、一方で分け隔てるものになっている。セリーヌは『夜の果てへの旅』において、植民地の民間企業の社員と植民地行政当局とは切っても切れない関係にありながらも、永遠に敵対する立場にあると語り手にいわせている（Céline 1962：140）。一方で、ドゥメゾンの作品もよく読むと植民地行政を批判している部分が散見される。モレル・エ・プロム社の上司が指摘していたように、ドゥメゾンが現地の言葉を学ぼうという意思とその熟達度は目をみはるものがあったという。植民地で日常を生きる商社員としての矜持はまさにその点にこそあったといえるだろう。ドゥメゾンは、アフリカにやってくる学者や行政官が現地語を学ばずに通訳を使い、現地の言葉や風習についてあまりに無知であることを繰り返し批判している（Demaison 1936：100）。ここには現地で草の根的に原住民と触れるビジネスマンである自分（それと宣教師）のみがアフリカについての真実を知っているという、作家の強烈な自負が感じとれるだろう。これは一方でセリーヌにも開かれていた可能性であったにもかかわらず、彼はまったく利用しようとしなかった。しかしながら、逆説的ではあるが、このドゥメゾンはその矜持によってセリーヌに近づくことになる。このような植民地行政官や学者などのエリートに対する民間人の敵意が、セリーヌだけではなく、ドゥメゾンにおいても植民地政策への疑問の表出へと結びつくことになるのだ。彼はセネガルの都市生活者が選挙権をもち、その一方で植民地部隊へ編入させられる現状をシニカルな表現で暗示的に批判している。またそのうえで、アフリカには特有の共同体のシステムがあり、そこに入り込めないフランスの植民地行政はとどのつまり二重行政にしかなりえないことを指摘しているのである（Demaison 1936：97–98）。

このドゥメゾンの立場は一見矛盾するようにみえるかもしれない。しかしながら、ドゥメゾンは、まさにフランス植民地行政の原理とアフリカ現地の共同体システムという二重行政の位相を、自らの特権的な立場によって内面化できた唯一の人物であるということをいいたかったのではないだろうか。彼の処女作である『ディアト』において、主人公のマンディンガ人の青年が船を次々新調しながら、カザマンス地方を往来して交易を広げていく姿は、実は若き日のドゥメゾン自身の姿であることが、モレル・エ・プロム社の歴史を詳細に調べたイヴ・ペオーの研究によって明らかになっている[4]（Péhaut 2014：107–108）。つまり、ドゥメゾンが現地のマンディンガ人の青年と一体化することによって、この作品は科学としての植民地文学に求められた原住民の心理を描き出したものとして、植民地行政側の思惑を反映したものといえるだろう。しかしながら、二重行政を体現するドゥメゾンの心性は一方で、決して植民地行政が馴致することのできないアフリカに寄り添う部分を保ち続けたのであり、そこにこそ「行政」の「永遠の敵」たる「実業界」出身の作家としてのアイデンティティを置いていたともいえるのではないだろうか。この意味において、ドゥメゾンの作品は共和主義政府による植民地経営を正当化し、その政策実行のための科学たらんとした当時の制度的な「植民地文学」の枠組みから外れる部分も内包していることになるだろう。そもそも文学という媒体自体が、読者を想定し言説を共有することを目的とし、その流通のために社会におもねる部分を含有する一方で、執筆の原動力の源泉には個人の自己実現という側面もあるため、作家がペンをとりエクリチュールとして現前させるその瞬間から二つの方向に引き裂かれ、そのせめぎ合いのなかで成立していくものではある。そうなると、次なる関心は、末端の商社マンだった二人の作家がその後、反ユダヤ主義を公言し、対独協力へと突き進んでいく理由を明らかにすることである。このことについて、以下では、作品を取り巻く社会の言説空間の圧力とそれに対する個人の振る舞いという二つの力の相互干渉の結果として考えていきたい。

四　二人の作家の反ユダヤ主義と対独協力

この二人の作家に共通するもう一つの特徴——反ユダヤ主義——に関していえば、セリーヌについては、一九三七年にドノエル社から刊行された『虫けらどもをひねりつぶせ（*Bagatelles pour un massacre*）』からクローズアップされていく激烈な反ユダヤ主義やパリ解放後の逃避行、その後の裁判という経緯は比較的知られたものだろう。したがって、ここではドゥメゾンの対独協力について主に触れたい。ドゥメゾンは第二次世界大戦中、ヴィシー政権下のフランス国営ラジオ放送局（Radiodiffusion nationale）で働いていた。彼は、ナチスの意向を受けて組織や放送内容が反ユダヤ化していく一九四二年一一月二四日に、ペタン元帥のデクレにより罷免されたポール・マリオンに代わってラジオ局の総局長に任命された（Le Bail 2016 : 313）。ヴィシー政権の国営ラジオ局とそこで公職に就いたドゥメゾンのユダヤ人迫害の実態に関してはカリーヌ・ル・バイユによる近年の一連の研究によって明らかになってきている（Le Bail 2016, 2008 : 59–74）。戦後はそのような対独協力が咎められ、ドゥメゾンはそれまで属していた「作家協会（Société des gens de lettres : ＳＧＤＬ）」や「復員作家協会（Association des écrivains combattants）」から相次いで除名された。そして、一九四九年には裁判で二年間の公民権停止の判決が下されることになる（Sapiro 1999 : 582–586）。このようにセリーヌと同様、裁判にかけられ、第四共和政下のフランスにおいては正式に対独協力作家として認定されたドゥメゾンだったが、彼も自身の反ユダヤ思想を書きあらわしている。それが一九四二年に発表された政治評論『戦いの意味（*Le sens du Conflit*）』である。この本は、いかに金融資本が「血の犯罪」、つまり近代戦争を生み出す原因となっているかを論証することを目的としている。ここに反ユダヤ主義が絡んでくるのである。つまり、この金融資本を牛耳っているのは、レオン・ブルムに象徴されるようなユダヤ人であると彼は考えているのだ（Demaison 1942 : 12, 35–36, 65）。さらにここに反イギリスが絡んでくるのは対独協力作家としての時局を反映したものといえるかもしれないが、図式自体は第三共和政下における反ユダヤ主義的言説のステレオタイプにおさまるもので、思想史的な観点からみた新しさはない。ただ、本論において注目すべき重要な点は彼らの素朴で悪辣な反ユダヤ主義に通底する反エリート主義である。論のなかでドゥメゾンは、「金融資本（capital d'argent）」と、手仕事によって一次原料と格闘する職人のような存在が生み出す「人的資本（capitale humain）」を対置させ、後者に価値を置いている。たしかに、労働を

［4］ペオーはドゥメゾンの小説には言及しないものの、小説で描かれるように現地で大木を切り出して船を作ったり、ライバルに対抗して新しい新型の船を購入したりして、業績を上げていくドゥメゾンのビジネスマンとしての業績を紹介している。

忘れて、象徴価値を取引するユダヤ人を中心とするエリート政治家の強欲が戦争を呼び込むことに対するドゥメゾンの批判は、ヴィシーのイデオロギーの中核にある「労働」の称揚を踏襲しているともいえるだろう。またナチズムの反ユダヤ主義的なイデオロギーにおいても、ユダヤ人は、ギルドに象徴されるような手仕事による「具体的な労働」に対置される金融資本という「抽象的労働」によって、西洋世界を破壊する存在として攻撃の対象となっている（Herf 1984：132-133）。ドゥメゾンがこのような図式を受け入れた背景として、商社社員としてエリートに敵意を抱きながらアフリカを草の根的に這いずり回っていた、自身の若き日の日常生活におけるリアリティが浮かび上がってくるように思われる。この見立てはそれほど的外れなものではなく、おそらくもう一人の若き商社マンだったセリーヌが実証してくれている。実はこのドゥメゾンが一九四二年に唱えた考えは、一九一六年当時、アフリカに滞在していたセリーヌによってすでに表明されていたのである。幼馴染のシモーヌ・サンチュへ送った手紙において、セリーヌは、愛国主義と拝金主義を結び合わせたユダヤ的なものが跋扈する未来を憂いた王党派のジャーナリストであるユルバン・ゴイエの記事を引用して褒め称えている（Céline 1978：134）。この書簡はサンチュとの戦争をめぐるやりとりのなかに置かれているが、そこにおいて、退役直後にはすでにセリーヌが反戦主義者になっていたこと、さらにそれが反ユダヤ主義に結びついていたことをみてとることができる。このことから、第三共和政下の反ユダヤ主義と結びつけられた資本主義エリート批判が彼らの対独協力への道を開き、それはシステムの最下層に置かれていた彼らのアフリカ時代に醸成された敵意から生まれたと考えることができるのである。

このように、彼らがその社会参入の出発点において同じような経験をもち、それが後年の反ユダヤ主義や対独協力へと結びついていることに異議はあるまい。しかしながら彼らは、反ユダヤ主義に関しては、労働が抽象化された資本主義がその帰結として戦争を呼び込み、そのような現代社会の悪の象徴としてユダヤ人を据えるという図式を共有しているものの、黒人の位置づけ方においては差異をみせる。本節ではそれが当時の言説空間をいかに反映したものであるのか、そして、作家としての両者をいかに分け隔てたのかを考察することにしたい。

ここでナチスの政策の背景にある反ユダヤ主義の図式を再度確認してみよう。ジェフリー・ハーフは戦後のホルクハイマーやナチスが政権の座につく以前のゾンバルドの論考に触れながら、ナチズムの背景となる思想的系譜を追い、ユダヤは、金融資本に代表されるような抽象化した近代資本主義の象徴であるだけではなく、実は同時にある種の後進性を象徴する存在としても扱われていたことを指摘している（Herf 1984 : 132-133）。つまり、こういってよければ、ナチズムのイデオロギーにおいてユダヤは社会的モダンとプリミティヴ、つまりある種の先進性と後進性が同居する奇妙な存在だった。実際、このような図式は、フランスの対独協力作家にもおなじみのものである。例として、ピエール・ドリュ・ラ・ロシェルの小説『ジル（*Gilles*）』（一九四二年版）のユダヤ人観を引いてみよう。

> ユダヤ人の宗教はかなり古風な（archaïque）状態にとどまっている。それはキリスト教、仏教、イスラム教ほど合理化されていないし、人間は原始的（primitifs）であればあるほど夢中になって現代世界に飛び込む。彼らは無防備だ。［…］ユダヤ人たちはユダヤ教会から一挙にソルボンヌに入る。（Drieu la Rochelle 2012 : 927）

本章で論じている二人の作家にとって「プリミティフ」とは、何よりアフリカの象徴として先行して存在しているものである。それはセリーヌの『夜の果てへの旅』における原住民の表象や、アフリカ人をヨーロッパ中世の住人に喩えるドゥメゾンの作品が物語っている。しかしながら、先の引用が示すように、対独協力者であった作家のドリュ・ラ・ロシェルの図式には植民地やアフリカというものが含まれていないにもかかわらず、ユダヤ人の後進性を示すために「アルカイック」と「プリミティフ」という言葉をほぼ同義に使用している。そうなると当然疑問が出てくるだろう。つまり、当時の言説空間にあったユダヤの「後進性」というものは、はたして彼らの反ユダヤ主義にも取り込まれていたのだろうか。またその場合、ユダヤの後進性とアフリカ黒人の後進性はどのような関係性にあったのだろうか。この問題に関して、まずセリーヌは特殊な形でこの二つの「他者」に対する人種主義を消化している。

一九三七年に発表された『虫けらどもをひねりつぶせ』には、その反ユダヤ主義のすべてを網羅したカタログともいうべき性質からか、当然のように二つの「未開」が重ね合わされた姿を読者は目にすることができる。しかしその内容はかなり異様なものだ。

ユダヤの黒人はアーリア人を共産主義やロボット芸術のなかへ転落させ、主観なしの心情に仕立てて、ユダヤ向きの完全な奴隷にすることを図っているところだ（ユダヤ人とは黒人の一種。セム族なんていやしなくてフリーメイソンがでっち上げただけのこと。ユダヤ人は黒人とアジアの蛮族の交配種に他ならない）。［…］太陽と砂漠、なつめ椰子とタムタム太鼓の息子たちだ。（Céline 2018 : 155–156）

たしかにここでは、ユダヤと黒人は同一視されている。しかし、二つの他者は、「タムタム太鼓」で暗示されているような未開性だけではなく、「共産主義やロボット芸術」といった先進性においても同一化されている。さらにユダヤと黒人にとどまらずフランス外部の他者をすべて同一化するセリーヌの手法は一九世紀以来のフランスの反ユダヤ主義や植民地政策の背後で、人種主義を科学的なものへと仕立て上げた学知に対するパロディにほかならず、荒唐無稽な妄想に近いものである。セリーヌの人種主義は、「他者」すべてを同一視するという点において特殊であり、その同一視は、非エリートという立場から、自己と個人的な連帯を感じる者たち以外のすべての他者に向けられたものだ。[5] 実際、さらにこの『虫けらどもをひねりつぶせ』を読み進めると、セリーヌの図式において「ユダヤ」と同一視されているものが「ブルボン朝の王族」、「カトリックの坊主」など際限なく広げられていくのを読者は目にすることになる（Céline 2018 : 242）。つまり、一般に反ユダヤ主義を掲げるアクション・フランセーズ周辺の反共和主義者たちが「フランス性」の起源とするアイデンティティまでをも「ユダヤ」化しており、ジェフリー・ハーフが分析してみせたようなナチスの公式イデロギーとはかなり異なるものである。

一方、一九四二年に発表されたアンドレ・ドゥメゾンの手による反ユダヤの書である『戦いの意味（*Le sens du Conflit*）』では、セリーヌとは異なり、「ユダヤ」と「黒人」を同一化する身振りは一度も垣間見られない。それだけではなく、ナチスの公式イデオローグにみられるような金融資本主義とコミュニスムという両義的な近代性（この指摘はセリーヌにもみられる）をユダヤに見出すことはあっても、当時の人種主義がユダヤの特徴として着せる「後進性」と「先進性」というもう一つの両義性に言及することはない。ドゥメゾンの反ユダヤ主義の言説においては、ユダヤが後進性の象徴となることは一度もないのである。この要因としては、やはり第三共和政時代の植民地で青春時代を過ごしたドゥメゾンの立ち位置が影響していると考えられる。先述したように、ドゥメゾンにとってのアフリカ原住民は共和主義の植民地政策に従って「文明化」の途上にある後進的な人びとであると同時に、独自の叡智をもち宗主国が完全には馴致させることのできない存在でもあった。そしてこの点において、ドゥメゾン自身が「未開」の民と同一化する身振りが作品でみられることは先に指摘したとおりである。つまり、ドゥメゾン自身は、植民地運営のための科学であった植民地文学の旗手となり、植民地帝国の威容を喧伝する一九三一年の植民地博覧会では専門家としてパンフレットを作成し、共和主義の植民地政策の補助的な執行者となる一方で、第三共和政が孕むある種の混沌や矛盾を心のなかに抱えていたといえるだろう。第三共和政においては法の下の平等のもと、公教育が整備され、その延長線上に国家エリートを養成するグラン・ゼコールが位置づけられるようになった。ただし、共和政体制下においても政治学自由学院などの一部のグラン・ゼコールは官立ではなく、国家エリートへの道は必ずしも平等な自由競争によるものではなく、「制限されたメリトクラシー」の性格をもっていたことが指摘されている（Charle 1987：220–225）。このような時代、外国語習得などに人並み外れた能力をみせながらも、植民地で下級社員として働かなければ

［5］セリーヌにとって「トレーヴのラビの息子カール・モルデガイことカール・マルクス」の共産主義はユダヤの発明品ということで（Céline 2018：224）、この虐げられた者たちの名称は「庶民」であって「プロレタリア」ではない。

ならなかったドゥメゾンは、グラン・ゼコールであるパリ中央工芸学校への進学を諦めざるをえなかった「挫折したエリート」だった。彼がその原因としてあげるのは、家族の破産という経済的な理由である。因果関係の真偽のほどはともかくも、戦後パリ解放後の調書においてそのように述べていることから、彼自身はそのような意識を長く抱き続けていたわけである。おそらく、この時点ですでにドゥメゾンは共和国フランスの理念自体の矛盾、またはその背後に別の力学の作用を感じ、それが後年の反ユダヤ主義と結びついていったのではないだろうか。そして、その挫折感が作品に垣間見られる植民地における黒人の側への自己同一を促したのではないかと考えられるのである。

さて、そのようなドゥメゾンが一九四〇年のドイツによるパリ占領による第三共和政の終焉を経て、対独協力のヴィシー政権下において、公営ラジオ局に職を得て局長にまで上り詰めたとき、初めて自分の本当の能力が認められたと感じたのだろう。ユダヤ人が公職から次々と追放されていくなか、自身もその流れに加担し「自己を阻害する現代社会の悪弊」を断ち切ることによって、初めて自己実現を許す環境に身を置いたという、さもしい実感をもっていたのではないか。興味深いことに当時のドゥメゾンは、次の引用が示すように黒人ではなく、別のものに自己を重ね合わせている節がある。

まず彼ら［金融資本の担い手たち］にとってヒトラーは、小男で頭の悪いヘボ画家にすぎない。そんな男がどうやったら自分の国の民たちを熱狂させることができるのであろうか。彼は学位も公職ももたず、父親だって取るに足らない男だった。［…］ヒトラーは貴族の息子でも、外交官の息子でもない。高等師範学校や理工科学校といったグランゼコールの出身者でもない。つまり彼がひとかどの人物になり、成功することなどどだい無理だと思われていたのだ。

そのような蔑視をものともせず、彼はドイツを覚醒することに見事成功した［…］。（Demaison 1942 : 131–132）

つまり、能力をもちつつも非エリートであるというドゥメゾン自身の自己の投影対象が、今度はナチズムの指導者であるヒトラーに変わっているのである。このような内容を公刊してしまうドゥメゾンは、悪質な反ユダヤ主義者、そしてナチズムの信奉者としてその罪を免れる余地がないことは明らかである。しかしながら、メリトクラシーの競争に敗れ、共和主義体制下におけるエリート集団への参入を拒まれたものが、非エリート的な政治指導者に自身のルサンチマンを重ね合わせながら、そこに一種の倒錯した自己実現をみることは珍しいことではない。これはジャック・ドリオの信奉者など、当時の対独協力者たちの中心を構成した下層中産階級においてみられた態度であった（吉澤二〇〇二：一〇三–一〇四）。

さてそうなると、ドゥメゾンの反ユダヤ主義においてアフリカ黒人はどのように位置づけられるのであろうか。『戦いの意味』においてアフリカは、第三部の二番目の章（本全体では第一八章に相当）全体をアフリカに割いている。そこでのアフリカは、金融資本主義ブロック（イギリス・アメリカ・ユダヤ）と国際共産主義ブロック（ソビエト・ユダヤ）に挟まれたブロックの一員として、ヨーロッパの文明（ドイツ・フランス）を守る役割を与えられている。しかしもちろん、そのようなブロックにおいてアフリカ人に対等な地位は与えられてはいない。アフリカにこのようなブロックへの参加を促した後のドゥメゾンの主張に着目してみよう。

> 反対にわれわれがアフリカにかなりの技術的貢献をしなければならないことは言を俟たないのだが、われわれの道徳的な文明による貢献も必要なのである。それがなければ、アフリカはヨーロッパにとっての害毒になってしまうということを私はいくら強調してもしすぎることはないと思うのだ。（Demaison 1942 : 257）

ここでみられるのは、共和主義時代の植民地政策のイデオロギーの再登場である。アフリカはヨーロッパ側の主導により一方的に文明化されるべき存在で、そこにはドゥメゾンが黒人に同一化する余地はもはやない。自立性は奪われ、ヨーロッパの庇護がなければ「害毒」になってしまうような貶められた存在となっている。ここでわかることは、ドゥメゾンにあっては、自身の反エリート主義が同一化する対象が変わった一方で、第三共和政が終焉してもなお、植民地政策に関しては、共和主義時代の原則を遵守、もしくはさらに純化させたものになっている点である。またセリーヌの反ユダヤ主義においても、ユダヤ人と黒人の人種主義的な同一視は、反動主義者のイデオロギーさえもユダヤ的とみなしていることから、必ずしも反ドレフュス主義・反共和主義の系譜を踏襲しているわけではないとことがわかる。両者の反ユダヤ主義の内容は異なるものの、第三共和政時代の植民地において、もう一つの他者であるアフリカ黒人と関わり合いをもった二人の作家の人種主義に着目することによって、反ユダヤ主義を単純な反共和主義的な反動的態度に集約させることに再考を促す契機になったのではないかと思われる。

五　結びにかえて

セリーヌとドゥメゾンそれぞれの思想が、彼らの文学にもたらした影響を考えるとき、その差異が今一度浮き彫りになる。戦後、亡くなるまでの間、二人は呪われた文学者としての憂き目に会い、寂しい晩年を送るが、セリーヌの作品はその死後にフランス文学史において不動の地位を確立している。一方、モーリアックのような作家と同様にアカデミー賞を受賞していたにもかかわらず、ドゥメゾンは現在ほとんどその作品が顧みられることはない。セリーヌの作品の文学史的意義はその文体の革新にある。しかし、彼らの死後の明暗を分けた理由は、本章で分析してきた両者の作家としての性質の違いもまた重要な役割を果たしているように思われる。本章で触れたその反ユダヤ主義の内実が物語るように、セリーヌは徹底的な個人主義者であり、言説の場においてはファシストではなくアナーキストといったほうがよいような立場を示している。しかしながら、彼の黒人表象や反ユダヤ主義が示すように、その個人主義は他者の個人性への徹底的な無関心のうえに成り立っていることも否定できない。それゆえ、他者を集団として名指ししながらも、自分は自らの共同体への帰属意識をもたないという矛盾が生まれ、セリーヌの作品はこのような特異なねじれを糧とした結果、強烈なエネルギーと個性を放つ。セリーヌのアフリカ表象に関しては、サンガ・ウバンギ森林会社の末端社員としての一年足らずの経験は、次の土地への通過点にすぎず、一九二〇年代半ばに国際連盟の要請でアフリカへ派遣されたエリート医師としての経験によって上書きされ、アフリカや黒人を寓話化し、セリーヌ独特の物語世界のなかに回収されていくことになったのであろう。つまり、メリトクラシーを原理とする第三共和政期において、その階梯の底辺にあった商社時代のセリーヌは、その後医学博士号を取得し国連職員として上方の階梯に身を置いた状態でアフリカを再訪することによって、遊戯的とはいえすべてを相対化して同列に並置する視線の権利を獲得したともいえるのかもしれない。

一方、ドゥメゾンの作家としての特異性は、本章でも触れたように、植民地原住民のごとく、アフリカと植民地帝国フランスの論理を二重行政のような形で取り込むことを可能にさせた言語運用能力と共鳴能力にあったといえるだろう。それゆえ、彼の作品のなかで黒人は個人でもあり、集団でもあり、対等な友人でもあり、植民地のレトリックに基づいて搾取する対象でもあるというアンビヴァレントな視点を採用することが可能だった。それが功を奏し、彼は当時の共和主義体制下における植民地行政の勢力圏のなかで、フランス植民地帝国内を探査し精通するための科学たらんとした「植民地文学」の担い手となり、アカデミー・フランセーズ文学賞の受賞が物語るように当時の文学という制度のなかで重要な地位を占めるようになった。このように、その体験と資質から生まれた視角の特異性が非常に大きな役割を果たしていたのである。しかし、彼の作品に個性を与えていたその能力は彼自身の「挫折したエリート」としての自己意識に裏打ちされており、それが結果的に彼の足をすくうことになってしまったと考えられる。文学という制度は、前述したように社会と個のせめぎ合いのなかで成立するものである。ドゥメゾンは、最終的に出発点にあった個としてのこだわりを、さらにアフリカの黒人への独自の視線を捨てたことによって、結果的に文学からも歴史からも放逐されることになってしまったのである。しかし、彼の生き方や作品は彼の生きた第三共和政期の混沌を反映したものであり、第五共和政下の現在のフランス文学史が排除してきたものに今一度視線を送り、その理由を考察することは無意味な作業ではない。そこには、解決するどころか、さらなる火種を生み続けている、現代の共和主義政体自身に内包されている人種主義などの諸矛盾を解きほぐしていくためのヒントがみられることに疑いはないからである。その意味において、ドゥメゾンは、共和国の文学史に美的に回収されてしまいがちなセリーヌ以上に厄介な作家であり続けるのだろう。そもそも美自体、制度的なものであり、文学史にみられるその普遍性に関する言説はまったくのファンタズムとまではいえないが、時代の政治性を免れえないことは否定できないのだから。

◉参考文献

梅木達郎（一九九八）「植民地支配と表象――ゴム取引きの挿話分析」有田英也・富山太佳夫（編）『セリーヌを読む』国書刊行会、一〇七－一三〇頁

平野千果子（二〇〇二）『フランス植民地主義の歴史――奴隷制廃止から植民地帝国の崩壊まで』人文書院

吉澤英樹（二〇〇二）「ニーチェとファシスト――ドリュ・ラ・ロシェル「マルクスに抗するニーチェ」を巡って」『Ａｚｕｒ』三、八五－一一四

Céline, L.-F. (1962). *Voyage au bout de la nuit: Mort à crédit*. Paris: Gallimard.（初版：一九三二年）（セリーヌ・L＝F／生田耕作（訳）（一九九一）『夜の果てへの旅（上）』中央公論社）

Céline, L.-F. (1978). *Lettres et premières écrits d'Afrique 1916–1917* (texte réunis et présenté par J.-P. Dauphin). Paris: Gallimard.

Céline, L.-F. (2018). *Écris controversés*. Dublin: Omnia Verita.（初版：一九三七年）（セリーヌ・L＝F／片山正樹（訳）（二〇〇三）『虫けらどもをひねりつぶせ』国書刊行会）

Charle, C. (1987). *Les Elites de la République 1880–1900*. Paris: Fayard.

Cornevin, R. (1975). André Demaison (1883–1956). In Académie des sciences d'outre-mer, *Homme et Destin: Dictionnaire biographique d'Outre-Mer. (t.1)*, Paris: Académie des sciences d'outre-mer, pp.188–189.

Demaison, A.（1929）. *Diato, Le livre moderne illustré.*（初版：一九三三年）
Demaison, A.（1931a）. *Guide Officiel de l'Exposition Coloniale Internationale de Paris 1931.* Paris: Éditions Mayeux.
Demaison, A.（1931b）. *Diaeli: Le livre de la sagesse noire.* Paris: H. Piazza.
Demaison, A.（1936）. *La vie des Noirs d'Afrique.* Paris: Édition Bourrelier & Cie.
Demaison, A.（1942）. *Le sens du Conflit.* Paris: Flammarion.
Demaison, A.（1944）. *Curriculum Vitae.* In Archives d'André Demaison, directeur de la Radiodiffusion nationale à Vichy d'avril 1942 à janvier 1944（Cotes: F/43/169）, Scellé n°7, ff.27, le 22 septembre 1944. Archives Nationales Pierrefitte sur Seine.
Demaison, A., & Mille, P.（1924）. *La femme et l'homme nu.* Paris: Éditions de France.
Drieu la Rochelle, P.（2012）. *Romans, récits, nouvelles*（publiée sous la direction de J.-F. Louette avec la collaboration de H. Baty-Delalande, J. Hervier et N. Piégay-Gros）. Paris: Gallimard.
Gibault, F.（1985）. *Céline: Délires et persécutions*（*1932-1944*）. Paris: Mercure de France.
Herf, J.（1984）. *Reactionary modernism: Technology, culture, and politics in Weimar and the Third Reich.* Cambridge: Cambridge University Press.（ハーフ・J／中村幹雄・谷口健治・姫岡とし子（訳）（一九九一）『保守革命とモダニズム――ワイマール・第三帝国のテクノロジー・文化・政治』岩波書店）
Kapor, V.（2018）. *Le Grand Prix de littérature coloniale 1921-1938: Lauréat, jugements, controverses,*（*t.1*）*: 1921-1929.* Paris: L'Harmattan.
Le Bail, K.（2008）. Les services artistiques de la radio de Vichy: L'application hasardeuse de la législation antisémite. *Archives Juives, 41*（1）, 59-74.
Le Bail, K.（2016）. *La musique au pas: Être musicien sous l'Occupation.* Paris: CNRS Éditions.
Miller, C. L.（1985）. *Black Darkness: Africanist Discourse in French.* Chicago: The University of Chicago Press.
Péhaut, Y.（2014）. *La doyenne des《Sénégalaises》de Bordeaux: Maurel et H. Prom de 1831 à 1919,*（*t.2*）*: Maurel et H. Prom en Afrique.* Pessac: Presses universitaires de Bordeaux.
Sapiro, G.（1999）. *La guerre des écrivains 1940-1953.* Paris: Fayard.
Seillan, J.-M.（2006）. *Aux sources du roman colonial*（*1863-1914*）*: L'Afrique à la fin de XIXe siècle.* Paris: Éditions Karthala.
Singaravélou, P.（2011）. *Professer l'Empire: Les《Sciences coloniales》en France sous IIIe République.* Paris: Publication de la Sorbonne.

5

交差する視線から浮かび上がる植民地アフリカ

ジョルジュ・シムノンとジョゼフ・ケッセルのルポルタージュ作品から

ラファエル・ランバル
野村昌代（訳）

一　はじめに

「登場人物が自らの発見を通してわれわれに明かしてくれる世界に介入すること」とマルローが定義したように（Viollis 1935：VII）、第三共和政期の初めにジャーナリズムは職業として認められるようになり、なかでもルポルタージュはとりわけ奥の深いジャンルである。ルポルタージュはジョゼフ・ケッセルが「生まれついての旅人」と呼ぶタイプの人びとの、やむにやまれぬ要求に答える。彼らは読者の好奇心に答えるような未知の人びと、文化、社会そして風景を知らしめることを目的として日常から逃れることによって、そのルーチンを破るために旅行をするのである。ルポルタージュはその誕生と発展の時代からアフリカ大陸と密接につながっている。他国の暴力の対象となっていたアフリカ大陸の運命から常に刺激をうけ、それをテストベッドとしてきたのであり、かくして、ルポルタージュはアフリカに対する世界観を作り上げた。植民地時代にあっては、当時隆盛を極めたジャンルであるルポルタージュを象徴する書き手たちが残した紀行文によって、この地は他に類をみないほど「他者」と「他所」を具現する存在であり続けた。考察の対象となりうる著作は数多あるが、本章ではジョルジュ・

シムノン（一九〇三–一九八九）の『「神秘的な」アフリカ（*L'Afrique qu'on dit mystérieuse*）』とジョゼフ・ケッセル（一八九八–一九七九）の『獣道（*La piste fauve*）』を扱う。

この二人のフランス語作家は、両者とも国外の出身であり、常道的にルポルタージュと小説の二重出版を行っていた。ひとたび旅に出れば、そこからルポルタージュと小説がそれぞれ一作または複数書かれ、両者の間に内容的な差異がほとんどないことさえあった。しかし新聞記事の性質上、それが人目に触れるのはほんの束の間にすぎない。そのため今日において彼らはルポライター（ジャーナリスト）としてよりも小説家として大衆によく知られているのである。当時、何百万もの読者を獲得していたという彼らのルポルタージュの成功は、現在ではほとんど知られもせず読まれもしない彼らのルポルタージュを比較分析しようという、ささやかな試みに筆者を導いた。なぜなら、それらは第三共和政期という時代の精神性を喚起するものであり、彼らの小説と同程度にアフリカに関する特定のイメージを伝えるものであるからである。これらのテキストについての知見を深めることは、その完成形態である小説作品を論じるいかなるアプローチにおいても不可欠なものである。

「ジャーナリストにして作家、あるいはトラベル・ライター」というあいまいな身分にあるこの二人の作家は、彼らのルポルタージュを介して『黒檀の大地（*Terre d'ébène*）』を著したアルベール・ロンドルの足跡をたどりつつ、アフリカでの旅行、冒険、調査というこの伝統を受け継ぎ、さらに拡張する。その地を発見することだけでなく、何よりも他の人びとのためにその地を体験することが目的だった。それぞれの旅行中にジャーナリストの眼をとおして、ユゴー（Hugo 2002）に倣った「見聞録」を作家として執筆し、アフリカについての正しい知識は経験から生まれるという観念を例証するテキストを西洋の読者たちに示すのである。人びとの生活、苦しみ、喜び、そして期待を巧妙に描くには、それらを観察するだけでは足りない。何よりも描かれた国々や社会環境にどっぷりと浸ることによって、偏見や価値判断を放棄し、それらを分かち合い、感じなければならないのである。特定の時代のアフリカの一つの歴史とそのイメージを同時にみているかのように思わせる彼らの旅行体験の異色なエクリチュールには、シムノンとケッセルの目的と「黒い大陸」に関する視点の相違がはっきりと認められるのである。すなわち、シムノンは原住民を正当に扱い、彼らの尊厳を守り、ケッセルは人びとと出会い、特別な歴史的瞬間に立ち会いたいという願いに突き動かされていたのだ。

二　白人の支配の終わり

一九三〇年のエチオピアにおける探検旅行を元にした前代未聞のルポルタージュ『奴隷市場（*Marchés d'Esclaves*）』でアラブ人のアフリカ人奴隷キャラバンの実態を明るみに出して成功を収めた後、ジョゼフ・ケッセルは黒いアフリカに戻ってくる。一九五二年の英国王ジョージ四世の死後、ケッセルはケニアでルポルタージュを実現する機会を手にする。大幅な手直しを加えられ内容も充実したものとなった最新のヴァージョンが、『獣道』というタイトルで一九五四年にガリマール社のピエール・ラザレフの「レール・デュ・タン」叢書から出版された。この作品はジョゼフ・ケッセルのルポルタージュ作品では最もページ数が多く、内容も素晴らしい。このルポルタージュの原文は、まず一九五三年の六月三日から二三日まで、日刊紙『フランス・ソワール（*France-Soir*）』に「マウマウ団の国の恐怖の夜（Nuits de terreur au pays des Mau-Mau）」という見出しのもと、一五回分の記事で構成された報道特集の形式で連載されたものと、それに続いて発表された東アフリカ大湖沼地方についての三

図 5-1　ケッセル『奴隷市場』
（Gallica.bnf.fr：Bibliothèque nationale de France）

部に分かれた長編ルポルタージュである。第一部は一九五三年の一〇月九日から一一月一日までの「アフリカの最後の支配者たち（*les Derniers Seigneurs de l'Afrique*）」、第二部は一九五四年一月二四日から二月六日までの「大冒険の最後の開拓者たち（（*les Derniers pionniers de la Grande Aventure*）」、第三部は一九五四年四月二七日から五月一一日までの「ザンジバルの道（*le Chemin de Zanzibar*）」である（Courrière 1986 : 674-690）。

部族蜂起について書かれたルポルタージュのタイトルにあるマウマウ（Mau-Mau）という言葉は、ケニアから西洋人を追い出そうと決意したキクユ族の反乱に由来している。そのため、このテキストについては歴史的、政治的アプローチが可能である。さらに、一九二〇年に起きたシン・フェイン党のアイルランド独立主義者たちの反乱についてケッセルが初めて書いた重要なルポルタージュを思い出させるものでもある。エキゾチックな響きをもつこの言葉には複数の意味合いが授けられており、冒頭からミステリアスな印象をもたらすと同時に、文化的そして歴史的正統性の名において、自国の解放への渇望を暗黙のうちに動機づけするものである。即位直後の英国女王エリザベス二世の将校たちは、武装した植民者や、女王への忠誠を持ち続けたアフリカ人の支援を受けて、反乱を制圧するためにきわめて暴力的な手段に訴えたのである。ケッセルはこの反乱の証人となろうと、さらに彼の冒険をアフリカ大湖沼地方にまで推し進めようとする。

一九六四年にアカデミー・フランセーズに迎えられたケッセルは、そのとき「ルポライターの剣（L'épée du reporter）」という小文で自らの人生におけるルポルタージュの位置を明確にしている（Kessel 2010a : 333-342）。このテキストはまた、多種多様にある旅行文学の一つであるルポルタージュの三つの基本的な構成要素に対応している（Boucharenc 2004）。それはすなわち、情報、自伝、そして個人的なイマジネールあるいはイデオロギーがテキストに余分に付け加わることによる神話である。この三つの構成要素は『獣道』においてもはっきりと認められるものである。この作品は一つの調査であるとともに、個人旅行の経験を紹介しているものでもある。そこではリポーター＝語り手（ケッセル）が継続的に、または同時的な方法で、三つの立場を採用している。すなわち、証人、調査員、そして自伝作家の立場である。これは、作家と語り手と旅行者が同一人物だからである（Tassel 2008：913–929）。

物語は著者のナイロビ到着から始まる。リポーターは、蜂起が実際には単なる暴動を超えたものであることを示そうと試みる。旧首都の面影を残すノーフォーク・ホテルの警備員は、マウマウ団から宿泊客を守るためにここにいるのだ、と答える。ケッセルは、この言葉を口にする彼らの内にある怖れをはっきりとみてとるのである。自分の調査方法に忠実である彼は、日常的な暴虐、その日限りのニュースを脇に置いて、この国を血まみれにしている紛争の主要人物たちと事件に注力する。ロンドンから反植民地主義の戦いを指揮するために帰国したジョモ・ケニアッタの権力奪取や、謎めいた英雄デダン・キマティの物語が著者を魅了する。白人の栽植農園者に伴われて、ケッセルは反乱の舞台となった貧困労働者の居住地区を訪れる。この白人は、二年前にどのように反乱が始まったのかを見ていた。怪しげな密使たちが黒人たちを秘密の集会に連れ込み、牡山羊の角で動物の血を飲むという先祖伝来の黒魔術の儀式に立ち会わせ、そして魔術の儀式の最後に「白人」に対する戦争への参加を宣誓させていたのだった。

ケッセルの眼前で、マウマウ団が避難したあばら屋は施政者の命により破壊される（Weber 2006：125–132）。ナイロビの郊外のマタリ（Mathari）にある、「呪われた」谷とよばれる地では、おぞましい状態のなかで七千人ものキクヨ族が折り重なるように生活している。ひときわ貧しいスラム街を凝縮したような――腐った板、踏み固められた土、藁、水で腐食した金属の破片でできた黙示録風の――光景の広がるマウマウ団の巣房を兵士たちは潰す。息苦しい雰囲気がケッセルを襲う。彼は膨大な情報を直接入手し、この反乱が得体の知れない戦争であることを看取し、それがケニア全土に徐々に広がりつつあることを悟る。ケッセルはそこに大規模な脱植民地運動の萌芽を予感する。「ここかしこ、世界中で、白人によって征服された最も広大で高慢な領域がはじけて、砕け散る。そして、かつては列強のなかで最も強力であったイギリスはすでに列強のなかにも入っていない」（Kessel 2010a：289）。

彼は「二つの声（*Les deux voix*）」という第九章のタイトルを構成する弁証法的方法によって、ここで確認された事実を立証しようと試みる。この章はマウマウ団の危機についての調査で終わる。ケッセルは、植民者と大英帝国の代表者、さらに肌の色で分かたれた白人と黒人の激しい真っ向からの対立を、彼らの声を借りながら、対話の形で要約し、相対して議論を交わさせる副次的な物語として提示している。もっともこの対立は、両者の共生に対する良心的な意志から到来するかもしれない未来を告げる総括によって超克されることになる。つまり、「[…]お互いの話に耳を傾けなければならない。絞首台を使うのではなく。そうでなければ、明日のアフリカは、マウマウ団の手に渡り、彼らの血塗られた牡山羊の角に委ねられることになってしまう」のである(Kessel 1954 : 84)。

しかしながら、このヒューリスティックなアプローチは、洞察力に長けた慧眼の読者に対して、紛争の解決方法に含まれるケッセルの偏見を露わにしてしまう。それこそが彼のルポルタージュにおけるイデオロギー的かつ主観的な側面を強調するものなのである。彼の主観性はマウマウ団の危機についての自身の個人的な観察と分析をとおしてうかがい知れる。彼の視線は、中立的で客観的なリポーターの視線とは程遠く、むしろ一九五〇年代にイギリスの支配下にあったアフリカを旅行する特権階級のフランス人のそれである。彼はマウマウ団の問題をディエンビエンフーの敗北(一九五三-五四)のまさにそのときに、そして宿敵のイギリスが難局にあるそのときにもかかわらず、平和ボケした時代のフランスの視点から取り上げているのだ。インドシナからのフランスの敗退と進行中のアルジェリア戦争などルポルタージュの格好の題材となりうる二つの重大な事件に関する彼の沈黙は、作家が囚われていた偏見を雄弁に物語るとともに、彼の人生の道行きを解き明かしてくれるものでもあろう。

ユダヤ系ロシア人でありながら、両親がユダヤ人迫害から逃れるためにフランスに最終的に移住する前の亡命先であったアルゼンチンで生まれたジョゼフ・ケッセル(一八九八-一九七九)は、心の奥底からフランス人であった。第一次世界大戦時には航空隊で参戦し、一九二〇年にフランス国籍を取得した。一九二三年には自らが航空兵だったときの経験を描いた小説『搭乗員(*L'Équipage*)』を著し、たちまちこの作品は成功を収めた。戦争の末期には、彼にとって冒険と文学を両立させる唯一の方法であったルポライター(ジャーナリズム)と小説家という二重のキャリアを築いていた。第二次世界大戦中、ド=ゴール将軍の自由フランス空軍に参戦した作家の経験と、世界中を旅した経験は、八〇作（物語《レシ》、小説、ルポルタージュ）に及ぶ彼の豊かな大作品群の素材となった。彼にルポルタージュ作品『奴隷市場』を着想させ、さらにのちの小説作品である『加速帆（*Fortune carrée*）』の素材となった一九三〇年の紅海での滞在と同様に、マウマウ団の危機についてもケッセルは客観的になる努力をしているにもかかわらず、自分を消すどころか時代の証人として事件を語る。ケッセル自身がテキストに現前しているのである。一人称で書き、彼が見たもの、知っていることを書き、そしてアフリカと黒人についてのヨーロッパ的イマジネールを再活性させる出来事についての個人的な観念を描く。そして、最終的に西洋人のアフリカ旅行に対して疑問を投げかけるのである。

三　スタンレーの足跡を追って

マウマウ団危機についての調査が終わりを告げると『獣道』は、一九世紀の冒険者・探検者のヘンリー＝モートン・スタンレーの足跡をたどるためとでもいわんばかりに、赤道アフリカまで足をのばす大旅行の主人公としてのケッセルによる自伝的な物語《レシ》となる。実際、旅行と文学の間に何世紀にもわたって紡がれた絆は非常に強い。神話の部分を形成するのはルポルタージュ紀行においては何よりリポーターの人物である。それは探検冒険者の化身であるスタンレーをモデルとするのが常である[1]（Van Reybrouck 2012：47–75）。南北戦争（アメリカ合衆国）時に戦争特派員であったスタンレーは、一八四七年から一八七七年まで『ニューヨーク・ヘラルド・トリビューン（*New York Herald Tribune*）』紙のために、失踪した医師リヴィングストンを探してアフリカ中を旅した。アフリカにおける自身の経験から、『謎の大陸を巡って（*À travers le continent mystérieux*）』と題された作品を書き、この本はアフリカについての

［1］特に「新しい精神（*Nouveaux esprits*）」と題された章を参照。そこで著者はスタンレーのアフリカにおける二回の旅行（一八七四年–一八七七年、そして一八七九年–一八八四年）について見事な分析を行っている。

イマジネール（異国趣味）の供給源として原型テキストとなるのである。資料を読んでルポルタージュを書いていたケッセルは、しばしばスタンレーの冒険を仄めかしている。

『獣道』で、「驚異への道の上で（*sur la route des merveilles*）」という明確なタイトルを付けて語られるこの旅における波乱の数々は、多様な輸送手段（自動車、船、いかだ）を通じて見えてくる。白人とその文明にいまだ支配されていないジャングルと未開社会的性格という意味を付与された「野獣の道」を通って、アフリカの真ん中で未知へと導くこの旅は、新しい出会いを告げる。「ケニア山の雪から届くすがすがしくかぐわしい風が、昨夜のにわか雨でぐしゃぐしゃになった獣道の上を跳ねたり踊ったりしているオープンカーの上を吹き流していた」（Kessel 1954：71）。

物語の最終部のテキスト外に付された地図によって、読者はリポーターの旅行道程を空間的に追うこと、そして特に物語の筋の展開の背景を捉えることができる。アフリカの地名（ナイロビ、モンバッサ、ダルエスサラーム他）に、思いもよらない刺激的な出来事や冒険を予告するエキゾチックな紋切り型の表現が付け加わる。これらの地名が、エキゾチックで不可思議で伝説的な空間と結びつき、ヒロイズムを生み出す。アフリカの豊かな自然を思い描かせる描写と危険との闘いにある生活の描写の間で、探検者の筆致は、たしかに探検者にすでに認められている美徳（男らしさ、武勲、等々）を掻き立てるが、この美徳は形成途上にあるもう一つの神話の形成に参加するものでもある。すなわちリポーター自身の神話である。『獣道』において表された遠く離れた国々のこのような情報は、しばしば異常なとか、前代未聞とか、超自然的、逆説的といった観点から扱われているが、多くの自伝的な要素をこだまさせているのである。

ルポルタージュの文学が興味深いものであるとすれば、それはおそらく、他所と他者性との接触を演出するからであろう。他者と他所は省察に不可欠であり、その意味において、自己の構築に必要なものである。『獣道』において、冒険は異国趣味と一部結びついているし、行動するという欲望は逃亡するという欲望と両立するものである。まさにケッセルの分身である語り手が発見する他者と他所は、説明的記述と肖像的描写が支配する語りにおいて読まれるべきものである。すなわち、場所、住民、風習の描写である。この作品を読むと、アフリカに関するある種のイデオロギーとイメージが与えられる。すなわち、野生的で永遠のアフリカ、人類の原初の無垢を喚起するアフリカ、人間が手なづけ飼いならすことのできないアフリカである。それらの描写はポートレートであるとともに自分たちとの差異において他者を提示する試みにもなっている。ルポルタージュはそれ以降、訪れた地域に居住する種々さまざまな人びとに向けられる民族学的な視線のもと、身体的特徴や身なりについての描写だけではく、彼らの慣習や民族衣装、イニシエーションの儀式や生活様式まで紹介するようになっていく。『獣道』においてケッセルは、アフリカの美しさと野生的で原初的な力を賛美する。すなわち、自然のなかで生きる身体の完璧さ、戦闘、この世の終わりまで変わることのない、完璧な秩序を乱しうるあらゆる外部からの要素をも免れた野生の生活である。ヨーロッパの植民地支配者によって課された規則を拒否しながら、いまだなお移動住民であるアフリカの価値観や伝統を、ケッセルは称える。彼が出会った人びと（マサイ族、ワツチ族他）の肖像の数々から浮かび上がるものは、貧困ではなく、彼らの気品、彼らの尊厳と基本的な自由である。彼らは、抵抗することができ、他のもう一つの文明と接触しても自らを危うくすることとなく、彼ら自身であり続けることができた人びとである。しかし、ケッセルの物語においても、あたかもそれが集団に内在するかのように、特徴というものを個人にではなく、民族集団にあるとみなす本質主義的言説があちこちに顕れている（Kessel 1954 : 160-187）。今日、この言説が長い間文学のなかに脱構築されないままあり、一九九四年にルワンダで起きた集団殺戮のイデオロギー的原因の一つであることをわたしたちは知っている。

ケッセルは、ケニアやルワンダで出会った原住民の人びとが彼に対して及ぼした影響や魅了をたびたび認識していた。彼はまた、彼のリポーターという職業における決定的な精神的傾向を自分がもっていると考えていた。それは耳を傾けて、注意深く創造的な存在たらんとする努力によって手に入れた偏見をもたない態度と、多様性に対してみずからを開くことを可能にさせる感嘆する能力である。ルポルタージュのなかに挿入された自伝的な部分には情動的な強度が見受けられる。このことは、たとえば、幾多の伝説によって理想化された神秘と秘蹟を刻印された場所であるナイル川の水源を発見したくだりなどにみられるものだ。親和的な雰囲気のなかで、ケッセルは目覚め始める自然の素晴らしさを眼前にして、アフリカの霊魂信仰にたどり着く。

[…] わたしは、前夜から、それぞれが生成しているように思われた華麗な自然が、休むことも終わることもなく刷新され、増幅され、際立たされている壮麗さのこの頂点が、永遠の美の尽きることのないこの資源が、それ自身神々の地位と権力をもっているような気がしていた。(Kessel 1954 : 216)

このように『獣道』に表れるアフリカは、五〇年代にある一人の作家(ケッセル)によって発見された、楽園のような大陸である。ケッセルは第二次世界大戦のトラウマを被り、アフリカを西洋社会の重力から遠く離れた自由の大地のようにみなしていた作家の世代に含まれる。彼の紀行文は、美学的な点で秀でている。それは、自然と調和し、何百年にもわたる伝統に従って生きられた存在を示している。しかしアフリカのこのような視点やイメージ、ヨーロッパによって捏造された白人読者の期待の地平を満たすためのイデオロギーは、今日の批評に耐えうるものではない。ケッセルの異国趣味的視線は、「他者」については純粋に外在的なものとしてとどまらせ、その表象においては、この「他者」をまさに除外し、異国的であるという位置に陥らせてしまう。[2] エキゾチシズムを取り去り、アフリカの現実を間近に内側から眺める視線の欠如は、まったく残念なことに、単純化を強化してしまっている。これはサハラ以南のアフリカについて詳しい知識を得るには役に立つかもしれないが、現実を矮小化するステレオタイプの流布に寄与することにもなるのである。

四　アフリカの自然がもつ再生効果

アフリカ大湖沼地方おけるケッセルの冒険は、遥かな国への旅行がもつ再生効果を明らかにした。この冒険は、著者に自然環境の多様性と広大さを発見し愛することを教えた。公園の異国趣味的な空間は、ケッセルには幸福の特権的な場所のように感じとられる。彼はアフリカの自然に見とれ、その鎮静作用が彼を瞑想に仕向けるのである。

夜が明けるときに、太陽はキリマンジャロの高い稜線に斜めにあたり、オーロラの柔らかな熾火を万年雪の上に出現させていた。そしてまだ薄暗がりに沈んでいる水源に向かって、すでにレイヨウ、シマウマ、水牛の小さな群れから大群団までが集まってきていた。そのときこそ、人がその運命に感謝をするべき一つの瞬間なのだ。

（Kessel 1954：307）

そしてその風景と自然の生活のさまざまな形態に敏感なリポーターの内に、情緒的調和が居を定める。高原の風景のような野性的自然は、強力な磁力と魔法のようなエネルギーを発し、これらの力が呪術に近い興奮状態にリポーターを陥れ、自然を聖なるものとみなさせる[3]（Tassel 1997：305–329）。このエキゾチックな野生の風景だけがリポーターに神秘的高揚を抱かせ、精神性に満ちた自然の力と彼を一体化させるのである。神聖な光輝のイメージを与える自然保護区の描写は、大げさな言葉と視覚的認識によって誘発された美的、精神的情感を表現する言葉にあふれている。この超越性、すなわち地球の神性の認知には一瞬の自己喪失や眩暈の感覚が伴う。この感情は宗教的感情よりも、

［2］著名なルポルタージュ雑誌『ナショナル・ジオグラフィック（*National Geographic*）』の最新紙面は、この類のイデオロギー的欺瞞への断罪がみられる。「民族」をテーマとした二〇一八年四月号の予告の折に、この雑誌の編集長スーザン・ゴールドバーグは、一九七〇年代までこの雑誌が差別的世界観を展開していたことを悔悟している。

［3］特に「英雄的な倫理の冒険、または形成（*L'aventure ou l'émergence d'une éthique héroïque*）」と題された第一二章を参照。著者はそこで、ケッセル作品における重大な構成要素としての自然の啓示についての適切な分析を行っている。

魂と精神生活を与えられた自然的要素へのアニミスト的な崇拝を表している。長い旅の後、体と精神の試練の連続を乗り越えた後にしか到達することのできない神聖のために選ばれた土地であるこの地方が、ケッセルのイマジネールを養った。これらの土地のビジョンは彼に強い至福感を与え、神秘的な一体感に近い「法悦」を知らしめたのである。『獣道』はケッセルのアフリカに対する真の情熱を証言する。「このケニア旅行は本当にわたしに影響を及ぼした。それはおそらくわたしが経験した最も素晴らしい冒険だった」(Courrière 1986 : 688) とケッセルはクローディーヌ・ショネーズに言うことになる。この冒険が視野に収めている分野の多様性をみれば、彼の旅の根本的な動機がどのようなものかわかるだろう。つまりそれは、調査と逃避の欲求であり、未知なるものに感じる愛着であり、危険への嗜好であり、自由の征服であり、栄光の探求なのである。この冒険は探検と旅行の両方の要素を併せ持つ。謎に満ちた未踏地域の調査、イニシエーションの探索、他所者を受けつけない遠方地域での任務、それらはジョルジュ・シムノンが二〇年ほど前、一九三三年にまったく異なる逆の視点から提示していたものだった。

五　シムノン――アフリカに関する物語の迷蒙を打破する人

なにより探検への嗜好に誘われ、冒険家のルポライターとしてアフリカに来たケッセルとは違って、シムノンは単に彼自身の好奇心を満足させ、資金を調達するためにアフリカを旅してルポルタージュを書いている。

［…］わたしは新聞のためにではなく、自分のためにこれらのルポルタージュをしていました。世界を発見したかった。人間はある場所と別の場所ではどう違うか知りたかったのです。そこで、イスタンブールで六か月間生活するとか、ガラパゴス諸島に旅立つとか、赤道アフリカを横断するとかいう計画を立てていました。そして出

発する段になって、編集長をしている友人をみつけて、彼にこう言ったものでした。「わたしは来週こんな旅に出るのですが、旅行記事を一ダースほどいかがですか？　これこれくらいの原稿料で」[4]。(Simenon 2001：24)

というわけで、彼はいつも「優れたルポルタージュなんて、わたしの好奇心の資金を調達する方法というだけですよ」(Simenon 2001：24) と言うようになるのである。しかし一級のルポルタージュに対するシムノンの関心はもっと深い動機に根差したものだ。彼が自分に認めた唯一の天職は小説家だった。ルポルタージュは、その職業のための暫定的な実践として役立ったのである。大衆と同業者に認められ名声を確立したシムノンは、不朽の推理小説メグレ警部シリーズを世に送り出したことによって、単なる推理小説の書き手とみなされ、不当な扱いを受けはするものの、二百もの小説を書き、数え切れないほどの翻訳が出版され、映画化・テレビ化までされた無二のフランス語系ベルギー人作家である[5]。彼は常に小説家であること、それ以外の何者でもないことを望んでいた。小説家だけが彼が承認し、要求した唯一の肩書きだった (Assouline 1992)。しかし、世界中にいる何百万人もの彼の読者たちの大半がそのことを知らなかったにもかかわらず、シムノンはジャーナリストの魂をもち、そのルポルタージュは数多くの場面と登場人物に関する材料を彼にもたらしていたのである。

図 5-2　コンゴを旅行中のシムノン
(*Magazine littéraire*, n° 107, 1975)

[4] フランシス・ラカサンによる序文 (Simenon 2001：24)。

彼は非常に若くして（一六歳）、リエージュではカトリック系で最も保守的な『ガゼット・ド・リエージュ（*Gazette de Liège*）』紙でジャーナリストとしてのキャリアを始めた。一九二二年にパリに移住し、すぐに作家として身を立てるようになった。金銭づくであけすけな小話は『フルフル（*Frou-Frou*）』、『パリ・フラート（*Paris-Flirt*）』、『サン・ジェーヌ（*Sans Gêne*）』といった風俗雑誌に掲載し、短編小説は『ル・マタン（*Le Matin*）』、『プティ・ジュルナル（*Le Petit Journal*）』、『マリアンヌ（*Marianne*）』、『パリ・ソワール（*Paris-Soir*）』などの新聞紙上で執筆し、長編小説は人気の叢書を抱えるファイヤール社、ガリマール社、タランディエ社、フェレンツィ社などの出版社から刊行した。たちまち多くの収入を得て、彼はパリで開かれるあらゆるパーティーに登場し、ジョゼフィン・ベーカーとも恋仲となり、自分のクルーザー、ロストロゴット号でヨーロッパ中を巡行したのである。

しかし人気作家の影には、ルポライター＝ジャーナリストが今も生きている。暮らし向きにゆとりができ、時機を得て旅行をいくつも企てる見通しが立つやいなや、シムノンはルポルタージュという形で旅を活用することを習慣化していった。その一例が一九三二年夏のアフリカ旅行であり、そこから生まれたのが雑誌『ヴォワラ（*Voilà*）』から注文を受けたルポルタージュ『ニグロの時代（*L'heure du nègre*）』と『「神秘的な」アフリカ』である。この副次的作品――二流の作品といっているのではない――はこの作家の小説作品に先立つものではあるが、伴奏のような形で小説作品を豊かなものにしている。というのはシムノンにおいてルポルタージュと小説の間に完璧な分離はなく、彼のインスピレーションは背景としている時代の現実にぴったりとあてはまり、創作の真実味を高めるのである。ルポルタージュ『ニグロの時代』は翌年『月の一撃（*Le Coup de lune*）』（一九三三年）というタイトルで、同じ材料を使いながらもわずかにフィクション化された小説として出版された。かくして当然のことにも、一九三四年五月にはリーブルヴィル（ガボン）のホテルの主人が登場人物の一人を自分のことであるとして、シムノンを相手に起訴を起こした。結果は原告の負けであった。ルポルタージュ『「神秘的な」アフリカ』は、シムノンが反植民地主義者の頂点に立つという、それまで知られていなかった彼の一面を明らかにするものだった。シムノンはそれまでいかなる政治的、あるいはイデオロギー的主義主張を擁護したことがなかったからだ。しかし、そのアフリカにおける経験から、またアフリカで植民地主義がもたらしたものを前にして、このルポライター＝ジャーナリストは苦しむ人びとと連帯する人になり、アフリカについての紀行文に対する間違いを正し、すぐれた啓蒙者となった。

『「神秘的な」アフリカ』という彼のルポルタージュのタイトルのなかには、皮肉と異議申し立てがはっきりと表されている。スタンレーの著作『神秘的な大陸を渡って』の思想的基盤を根本的に再検討することを要求しているのである。当時のアフリカに関する西洋のイマジネールの本質はその書物に根源をもつ。エルジェのバンド・デシネ「タンタンの冒険」シリーズの第二巻『タンタンのコンゴ探検（*Tintin au Congo*）』（一九三一年）は、まさに黒い大陸について当時のヨーロッパ人たちの頭の中にあるイメージを完璧に例証している。この偏見の時代を生きたエルジェは、彼自身コンゴについて後にこう述べている。「わたしは当時コンゴについて人びとが語っていること、「黒人たちは大きな子どもだ、幸いにもわたしたちはここにいる！」、それしかこの国については知らなかったのです。そしてこの

［5］二〇一五年、ベルギー人作家パトリック・ロジエは、ガリマール社から『もう一人のシムノン（*L'Autre Simenon*）』と題された小説を出版した。その作品は、ジョルジュ・シムノンの専門家の間で論争と動揺を引き起こした。この作品は作家のジョルジュ・シムノンの弟であり、レクス（ＲＥＸ）という親ヒトラーでベルギー極右カトリック党のメンバーであるクリスチアン・シムノンの伝記小説である。シムノンがけっして話すことのなかった、厄介者で戦争犯罪者であるこのファシストの弟の物語から、ロジエは対独協力者として浮かび上がる作家シムノンの肖像を描き出す。実際、ドイツによる占領時代に、シムノンはのっぴきならない日和見主義と恐るべき如才なさを発揮している。彼はドイツ軍の支配下にあるヴァンデ地方で妻と愛人とともに閑暇と逸楽の日々を送り、そこにドイツ国防軍の将校たちを迎えていた。シムノンは戦争以前よりも多くの収入を得て、その時期に当時最も多い、五作の作品が映画化された作家であった。ドイツとつながりの強い制作会社コンチネンタルに五〇万フランでメグレの映画化の独占的権利を売却していた。フランス、ベルギー解放のときには、激しく脅かされ、命の危険を恐れた。彼の名の追放の案件が持ち上がったが、起訴には至らなかった。支援者のおかげで奇跡的に急場をしのいだが、これを機にシムノンはヨーロッパを去ることを決心し、アメリカに新しい境地を求めた。しかし一〇年後（一九五五年）にヨーロッパに戻り、ローザンヌ（スイス）に定住し、一九八九年に生涯をそこで終えた。

ような基準に従って、わたしはこのアフリカ人たちを描いたのです。そのころのベルギーの時代精神であった純粋な温情主義のもとに」(Girard 2012)。シムノンのルポルタージュでは、同胞のエルジェとまったく反対のことを行っている。たしかにシムノンは読者をアフリカについてのある真実を発見することに誘っているが、それは信じ込まれていることをひっくり返すようなもう一つの真実である。

もちろん、みなさんは、わたしのように、一三歳や一四歳の頃は、息をはずませ大喜びのわたしたちを、蛇や水牛や象やパンサーや人食い人種が動物公園と同じくらい出てくる風景に連れて行ってくれる冒険物語のすべてを読んだことでしょう。おそらくその後には、アフリカの奥地へと分け入った最初の旅行者たちの書いたとびっきりシリアスな話を読みたいという好奇心をもったこともあるでしょう。それに黒い大陸やその神秘をわたしたちに明かしてくれそうなタイトルの映画を三つか四つ、いや、それ以上あなたが続けざまに見たのはそんなに前のことではないでしょう。(Simenon 2001 : 421)

この逆説的な旅への誘いはシムノンお気に入りの本題への導入部の一つである。シムノンは彼のアフリカに関するルポルタージュを、ジャーナリズムや本や映画が吹聴するあらゆるイメージをきっちり否認するように構成しているのである。どのルポルタージュのなかでも繰り返しを恐れない。この暴露的舞台装置は多くの場合、言説と事実、伝説と真実、見た目と現実、そして可視的なものと人に気づかれないものの間にある隔たりを知らせることを目指す啓蒙になっていく。

神秘的なアフリカ？　たぶんね！　しかしちっとも冒険小説風ではないのですよ。アフリカはわたしが忘れてしまった別の時代の最後の証人のようなものだから神秘的なのです。人間たちが他になんの心配もすることなく大地の上に、乞食の頭についている虱のように生きていた時代のね。そこでわたしたちは、彼らはなぜ無関心なのか、なぜ子どものような笑い声をあげるのか、なぜ突然怒ったりするのか説明しようとしているのです。わたしたちは彼らと議論をしても、理解不可能な言語を使い、取り違えているのは自分たちの方であることに気づいていません。（Simenon 2001：435-436）

シムノンはマイナーとみなされているジャンル（ルポルタージュ）を実践した。マイナーというのは、大衆的（ジャーナリズム）であるにもかかわらず、アフリカ人の「前論理の心性」（レヴィ・ブリュル 一九九一：九四）を描写するのに何章も費やす科学的または人類学的とのたまう書籍において述べられている思想や概念に反論しているからである。たしかに彼のテキストは、似非科学によって助長された、紋切型で偏見に満ちた大衆文化のなかで伝わっている植民地主義を批判する反植民地主義的なものである。右に引用した部分が示すように、彼のルポルタージュは反植民地的言説やパロディーを意図的に利用したものであるとはいえ、野生のアフリカと遅れたアフリカ人たちについて型通りの考えを多く含んだままである。どの場合でも、そしてたとえ原住民を称えるためであっても、原住民は白人の陰画として表現されるのであり、根本的に別種の存在として考えられ（「別の時代の最後の証人」）、常に未開人や子どものように扱われている（「子どものような笑い」）からである。それは有名な黄色のココア缶に描かれたシェシア帽をかぶって笑っている原住民歩兵のセリフ「バナニア、おいちーヨ（y a bon Banania）」を思い起こさせるイメージだ。

六　エキゾチシズムの崩壊

これらのルポルタージュにおいて、人目を引く観光広告のヴァリエーションのようなエキゾチシズムと植民地主義に対するシムノンの批判には説得力がある。シムノンが、遠く離れていること、知識がないこと――または観光宣伝――によってエキゾティックだとみなされている黒いアフリカの国々を紹介しようとヨーロッパを旅立ったとき、それはまさしくその地方のあるべき姿ではなく、あるがままの姿を見に行くためだった。彼はすでにアフリカにも到来していた近代性が冒険を台無しにしてしまい、アフリカがいまだに野生であることを信じている西洋人は何世紀も遅れていることを示している。距離というものは、一九世紀のように横断されるものではなく、現代の飛行機という輸送手段のおかげで上空を飛んで渡るものであるからである。そこから生み出されたのはスモーキングジャケットを着た旅行者としての新しい冒険家であり、彼らがアフリカで訪れたであろうとされる場所についての皮相的でいい加減なうえに無価値な知識である。彼らは旅の合間の寄港地で見聞したことをさっと描写して済ましてしまう。そこでの滞在はとても快適だ。黒人奴隷のポーターは自動車に、原住民の食べ物はヨーロッパ式の食事に取って代わる。ジョゼフ・ケッセルによって『獣道』で見事に描かれた猛獣狩りの情景は仮装行列になってしまった。ケッセルも描いた猛獣の絶え間ない脅威にさらされた奥地での生活については、シムノンは含みをもたせ、それほどの重要さを与えない。「野獣はけっして襲ってはきませんよ！　サバンナでもジャングルでも二〇年間一匹も見かけずに散歩をすることだってあるでしょう。とはいっても、あなたはいつでも彼らのすぐそばを通っているのですですが」（Simenon 2001：425）。

この皮肉で辛辣な文体は二重に合目的である。シムノンは一方で映画や伝説によって流布された決まり文句を打ち壊そうとしている。

あなたたちは誰でもがチラシや新聞で次のような文を読んだことがあるでしょう。「この映画はたいへんな危険を冒して、それこそ人並み外れた労苦を経て撮影されたものなのです。おまけに、黒人が一人食べられてしまい……などなど、」。

ところでわたしは少なくとも二つの映画の舞台の一部になった場所を訪れて写真を撮りました。立派な道路を通ってそこへ到着すると、ベルギー政府を代表する二人の魅力的な男性によって迎えられました。(Simenon 2001：426)

他方で、シムノンは小説や映画でできあがった黒人奴隷のイメージを壊したいと思っている。

まだ黒人たちのことは話していませんでしたね。彼らも小説や映画に登場する黒人たちとは別格の存在になりたいなどという邪な心をもつようになるのでしょうか？　結局、わたしたちは何を聞かされたのでしょう。たしかに、わたしたちはきわめて奇妙でひどくエロチックなダンスの話を聞きました。人食いのこと、隠された社会のことを聞きました。そして最後に森に隠れている人を寄せ付けないピグミーたちの話を聞きました。[…]わたしは彼らを心ゆくまでたっぷり見たし、あらゆるアングルから写真に撮りました。つまりわたしがいいたいのは、それらすべてはまったく容易に運んだということなのです。(Simenon 2001：359)

現実は想像とはかなり違うことを示すこの二節を通して、エキゾチシズムを日常に、人為を真実に、センセーショナルなことを月並みなことに戻そうとするシムノンの意志をはっきりとみてとることができる。かくして、一部の人は偉業とみなすような行為も、極力飾りを取り去った等身大なものに置き直されている。そうなると、英雄的または風変わりな登場人物を演じる役者たちも平凡な存在にまで引き下げられる。

シムノンのルポルタージュは、植民地当局がアフリカ人を保護下に置く正当性を強化し、合法化するために、(小説、ジャーナリズム、映画などの) 表象という手段によってアフリカとアフリカ人を組織的に過小評価していることを余すところなく伝えている。一九八〇年代の初めから、ミシェル・フーコーによって提唱された、学問と権力の関係の分析モデルに基づいた重要な研究の一群が、帝国主義と植民地主義の便に供された学識（民族学と特に人類学）の責任を明らかにした。このモデルはその後エドワード・サイードによって、ヨーロッパ帝国主義の補助的科学としてのオリエンタリズムを研究し説明するための解釈の方法として利用された[6]（Saïd 1980）。実際、地球上の他の世界との関係において、西洋は自らを「理性」、「文明」、「普遍」、「人間主義」を体現する独自性をもつものとして自己定義した。仮に西洋が、「他者」との出会いにおいて文化的相対主義を認めるのであれば、それはより高位にあると判断される彼らの文化に、下位にあると判断される他の文化——特に植民地世界の文化——が同調することをより巧みに要求するためである。植民地主義時代、ルポルタージュは西洋とアフリカの関係の歴史と共に歩んだ。そしてそれ以降、劣等性を本質主義的に付与された「他者」の姿の活用法の確立へ勤しむ植民地的知という性質を帯び始める。エドワード・サイードがみたように、この目論みは一方向的な進め方であり、不平等で非対称的な出会いであり、支配の象徴的表現またはその権力の知識人的な表現であるかのようにみなされるうる。シムノンのルポルタージュ群は、たしかに本質的には外国の文化に対する好奇心が動機となって書かれている。「真裸の人間の探求」と彼はいう。それは人びとの目から彼を隠しているものをすっかり取り除いた姿だ。ありのままの人間の姿であり、抑圧、搾取、疎外によってそうあるよう強いられている人間の姿ではない。しかし彼のルポルタージュにおいて、アフリカは背景でしかなく、彼が決して発言させることのない原住民たちは、彼がいくばくかの温情主義によってその尊厳を擁護する単なる端役である。それは、彼らの身動きを封じ、アフリカの文化的な局在性を誇張する危険をはらんでいる。

七　万人に平等の尊厳と公正

人間の尊厳とは、実際、シムノンのルポルタージュの要点である。その人間の尊厳を、シムノンは西洋文明に特有のブルジョワ的人間主義のなかに閉じ込めることがない。彼はそれをあまねく人間に広げ、その唯一の特徴が彼の探求の目的を構成する。

> ルポタージュはわたしにとって常に探求を続ける一つの方法であり、要するにわたしはその探求に取りつかれているわけなのです。わたしのルポルタージュはルポルタージュではなく、真裸の人間の探求なのです。すなわち、本当にありのままの人間の探求です。わたしが最も心を砕いたのはピトレスクなものの背後に隠されている人間という存在を発見することでした。（Simenon 2001：356）

かくして彼にとっては、エキゾチシズム——背景の変化を人為的に強調すること——、不平等を作る植民地主義、つまり差異やカテゴリーを生み出すすべての社会的偏見を捨象すれば、人間に共通する定義にたどりつくことになる。彼の職業的な思考方法は、よく知られている彼自身の反植民地主義的信条に動機づけられている。というのも彼は以下のように述べているからだ。「英国であろうとフランスであろうとベルギーのそれであろうと、植民地主義というものは人間の蔑視であり、今日いまだにあちらこちらにみられる人種差別と同じものであると常々わたしは思っていました」（Simenon 2001：359）。彼のルポルタージュ『「神秘的な」アフリカ』は、人間の尊厳のほうにより敬意を払った、新たなアフリカのイメージを与えるためのシムノンの戦いという特徴をもっている。アフリカの広大な大陸を鑑みて、このイメージは変化に富むものであり、複雑であり、その結果、より真実に近い。だが、シムノンはこれらを知的誠実さから暫定的なものとみなし、自分だけが表象を独占しているわけではないといっている。「アフリカの真実の姿？　そんなことは申しません。アフリカはたくさんありすぎます」（Simenon 2001：359）。シムノンにとって、アフリカは重層的であり、固まったものではなく、進化しているものである。

［6］フランス語訳版の副題——『西洋によって創られた東洋（*L'Orient créé par l'Occident*）』——は示唆的である。

進化はアフリカでも他の場所でも同じようにみられます。当局は乾いた土とバナナの木の葉でできた原住民の小屋を、波型の板金の屋根のついた煉瓦でできた家に建て替えます。黒人はカーキ色のズボンとシャツを着ています。都市では、彼らのなかにも弁護士がいて、ある白人が横暴だという印象を受けると、その白人を訴えるために国際連盟に手紙を書く者もいます。多くの場所で、彼らには投票権があります。(Simenon 2001 : 437)

このようにシムノンはいくばくかの温情主義の入り混じった、偽りのない歓喜をもって進化を確認する。そこから彼は、植民地主義とその帰結であるエキゾチシズムの時代は今後決定的な転換点を迎えるのではないかという予感を抱く。植民地における学校教育政策は、実際、教育を受けた原住民のエリートたちを組織するに至った。彼らは後に植民者と競争するために、学校を武器として利用しようとし、さらには植民者に反抗することになる。このエリートたちは異議申し立て者として解放運動の発端となり、この運動は一九五五年バンドン会議において、あらゆる植民地支配の徹底的な批判を表明することになる。植民地での不正を告発することと、西洋列強国のナショナリズムと競争するナショナリズムを表明することとの間に線を引くことは難しいからだ。そのうえそれは、西洋型の教育と人間の権利の普遍性に基づいた自由主義理論によって培われた、来るべき第三世界闘争において広く共有されことになる特性なのだ。つまり西洋文化をそれ自身に反駁させることになる。

八　結　論

シムノンとケッセルのルポルタージュは、相互補完的に歴史的、社会学的、人類学的な観点からみた、アフリカのある時代に光を当てることに貢献した。ケッセルはケニアにおけるマウマウ団地下組織の時代から、大英帝国崩壊の始まりの兆しが出現したときの証人であった。彼のルポルタージュからは、反乱がひそかに準備され、決起するのに最適な瞬間を待つばかりのアフリカの絵巻が描き出される。世界の始まりの場所――特にリフト渓谷の場所――における長期間にわたるルポルタージュを行うためにアフリカ大湖沼地方を走りまわった後に、ケッセルは『ライオン（*Le Lion*）』というアフリカを舞台とした小説を思い描く。それは、ある少女と一匹の野獣の間の素晴らしい友情の物語で、ケッセルの著作のなかで、アフリカに対する最も美しい讃歌として残っている。そのアフリカ大陸はシムノンの注意と好奇心を非常に早い時期から引きつけていた。

シムノンによるルポルタージュは詩情に溢れた絵葉書的なケッセルの描写と対極にある。シムノンはエキゾチシズムを断罪し、アフリカとそこに住まう人びとたちが犠牲となった蔑視と植民地における非人間的行為を告発している。彼のルポルタージュ『「神秘的な」アフリカ』はジャーナリズム史の転換期を示すものである。それ以降、リポーターは型通りの表現を壊しながら、誤った考えやイメージを解体し、愚弄された尊厳を復権させることに努めるようになるのである。

シムノンの強い関心は、かくして第三共和政下にあるフランス社会の深い知的傾向に再び合流する。公正さを訴えながら、人間性の証を示すことを社会に呼びかける彼は、啓蒙主義者の伝統のなかに身を置いている（Martin 2005）。アフリカに関する彼のルポルタージュの動機とは正義への関心である。彼は植民地主義をスキャンダラスであると同時に危機感の筆致でも表現している。リポーターはもはや単なる情報提供者ではなく、人間の義務と「他者」の文化の弁護人なのである。

シムノンとケッセルのルポルタージュは、しかしながら、植民地権力に奉仕する西洋的学知が編み出したパラダイムのなかに収まる。これらのパラダイムは、第三共和政の同化主義的かつ保守的な文化相対主義のイデオロギーから生じたものだ。それらは文化差異主義でありながら人種差別的であったり、普遍主義でありながら進化主義であったりするのだが、いずれにしても、植民者たちが打ち立てた非対称的で不平等な関係を正当化する。それらは二人のリポーターのアフリカ旅行、そしてエクリチュールという行為のなかにも、おそらく二人にとっては不本意であろうとも、引き継がれているのである。

◉参考文献

——一次資料

Kessel, J.（1954）. *La Piste fauve.* Paris: Gallimard.

Simenon, G.（2001）. *Mes apprentissages. Reportages 1931–1946.* Paris: Omnibus.

——参照資料

レヴィ・ブリュル・L／山田吉彦（訳）（一九九一）『未開社会の思惟 上』岩波書店（Levy-Bruhl, L.（1960）. *La mentalité primitive.* Paris: PUF.

Assouline, P.（1996）. *Simeon: Biographie.* Paris: Folio.

Boucharenc, M.（2004）. *L'écrivain-reporter au cœur des années trente.* Villeneuve d'Ascq: Presses Universitaires du Septentrion.

Courrière, Y.（1986）. *Joseph Kessel ou sur la piste du lion.* Paris: France Loisirs.

Girard, E.（2012）. Une relecture de Tintin an Congo. *Etudes, 7–8*(417), 75–86.

Hugo, V.（2002）. *Choses vues: Souvenirs, journaux, carnets, 1830–1885.* Paris: Gallimard.

Kessel, J.（2010a）. *La nouvelle saison: Reportages 1948–1954.* Paris: Tallandier.

Kessel, J.（2010b）. *Instants de vérité. Reportages 1956–1964.* Paris: Tallandier.

Martin, M.（2005）. *Les grands reporters: Les débuts du journalisme moderne.* Paris: Audibert.

Roegiers, P.（2015）. *L'Autre Simenon.* Paris: Bernard Grasset.

Saïd, E.（1980）. *L'Orientalisme: L'Orient créé par l'Occident.* Paris: Seuil.（初版：一九七八年）

Tassel, A.（1997）. *La création romanesque dans l'œuvre de Joseph Kessel.* Paris: L'Harmattan.

Tassel, A.（2008）. Poétique du reportage dans Témoin parmi les hommes（1956–1969）de Joseph Kessel. *Revue d'histoire littéraire de la France, 108*(4), 913–929.

Van Reybrouck, D. (2012). *Congo: Une histoire.* Arles: Actes Sud Editions.
Viollis, A. (1935). *Indochine* S.O.S.. Paris: Gallimard.
Weber, O. (2006). *Kessel: Le nomade éternel.* Paris: Arthaud.

Ⅲ

宣教師たちのみた植民地アフリカ

6

芸術と宗教を介した植民地(主義)的歩み寄り

G. アルディとフランス領西アフリカ

柳沢史明

一 序——植民地的文脈のなかのアフリカ芸術

一九世紀後半から二〇世紀初頭にかけて西洋が「発見」した多くの「外部」の一つにアフリカの「芸術」があげられる。仮面や彫刻に備わった美的価値の「発見」を契機に、サブサハラ・アフリカの造形物が多くの芸術家・収集家・美術批評家らの収集・鑑賞の対象となったことは言を俟たない。美術界を中心に広まったこの流行は一九一〇年代から二〇年代にかけて多くの西洋人らを巻き込むこととなったが、アフリカの造形物およびそれらを制作してきた人びとに対する関心は、美術界を取り巻くより政治的な領域においても影響を及ぼしていた。もっとも、こうした動向を政治的文脈に接続された文化的流行として片付けることは早急な判断であろう。というのも、政治的文脈、とりわけ植民地的文脈の一部においては、芸術の主題が植民地管理の正当性と植民地の発展可能性とに関連づけて論じられており、アフリカ「芸術」の消滅を嘆いてみせる「帝国主義的ノスタルジー」に浸る多くのプリミティヴィストらとは異なる様相を示していたからである。つまり、アフリカの民が有する芸術に対する才能への新たな眼差しは、フランス領西アフリカの支配をめぐる植民地主義的言説と結びつき、温情主義的な仕方で、宗主国による植民地の「芸術」の近代化が問われることとなる。

本章では植民地教育調査官、植民地学校校長などを歴任したフランスの高官アルディ（G. Hardy）の植民地論を手がかりに、サブサハラのフランス領アフリカにおける芸術の植民地（主義）的展望とそれを支える彼のアフリカ宗教観を考察し、芸術と宗教という主題から彼の植民地行政・管理論の一端を明らかにしたい。

二　植民地状況下における宗教的基盤
——アルディがみたアフリカ芸術の展望

まず、仏領西アフリカの芸術に対するアルディの見解を概略的に示しておくことは有用であろう。植民地学校（École coloniale）校長時代に執筆された『ニグロ芸術——アフリカ黒人のアニミズム的芸術（*L'Art négre: L'Art animiste des noirs d'Afrique*）』（一九二八年）のなかで、アルディはサブサハラ・アフリカにおけるアニミズムの広がりと根強さを理由に、この地域の造形物の多くが宗教的、とりわけアニミズム的性格を帯びたものであるとの認識を表明している（Hardy 1928：9）（図6-1）。しかし、結論部近くにおいてアルディは、植民地化のなかでアフリカの芸術が新たな動向を示していることを語っており、とりわけ「古い芸術産業」の領域で花開き、「宝飾類、皮革製品、木彫、スーダンの絨毯、ダオメの銅製品」などの制作が再び活気づいていることを指摘する（Hardy 1928：158）。こうした産業の一つとしてワガドゥグーの彫像を取り上げつつ、アルディは次のように植民地状況下のアフリカ芸術を語っている。「ベニン王国の青銅製彫像同様、こうした［ワガドゥグーの］彫像は、凡庸な慣習を脱し、宗教の支配から解放されることで、黒人の精神の本質的な天分との深い合致を証明している」（Hardy 1928：159）（図6-2・図6-3）。自らの考えを補強するかのように、制作者らが西洋的な文化（素材・技法・モチーフ）に順応することで、「職工らの息子」たちは「新たな自由を享受し」、「個人は集団から解放され、職工（artisan）に対して芸術家（artiste）が

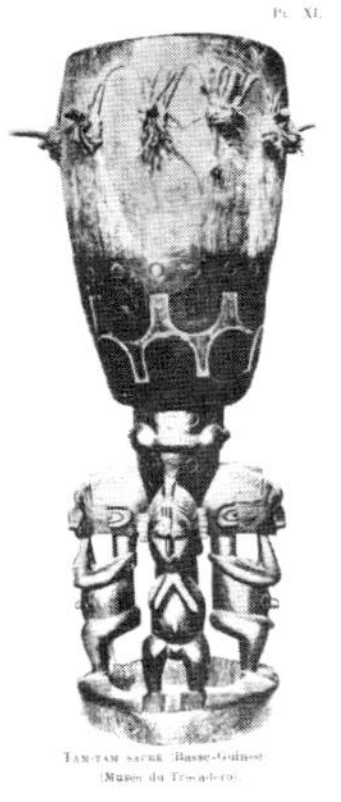

図6-1 《聖なるタムタム》、木製、低地ギニア（Hardy 1928：XI）

図6-2 《ワガドゥグーの原住民鋳造工による作品》、真鍮製、ブルキナファソ（Rouguet 1930：fig258）

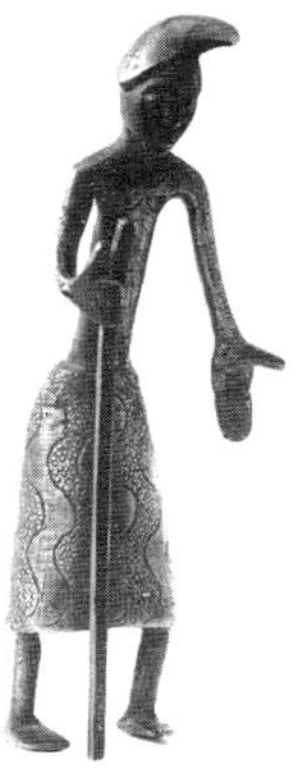

図6-3 《物乞いの老婆》、銅製（真鍮製）、ダオメ（ベナン）（Hardy 1937：75）

置き換わる」（Hardy 1928：157）というヴィジョンをアルディは提示し、西洋の影響下でアフリカ芸術の出現を唱えている。

もっとも、こうした発言から、アフリカ芸術が「宗教の支配」から解放され「自由」を見出すとアルディが一貫して主張していたと結論づけることは安易な見方であろう。実際、フランスによる植民地支配下での芸術の「刷新」、「再興」という主題はアルディの諸論考でたびたび登場するものだが、そこでアルディが採用する「植民地的地方尊重主義」の立場には、宗教や宗教的慣習をも含む現地の慣習や価値観を尊重する態度が含みこまれているからだ。いわば、植民地地域の宗教的文脈からの「解放」を通じた新たな芸術様式が登場するという側面と、伝統的慣習を引き継ぎつつ植民地的状況下の新たな芸術様式が現れるという側面とが、仏領西アフリカをめぐるアルディの芸術観に共存しているのである。この共存をどのように解釈すべきであろうか。

『ニグロ芸術』末尾で語られた宗教的文脈からの「解放」やそれに伴ってもたらされる「自由」という主張は、なるほど、旧弊の芸術様式からの解放と新たな芸術様式の誕生とをフランス植民地支配の正当性と結びつけるという意図のもとになされたことは確かであろう。とはいえ、それは植民地主義的、あるいは家父長主義的な展望や理想、さらにはそれらに合致した様式に対する過剰ともみえる評価であり、植民地地域の宗教やそれに関する慣習などが容易に置き換え可能であるとアルディが考えていたとはいえない節がある。

実際アルディは、『本邦の重要な植民地問題（*Nos grands problèm coloniaux*）』（一九二九年）において、植民地地域における伝統からの「解放」や西洋的な「自由」が有する危険性についてすでに指摘している。そこで語られるのは、自らが依拠する宗教的・文化的枠組みを奪われた者たちの思考の危うさ、伝統的な宗教に基づかない文化の脆弱さである。つまり、植民地化による伝統からの「解放」は、たしかに「合理的精神」や「自由思想家ないし自由な思索者」をもたらすが、同時に「宗教的骨格は破滅的な変化から免れる根本的諸要素の一つ」である以上、おそらく「原住民的思考からのこうした急激な解放はきわめて皮相なものである」（Hardy 1929 : 106–107）。

さらには、こうした「急激な解放」は、植民地社会の「破滅的変化」をもたらしうるのみならず、植民地管理そのものにとっても不利に作用する。「われわれが植民地に作り上げる自由の雰囲気、われわれがもたらす新たな諸観念、［…］は、個人同様に集団をも解放する」のであり、たとえば「独立運動」のような流れを生み出し、植民地支配によってもたらされた「均衡」状態を脅かす「不均衡」の萌芽ともなる（Hardy 1929 : 193–194）。芸術制作における宗教的因習からの解放は芸術制作における利点として語られたものの、それは植民地管理全体のなかで考えるならば局所的な解釈となりうる。むしろ植民地帝国全体で考えた場合、アルディによって一定の評価が与えられているのは、宗主国との「均衡」を保ちつつ植民地支配のなかで従順に近代化を望む被支配者の形成であり、そのための「宗教的骨格」の維持となる。

三　植民地地域における芸術の管理

植民地支配に伴う芸術様式の変化に関して、宗教（的文脈）からの解放に新たな可能性を認める『ニグロ芸術』

の評価とは別に、「宗教的骨格」の維持に基づく植民地地域の管理の必要性をアルディが認識していたとするならば、後者の認識はいかにして植民地地域の芸術制作という主題と関わることになるのか。換言すれば、アルディにとって植民地地域の宗教と芸術はいかなる関係を取り結ぶのか、そしてその関係性のなかで宗主国および植民地はどのような役割を求められているのか、という問いでもある。アルディの植民地を論じた考察は多岐にわたるため、フランス植民地帝国全体の支配や管理を論じる位相と植民地のある特定地域を論じる位相とに選り分ける必要があることは言を俟たないが、他方で彼の経歴と経験を振り返るならば、その諸論考で展開される植民地地域の芸術の保護や刷新をめぐる議論が、紆余曲折を経たものであることが理解される。

仏領植民地とのアルディの関わりはセネガル教育調査官として派遣された一九一〇年代前半から始まる。フランス領西アフリカ（Afrique Occidentale Française：以下、ＡＯＦ）の「因習」が西洋的美術教育によって乗り越えられると語る彼のデッサン論やそれを収めた植民地教育論『精神の征服（*Une concuète morale*）』（一九一七年）と、その後の『ニグロ芸術』との関係については別稿（柳沢 二〇一二）で示した通りだが、アルディの経歴や関心が常にＡＯＦにあったわけではないことに留意する必要がある。実際、両論の間にあたる一九一九年から一九二五年まで、アルディはリヨテ（H. Lyautey）からの要請を受け、当時フランスの保護国であったモロッコの文部美術古文化財局長を務めている。イスラム社会とそれに基づく芸術制作が根づいたモロッコでの経験と見解は、芸術制作と植民地教育という点においてその前後の期間との主題上の連関を示しつつも、諸勢力との折衝なく芸術の管理や展望といった議論が展開するわけではないことを示しているという意味でも興味深い。

イルブー（H. Irbouh）による研究（Irbouh 2005）を参照すると、モロッコ時代に彼が経験した職工ギルドをめぐる議論が、一九一〇年代のＡＯＦをめぐる議論やその後の「ニグロ芸術」論、「原住民芸術」論と関係し合うものであることがわかる。たとえば、モロッコの芸術・工芸産業の衰退とその保護をめぐる議論はＡＯＦを含めた植民地地域全体に対する宗主国フランスの立場を正当化するアルディの議論と重なるし、職工ギルドの法的身分の確保と商業的自立性の主張は、植民地経済の確立に対するアルディの植民地一般に関する関心を反映している。何よりモロッコの職工ギルド改革にあたり、アルディが具体的にギルドの自由化、脱伝統的な法改正に取り組んでいた点からは、植民地状況下の職工の改革の力点や目的をうかがい知ることができる。具体的には、原材料の獲得や商業取引の権利をギルドが主体的に確保するといった点や、取引の場におけるギルドの出納係や通訳を伴った出納確認係の配置、取引文書の保管など、世俗権力からのギルドの自立と商取引面におけるギルドの主体性の保持などがアルディの構想として掲げられていた（Irbouh 2005：51）。

しかし、こうした若き行政官アルディの構想は必ずしも受け入れられたわけではない。つまり、モロッコの職工ギルドに世俗権力から独立した法的立場や自立的な決定権を与えることは、それまでモロッコの民が享受したことのない自由に直面するというのである。しかも、その反対意見はフランス植民地行政側からのもので、アルディの見解が「自由主義的」すぎるというものであった。ある中佐は手紙のなかでアルディの草案が「自由主義」に彩られており、それに対して「わが原住民らが十分に手はずを整えていない」と不満を吐露するほどであった（Irbouh 2005：52）。加えて、モロッコの伝統的体制の側からも、モロッコ社会に根ざした職工ギルドのあり方とアルディの西洋的な改革案との矛盾を理由に、アルディの草案に対する批判がなされていたことを見落とすべきではないだろう（Irbouh 2005：54-55）。つまり、モロッコの職工ギルトという植民地状況下の文化のあり方に対して、旧来の文脈から突然解放ないし分離されることを、宗主国の一部の面々も植民地の伝統的支配者らの面々も、互いに好ましく受け取ってはいなかった。もっとも、アルディの草案にせよそれに対する批判にせよ、モロッコの職工ギルドを支配下に置き、手中に収めておく必要がある、という点では共通していた。

アルディ自身、植民地地域の「伝統的」な職工（métiers d'art）の保護について、一九一七年に書かれたＡＯＦをめぐる植民地教育論『精神の征服』のなかですでに言及していたが、とりわけ、こうした「伝統的」な職工の保護の行政上の当事者となったのは、一九二〇年代、「伝統的」な工芸をヨーロッパ製品から保護するよう具体的に推し進めていたモロッコ文部美術古文化財局への派遣の後のことだろう（Segalla 2009：160）。こうした植民地政策のうちに、現地の工芸産業の再興を契機とし、フランスとの交易を想定する当時の植民地主義的な経済的意図が存在することは確実であろう。

とはいえ、アルディの主張の独創性は、「伝統的」な職工や芸術産業、さらには被植民者の生活の保護がそのまま従順な被植民者の精神をもたらすという主張にある。つまり、「だんだんと人びとは原住民芸術の保護と刷新とに関心を抱くようになっており、植民地政府のいくつかはこの点に関してきわめて輝かしい結果を獲得してきた。それらの植民地政府はこうした事業のうちに、単にいわゆる芸術的あるいは経済的なメリットのみならず、社会的かつ精神的なメリットまでをも認めてきたのだ」（Hardy 1929：118）。

しかしながら、現地の伝統工業や芸術の保護、それらがさらに「精神の征服」にもつながるのであれば、芸術の保護や刷新は、芸術と結びつくさまざまな現地の文化や慣習、とりわけ植民地地域の宗教との関係も問われることになるのではないか。フランス領植民地における宗教と芸術との関係を考えるために、次節では植民地一般およびＡＯＦにおける宗教に対するアルディの考えに焦点を当てて考えてみたい。

四　植民地における宗教とその植民地主義的対処の三分類

植民地における宗教がなぜ問われることになるのか、その点に関してアルディの前提となっているのは西洋諸国と植民地地域とを分かつ「個人」と「集団」、文明社会と「神秘的な雰囲気」に包まれている社会という二項対立の存在である。『フランス帝国における宗教問題（*Le problème religieux dans l'empire française*）』冒頭の次の言葉がアルディのこうした態度を如実に示している。「現代的な植民地化の成立した多くの諸国において、原住民の生活は神秘的な雰囲気に包まれている。不信仰（l'incrédulité）、無関心主義（indifférentisme）というのはわれらが西洋文明の所産なのであって、個人が集団へと飲み込まれるこうした諸社会では、不熱心（la tiédeur）といったものでさえも通用しないのだ」（Hardy 1940：1）。アルディが示すこうした対立図式に、進歩する西洋と停滞する非西洋というオリエンタリズム的構図をみてとるのは容易であろう。とはいえ、植民地化による介入とそれがもたらす変化という要素を考慮するならば、植民地支配のロジックはもう少しニュアンスを備えたものとして解釈するほうがより適当であろう。実際、植民地化の作業が「神秘的な雰囲気」の充満する社会から「不信仰」の社会へ、あるいは、宗教的社会から非宗教的社会へと変更することだとアルディは考えてはいない。その理由は、右で述べられているように植民地社会における宗教の重要性が関与しているが、それは同時に、植民地地域の伝統的宗教が当地の道徳観の根幹をなしているという事態とも結びつけられる。そして、被植民者らの「宗教的心性」は植民地化がもたらす「進歩」と事あるごとに抵触し、植民地化が進むにつれ「宗教的心性」は修正を加えられ、ときに「不安定」、「組織崩壊」、「不道徳化」が進むが、それは「宗主国による改良事業と植民地の伝統的精神との間に矛盾のようなもの」が存在するからである（Hardy 1940：3）。

では、植民地地域における宗教は、社会全般にくまなく力を及ぼしている以上、植民者は植民地地域における宗教に対してどのように対処すべきなのか。この点に関してアルディは対処法として主たる三つの方法を検討している。一つがキリスト教的意味での道徳化を進める「布教による解決（solution missionnaire）」である。つまり、キリスト教の布教とそれに伴う改宗を通じて、植民地の民の道徳を改善するという方途である。植民地における宗教問題に対する対処法の二つ目は「脱宗教的解決（solution laïciste）」である。すなわち、「宗教は歩み寄りにとって最も頑強な障害であるので、多かれ少なかれ間接的な手段で宗教を衰弱させ、原住民の土地で無信仰の教育を試み、宗教的土台なしに道徳像の出会いの場を見出すこと」である（Hardy 1940：5）。そして三つ目が「政治的解決（solution politique）」であり、宗教が植民地当局と被植民者との媒介となるよう、現地の宗教との「協調（alliance）」を政治的に探求することと位置づけられている。

こうした区分は、一九二九年刊行の『本邦の重要な植民地問題』においても認められ（Hardy 1929：101–107）、植民地地域全般における宗教問題への対処に向けられたアルディの関心の所在をうかがい知ることができる。キリスト教に関していえば、植民地管理についてその功罪が想定されている点は付記しておく必要があろう。その否定的側面に関しては、たとえばキリスト教を介した伝統的集団社会からの急激な個人の解放が、結果として集団を「退廃させ」、イスラムのような宗教への転向を準備することとなったり、「彼がすぐさま濫用したくなるような諸々の自由」を与えてしまったりする可能性が示唆される。さらには、宣教師らが「神の人」というよりも、マダガスカル、タヒチでそうであったように「混乱の一要素」となってしまうことが懸念されるなど、アルディがこの解決策を無条件に支持しているとは言い難いことは確かである。とはいえ、キリスト教の活用の肯定的側面は確かに存在し、宣教活動が植民地地域の物質的かつ精神的改善に役立つのみならず、植民地政府にとって宣教師らが「大事な補助者」とみなされてきたことも確かである（Hardy 1929：102）。アルディは「いずれにせよ、僅かたりとも無視しえない精神力がそこ［キリスト教布教］にはあり、植民地政府が、たとえ公的には中立であり続けたとしても、キリスト教布教活動に無関心ではありえないことは明らかである」（Hardy 1929：102–103）と語り、植民地地域におけるキリスト教布教の有効性を慎重に見定めている。

「脱宗教的解決」に該当する説明もまた、「合理主義の危険」と題された節のなかで展開されている。「宗教的骨格は破滅的な変化から免れる根本的諸要素の一つ」という植民地社会の下部構造としての宗教が同箇所においても展開されているが、こうした状況は、植民地地域へと西洋的慣習が急速に導入されることで変化を余儀なくされる。すなわち、伝統的社会から開放された個人はかつての「神秘的心性」の代わりに「いかなる宗教的支配からも解放された合理主義的心性」を有す。しかしこれは植民地経営にとっては必ずしも肯定的に作用するものではなく、むしろ「原住民の思考の突如としてもたらされるこうした解放はかなり皮相的なもの」となりうる以上、「移行」はよりいっそう慎重になされるべきとされる（Hardy 1929：106–107）。

「政治的解決」と称されたものは、『本邦の重要な植民地問題』において「中間的宗教の利用」そして「好意的な中立的立場」として分析がなされ、植民地政府による政治的な改宗が困難と思われる植民地地域の宗教への対処が模索されているが、植民地全般を想定した際にアルディの最大の関心事はイスラムにあった。ここには、アルディの最初のキャリアがセネガル、モロッコで積まれたことが大きく関与しているだろう。

イスラムに対するアルディの見解は一方で慎重な協同主義的立場をとりつつ、他方ではオリエンタリスト的な偏見を垣間見せるほどの否定的な立場をみせている。前者に関していえば、フランスによる植民地化のなかで、モロッコの旧来の制度が疲弊しうまく機能しなくなっていったと回想しつつも、「モロッコ人らの慣習およびとりわけ彼らの宗教感情」と合致しており、スルタンを長とする行政制度とそれに従うモロッコ人の「宗教的義務感」ゆえに、「こうした行政上の伝統と、組織化に関するわれわれの近代的な制度」の可能なかぎり「緊密な協同（association）」が求められたとアルディは記している（Hardy 1931a : 312）。

他方で、植民地地域におけるイスラムを敵視する見解がアルディの論には散見される。彼によれば、アフリカの文明化にはイスラムの浸透が不可欠であり、イスラムの布教を介して当地の民の道徳化が進んだ。しかし、こうしたイスラムのアフリカへの定着は、有用性よりもその「危険性」が指摘されるべきであると語り、同時代の植民地行政官ブレヴィエ（J. Brévié）による反イスラムの見解を紹介している。ブレヴィエとアルディは、イスラムのうちに外国人嫌悪、非社会性、非混和的傾向、文明化したり現代化したりすることとは程遠い傾向などを指摘し、「イスラムは西洋文明の生来の敵である」とまで断言する（Hardy 1929 : 104）。そのうえで、植民地化、文明化のためにイスラムをある程度封じ込める必要や、イスラム地域の「脱宗教化」、「キリスト教化」なども場合によっては必要であると語っている。

こうしたイスラムに対する警戒心の要因がどこからくるのか、それがモロッコ時代の経験からくるものなのかいまだ判断材料を欠いているためここで深入りはしないが、セネガル調査官時代、モロッコの局長時代の経験がこうしたイスラム観に少なからず反映している可能性はあるだろう。では次にＡＯＦを中心とした植民地サブサハラ・アフリカにおける宗教動向とそれに関わる芸術の状況がどのように解されていたのかみていくこととする。

五　サブサハラ・アフリカにおける宗教への対応と芸術の役割

アルディは、ＡＯＦ一帯にアニミズムをはじめとした宗教的文化や宗教心の強さに鑑みて、現地の宗教の植民地的利用を採り、脱宗教化に関しては否定的態度を示す。つまり、宗教がなければアフリカの民は近代化することもままならない、というのである。「確固たる信仰なしで過ごすということが黒人には当面の間できないことは重々考えられ、もし黒人のうちに早熟な合理主義を涵養することを夢見たとしても、使いみちのない彼の神秘主義を懸念しなければならないだろう」(Hardy 1940 : 96)。植民地化、さらにはその近代化を通じたＡＯＦの合理主義的社会像という方途も、その宗教的基盤の根強さというアルディ自身の理論的前提の前では否定されることとなり、その限りで、「無信仰の教育」、「宗教的土台無し」の道徳を打ち立てようとする「脱宗教的解決」の可能性は消えることとなる。

先に言及したように、サブサハラ・アフリカの宗教がアニミズムによって構成されているとのアルディの認識を想起すれば、彼が挙げる第三の解決法、つまりアニミズムとの「協調」が彼にとって目指されるべき方向性の一つであると想定することは可能であろう。実際、植民地状況下のアフリカにおけるアニミズムの近代化という可能性をアルディは次のように語っている。「アニミズムが変化しつつ維持されることは不可能ではないように思われる。それらは汚染に対して反抗的でもなければ、進化しえないものでもなく、完全に消失するにはあまりにも深く民族的気質に関わるものなのである」(Hardy 1940 : 83)。アニミズムが西アフリカの「宗教的骨格」をなし、被植民者の「民族的気質」と深く関わるものであるならば、こうした宗教との「協調」を視野に入れ、その「進化」の可能性を探ることが植民地化において問われることとなる。

では、ＡＯＦの他の宗教はどのような植民地的将来が想定されているだろうか。サブサハラにおいて少数派とはいえ徐々に広がりをみせるものとしてアルディはイスラムを挙げているが（Hardy 1940：63）、ＡＯＦにおけるイスラムのあり方に対してアルディは、サブサハラのイスラム信仰はコーランの文言を理解しようとせず、アラビア語を呪術的なものとして解するような表層的信仰にすぎないという偏見を有していたのに加え（Segalla 2009：140）、イスラムの偶像破壊的伝統によってアフリカ芸術が破壊されてきたという文化的観点から、サブサハラ・アフリカにおけるイスラムの現前には否定的な態度を示している（Hardy 1928：155）。

それでは宗教的問題の第一の解決法に挙げられた「布教による解決」、すなわちキリスト教はどうか。ＡＯＦにおけるキリスト教の布教は、イスラム同様アフリカ芸術の破壊という側面で考えれば受け入れがたいものとされる。つまり、キリスト教は「原住民の宗教の本質的なものを破壊し、芸術上の宗教表現における本質的なものを阻む」（Hardy 1928：155）ものだからである。しかし、植民地一般への布教同様、ＡＯＦへの布教のすべてが批判されているわけではない。その功罪は、ＡＯＦの教育行政論『精神の征服』においてすでに登場し、キリスト教が表面的にしか定着しない点を指摘しつつ、フランス政府によるライックな学校の展望をより肯定的に描く一方で、キリスト教団体運営学校が言語や風習という点で宗主国的文化を広める肯定的効果を有していることや、「行政との最上なる関係」を維持するキリスト教関係者の存在を理由に肯定的立場をも部分的に示している（Hardy 1917：245）。

さて、植民地一般における議論とＡＯＦにおける議論を概観してきたが、アルディによる植民地における宗教問題の三分類は便宜的・理論的なものにすぎないことは、右でみてきたさまざまなニュアンス込みの態度や対応からもうかがえよう。各植民地地域の宗教をめぐる状況および対応は、三分類のいずれかに分類されるというよりも、それぞれの観点から分析し、その状況に応じて三つの対応がときに混ざり合うものでありうる。アニミズムの根強さがある一方で、表層的ではあるが広がりをみせるイスラム、一部地域で広まるキリスト教宣教師らの活動、「脱宗教化」が難しいことを認めつつも学校教育を例とするライックな植民地行政のあり方など、植民地の宗教への対処法は場所や状況、コンテクストに応じた解釈がなされているとみるほうが妥当かもしれない。

実際、すでにみた通り、植民地地域における宗教的心性の根本的性格というものをアルディが想定している以上、「脱宗教化」は理論的には難しい選択肢であるかもしれない。しかし、一方で植民地地域の文化や風習を基礎づける現地の宗教との「協力」を目指すことが、被植民者の生活状況に大きな変更を及ぼさないという意味で重要となり、他方でキリスト教宣教師らが植民地行政にとっても「大事な補助者」であり、「最上なる関係」を築きうる以上無視しえない存在となる。それゆえ、この二つの方途を排他的な関係のうちに捉えるのではなく、より植民地的な仕方で折衷させることが、少なくともアルディの議論においては重要となるだろう。つまり問題は、植民地社会に混乱をもたらしうるようなキリスト教への急激な改宗そのものを迫ることではなく、植民地行政と被植民者との間に設けられた「均衡」を維持するような緩やかな変化を模索することにある。言い換えれば、キリスト教化かアニミズムの維持か、ということよりも、その地域の人びとが宗教的な慣習や宗教心を維持し、自らの文化との疎外感を感じることのない仕方で植民地支配に置かれることがアルディの植民地（主義）的宗教論の要となろう。

では「均衡」を維持し、「疎外感」を感じることなく、しかもアフリカの民の宗教的心性を維持するという難しい対処法の可能性をアルディはどのように探っているのか。この可能性の転機を、アルディはフランス植民地制度の外部、ローマ教皇庁の布教方針の変化に認めている。アルディによれば、たしかに、かつてフランス人宣教師らは暴力的なやり方で伝統的宗教の代わりにキリスト教を根づかせ、改宗させようと試みてきた。しかし、第一次大戦後のバチカンの海外布教方針の転換、すなわち一九一九年のベネディクト一五世および一九二六年のピウス一一世による海外布教に関する使徒的書簡や回勅の公布以降[1]、植民地地域の布教において現地の文化を尊重し維持しつつキリスト教の教えを広める流れが形成されつつあった（Hardy 1949：63–69）。こうした宣教に関する変化は、アフリカへのカトリック布教に伴う芸術の利用法にも反映されることとなる。アルディはＡＯＦへの宣教の様子を次のように描写している。「茂みの教会では、彼の地の言語が語られ、装飾や彫刻は現地の芸術に感化され、天啓による宗教を自然宗教や厳密にはアニミズム的なものでさえある信仰へと歩み寄らせようと腐心して説教がなされる。そうした教会においては、黒人は自らが疎外されているとは感じないのだ」(Hardy 1940 : 92)。アニミズム的な信仰や環境へとキリスト教を歩み寄らせることで「疎外」感を感じさせずにキリスト教への改宗が可能となるというアルディの理解と展望は、最終目標こそ三分類のうちの「布教による解決」と合致するものの、現地に根づいた宗教的文脈の活用という意味では「政治的解決」や「協調」という側面を認めることもできよう。そして、こうした折衷的な現実こそ、両大戦間期のAOFのカトリック布教のなかにアルディが垣間見た植民地的可能性の一つであった。いわば、植民地地域における宗教的心性の存在やAOFにおける宗教的基盤の強さを信じるアルディにとって、当地の文化を尊重した形で布教を進める宣教師らの活動は、宗主国との「均衡」を維持しつつ、被植民者に「疎外」感を抱かせない手段として機能しうるのである。そして、こうした植民地(主義)的プログラムのなかに当地の芸術様式が使用され、流用される可能性が存在するとアルディはみてとっている。

なるほど『ニグロ芸術』で語られていたのはAOFにおけるイスラムの流入と同じく、同地域へのキリスト教宣教師らの流入によるアニミズム的芸術の衰退、宗教的因習から解放された新しい芸術様式の登場といった、植民地的状況における宗教的主題と芸術様式とが齟齬をきたしている状況であったことは確かである。しかし、植民地地域における宗教という主題に焦点を当てるならば、植民地支配と宗教的文脈の整備がアルディの重要な関心事として浮かび上がってくる。さらには、植民地状況下の宗教の動向という観点から、植民地支配の正当性をめぐるロジックの仕組みを、そしてそのロジックに絡め取られた植民地地域の芸術の役割を明らかにすることも可能となろう。この点に関して、次節では宣教師オピエ(F. Aupiais)、および一九三一年の植民地博覧会の会議録をもとに考察することにしたい。

六　「原住民芸術」の覚醒とＡＯＦの状況に対するアルディの認識

先に触れた通り、「現地の芸術に感化され」た教会の装飾や彫刻は、キリスト教がアニミズム的雰囲気のなかで布教されることを、そして当地の民が「自らが疎外されているとは感じない」仕方でキリスト教化されることを可能とさせる。こうした宗教的順応と同様に、被植民者が植民地化以前の生活や心性を徐々に西洋的なものへと、そして植民地化の事実そのものへと順応させる可能性をアルディは芸術のうちに探っている。その可能性の手がかりを提供した人物として引き合いに出されるのが、一九世紀半ばリヨンに設立されたアフリカ宣教会の神父であり、アルディの生涯にわたる友人であったオピエである。

アルディはオピエ神父の見解を借り受けつつ、植民地地域の文化や風習を尊重した態度を「植民地的地方尊重主義」であると解釈する。つまり、植民地化を通じて徐々に西洋化し自らの土地の文化や風習を失っていくことで、自らの

［1］前者に関しては、外国からの司教による植民地的構造からの脱却と当地の司教の育成、促進を目指す一九一九年一一月三〇日の使徒的書簡「マキシマム・イルド（Maximum illud）」を指す。後者に関してアルディは、一九二六年六月一五日の回勅（Encyclique）「アブ・イプシス・ポンティフィカトゥス・エクソルディース（Ab ipsis Pontificatus exordiis）」と記しているが（Hardy 1940 : 92, Hardy 1949 : 65）、この名を冠した回勅は発せられておらず、アルディの勘違いであろう。これに該当すると思われるのは、一五日の書簡（Epistolae）「アブ・イプシス（・ポンティフィカトゥス・プリモルディース）（Ab ipsis Pontificates primordiis）」、あるいは「マキシマム・イルド」の方針の再確認という内容を含み、アルディ自身も言及しているが（Hardy 1949 : 67）、一九二六年二月の回勅「レルム・エクレジエ（Rerum Ecclesiae）」であろう。バチカンの方針転換に関するアルディの認識は妥当で、第一次大戦後のこれら回勅や書簡がアフリカ宣教を含む海外の布教の現場に及ぼした影響は小さくはない（Picciola 1987 : 151-166）。ＡＯＦにおけるキリスト教図像表現への影響も十分考察の余地はあろう。本論はアルディを軸としたフランスの動向を主題としているが、こうした回勅等のみならず一九二五年にバチカンで開催された宣教博覧会など、この時代の海外布教に関するバチカンの動向が植民地状況下のアフリカへの宣教師派遣や布教方針に強い影響を及ぼしていたことは念頭に置いておく必要があろう（Zerbini 2004, Soetens 1996）。

国でわずかながら「居心地悪く（dépaysée）」、「根無し草」であるように感じる若者たちを、自らの文化を軽視することなく再びそれへと結びつけるような宣教的、あるいは植民的方針がある、アルディはこのようにオピエの活動を介して理解している（Hardy 1927：55）（図6-4）。実際、オピエの活動を紹介するアルディは、伝統的かつローカルな文化の維持はフォークロアや演劇や伝統的な踊り、歌といった「集団的娯楽」も含まれているとし、これらの保護のうえにキリスト教布教を進めるオピエの意図を、神父の言葉を引用して次のように紹介している。「こうしたこと［伝統的かつ集団的娯楽の保持］がなければ、原住民は「西洋化することに、すなわち、誤った進歩の仮面をつけ、その民族の原初的特徴を失うこととなろう。それは故郷喪失者（déracinés）となることであり、そうした人びとのうえに、われわれは不確かなキリスト教を打ち立てることとなるのである。また自分たちの元の姿へと戻ろうという抑えきれない欲求を彼らが見出すならば、お返しとしてこうした故郷喪失者は厄介事をわれわれにもたらすこととなろう」」（Hardy 1949：244-245）。オピエ、そしてアルディは当地の諸文化が単に被植民者の民族的特徴の維持のために求められるわけでない。それは安易な「西洋化」によって将来的な植民地状況下の「故郷喪失者」を生じさせないため、さらには植民地支配にとっての「厄介事」を避けるために必要となるのである。

さらに、フォークロアや演劇、音楽のみならず、「原住民芸術」とアルディが呼ぶ植民地地域の芸術が、宣教師を含む植民者らによる保護、刷新、管理の対象として想定されている。「原住民芸術」の存続とそれを介した宗教的伝統や心性の維持、さらに宗主国との「均衡」を保った関係の構築、これらが相互に関連しつつアルディの植民地論と

図6-4 「オピエ神父（左から三番目）によって企画された1927年パリでの「ダオメ装飾美術展」開会時の様子」（Balard 2007：81）

オピエの宣教活動とを支えているのである。一九三一年パリの植民地博覧会の際、アルディを含む多くの高官、植民地知識人らが参加し六日間に及ぶ「原住民社会に関する諸国・諸植民地間会議」が開催され、「原住民」の生活をめぐる各主題（「農家」、「職工」、「給与生活者」など）が、植民地地域ごとにさまざまな報告者らによって論じられた（図6-5）。各報告に続き総括、さらにディスカッションという形式をとったこの会合に、アルディは総書記として参加、発言を行っている。そのなかでアルディは、「原住民の生活」を保護するにあたり、「最も効果的なことの一つは、原住民芸術の覚醒」であると指摘している。「原住民芸術」には造形芸術のみならず、音楽、演劇、服装や建築も含まれるとし、続けて、被植民者の精神管理の必要性を次のように説明している。「われわれがいるにもかかわらず、原住民が自らの家にいるかのように感じ続ける必要がある。つまり、何ものも彼らの習慣をむやみに妨げることないように、また無益な仕方で集団的精神を害することがないようにする必要がある。自らに敬意が払われていると感じることで、この精神は力強さ、自発性、協力への意志を強めることになるだろうし、この精神が植民者らの評価に対してなおいっそう自分の価値認めさせることとなる分、さらに植民地化の究極目標である歩み寄りが容易となるだろう」（École coloniale de Paris 1931：t.1, 483-484）。

「原住民芸術」の管理とその再興がフランス植民地帝国全体に関わる主題であることをアルディのみならず（後に触れるように）他の高官らの関心も引いていたことを考慮すれば、本論冒頭で指摘した『ニグロ芸術』におけるＡＯＦを中心とした「古い芸術産業」の「再興」とい

図6-5　会議の模様　机の左側手前から三番目にアルディが座っている
（École coloniale de Paris 1931, t.2：n. p.）

う関心をアルディ特有の、もしくはＡＯＦ特有の主題ではなく、植民地管理全体のなかの一つにすぎないとみることもできる。しかし、植民地状況下におけるこうした芸術の再興に向けられた管理は、必ずしもすべての範囲に同じ方策をもってなされるわけではなく、「植民地的地方尊重主義」という立場の必要性をアルディが主張していたのは先に見た通りであり、それを現地で実践し、その成果を積極的に宗主国へと宣伝し、「植民者らの評価に対してなおいっそう自分の価値を認めさせること」の手助けをする存在が、ダオメで活動していたオピエ神父であった。

さて、この会議の「職工」のセクションでは、北アフリカに従来存在してきた「芸術家」、「職工」らが徐々に消失しつつあるという認識や、「原住民芸術」の保護と刷新を唱える報告が見受けられるが、こうした報告はこれまでみてきたアルディの見解と似通ったものであることは付言するまでもない。ところが興味深いことに、この会議にてアルディが他の参加者に対して鋭く応答している局面がある。それは、北アフリカの状況を中央アフリカの状況と類比的に捉える参加者の発言を受け、中央アフリカの現況について説明したベルギーの高官でルーヴァン大学教授のルプラ（E. Leplae）によるフランスやベルギーの博物館にも収められている木製彫刻、象牙製彫刻、織物といった「芸術産業が完全に消滅してしまった」、さらには「原住民職工もまた完全にいなくなってしまっている」（École coloniale de Paris 1931 : t.2, 65–66）という見解に対するものであった。

「消失」したものを嘆くルプラの見解に対し、アルディは同時代の芸術動向に関する自らの見解を提示するが、その際、オピエ神父の活動を紹介するとともにＡＯＦにいまだ宗教的な芸術が存続していることに強いこだわりをみせている。「われわれが十分には知らない一つの情勢があります。それはルプラ氏が語ったところの木製彫刻をめぐる問いのことです。放置を宣告されたあの人びとのことです。彼らの職能が当地の宗教的活動に結びつけられているのは確かなことで、われわれがその存続を望むこうした原住民芸術の生産者はまだいるのです。ダオメに関していえば、この国はオピエ神父の影響下で一定程度の活力を取り戻したのです。展覧会〔植民地博覧会〕でわれわれは初めてＡＯＦの木製彫刻家らの姿を見ましたが、彼らが制作していたのは何でしょうか。彼らはいまなお制作を行っているのでしょうか、なぜ制作を行っているのでしょうか」（École coloniale de Paris 1931：t.2, 74）。

ＡＯＦではいまだ宗教的活動に則って彫刻制作が行われていると主張するアルディのこうした反論に対し、ＡＯＦ教育視学総監シャルトン（A. Charton）は、彼らは西洋人のために彫刻制作を行っているのであり、仮に彫刻が当地の儀礼に供されているとしても、それは同時に販売される対象でもあると指摘しているし、また他の論者は「あれは西洋芸術の一つとなってしまった」と論じ、アルディの見解に否定的な態度を示している。しかしあくまでもアルディは、「それは宗教芸術なのだ」、「ＡＯＦではかの芸術はいまだ活気にあふれ、いまなお制作される理由がある」と自らの立場を崩そうとはしない（École coloniale de Paris 1931：t.2, 74）。具体的に、双方がどの地域の彫像、ないしどのような木製彫刻を念頭に置いていたのかはより慎重な調査が必要となるが、少なくとも反対者らの多くが想定していたのは、植民地博覧会へと連れてこられた彫刻家らであり、彼らが作る「ツーリストアート」ともいえそうな木製彫刻であった可能性が高い。それに対し、アルディはそうした彫刻家たちだけでなくダオメの地に新たに登場しつつある彫刻家たち、しかも、いまなお宗教的性格を保持し、活気に満ちた芸術制作の結果として生じる彫刻を想定していたのであろう。この両者を隔てているのは、彼らのアフリカ彫刻の様式変化に対する立場の違いであるが、その差異をもたらすものこそ、植民地化を正当化するためにアフリカの諸芸術を組み込むロジックであり、その際引き合いに出されるカトリック布教の存在ではなかろうか。次節ではこの点について考えることにしよう。

七　芸術と宗教を介した植民地主義的な「歩み寄り」

ＡＯＦの芸術の衰退と退廃を頑なに主張するルプラや他の論者と異なり、植民地博会議におけるアルディの立場を特殊なものとしているのは、これらの芸術が生きたものであり、宗教的心性に基づいて今なお制作されているという立場にほかならない。こうした立場は、宗教からの解放によって新たな芸術様式が現れる可能性を唱える『ニグロ芸術』の論調を想起させるが、明確な違いがあるとすれば、オピエの活動に対する関心とそれに伴うキリスト教布教への肯定的立場がアルディの見解に表明されていることであろう。オピエの宣教活動におけるアフリカ芸術の位置づけとそれに対するアルディの評価を知るためには、植民地博覧会に先立つ一九二七年に開催された、オピエ神父主催によるダオメの芸術展を参照することができよう。同展覧会がパリをはじめ各地で開催された際、アルディは展覧会評を寄せているが、ポルトノボ滞在時にオピエ神父呼びかけのもとで制作された当地の仮面、彫像、テキスタイルなど、植民地状況下にて制作されたアフリカ芸術と、オピエ神父の活動を次のように論じている。「われわれの現前がこの芸術［ダオメ芸術］に対して課す未知なる状況のなか、彼［オピエ］がこの芸術の生存を手助けしようと、さらには、この芸術がいわば「発展（évoluer）」し、その独創性も生命力をも失わずにこうした状況に適応するのを手助けしようとしていることは明らかである」（Hardy 1927 : 55）。ＡＯＦの芸術が「活気にあふれ」ているというアルディの認識は、オピエ神父によるダオメ芸術の保護や刷新、「発展」の「手助け」という活動と密接に関係していることは明らかであろう。

アルディ自身、こうしたオピエの活動や立場を同時代の潮流と対比しつつ、同展覧会を紹介している。オピエによるアフリカ芸術に関する諸活動を紹介するアルディは、オピエについて「アール・ネーグルの人だった」（Hardy 1949 : 174）と語り、一九一〇年代後半からフランス美術界のみならず大衆をも巻き込んだ一大潮流になりつつあった「ネグロフィリー（黒人びいき）」の時代を反映する人物として形容している。しかしアルディは、「アール・ネーグル」の流行を享受する人びととオピエとの差異を強調することを忘れない。つまり、アフリカ彫刻を知ろうとせずに「不当な軽蔑」を示す者ども、あるいは美学的な客観的研究をしようともせずに「過剰な称賛」を示す「スノッブ」とは明確に異なる。しかしまた、「彼が黒人の芸術を扱うのは、調和的な形態や繊細な想像性といったものの愛好者という立場なのではない」。「オピエの観点はそれゆえ単なる美的なもの（esthétique）ではない」というアルディの主張にも留意する必要があろう（Hardy 1949 : 176）。オピエの立場はアフリカ彫刻の形態的側面を美的に評価するフォーマリズムや、アフリカ彫刻の形態やモチーフが喚起する想像力を重視するプリミティヴィストらのような立場とは異なる。オピエのアフリカ芸術論にはそうした主張が存在しないわけではなく、アルディもその一部を紹介しているが、少なくとも、アルディが考えるオピエの重要性は、「アール・ネーグル」に対する「美的なもの」ではない評価であり、この同時代的流行を別の方向、別の可能性へと仕向けさせる存在としてオピエ、および彼の展覧会がアルディにとって重要であった。「何よりも、それ［アフリカ黒人らの芸術］を構想し生を与える人びとの精神に関する証をそこ［黒人の芸術］に見出すためなのだ」（Hardy 1949：176）と語るアルディは、オピエの展覧会の意図がスノッブ的なものでは決してなく、ダオメの民の芸術作品を介して彼らを「理解する」という意図のもとに行われていることを指摘している（Hardy 1949：177）。アフリカの芸術表現を軽蔑や称賛の対象とするのではなく、それらを介して制作者らの精神を「理解」することへと向かうオピエの活動が、一九二七年以降民族学へと向かうことになるのは当然の流れといえよう。しかしキリスト者として生涯を全うしたオピエにとって、民族学はあくまでもアフリカの地の布教という目的に沿う形でなされたものであり、彼の関心はダオメを中心としたアフリカの民のキリスト教化にほかならなかった。

では、このようなオピエの宣教活動やアフリカ芸術を介したその実践のうちに、アルディが認めた植民地的可能性は何であったのか。アフリカの民の慣習や精神を踏まえたキリスト教布教、そして原住民司祭やシスターの育成といったオピエの宣教活動は、アルディによって次のように評価されている。「こうした根本的な作業が、他のどんな試みよりも植民者と被植民者とを歩み寄らせる（rapprocher）」（Hardy 1940：93）。アルディは、植民地支配下のアフリカの民の心性や文化を理解したうえで、それに即したオピエ神父の布教が植民地支配の利に適うものと評価するのである。こうした評価を踏まえつつアルディが紹介するオピエの活動、とりわけ「原住民芸術」に関するものを二つに分けるならば、一つにはアニミズム的雰囲気のなかでのキリスト教布教に代表されるように、ＡＯＦにおける「宗教的心性」を熟知し、現地の文化や風習のうえにキリスト教を築くことで被植民者に「協力への意志」を沸き起こし、「歩み寄り」が可能となるような植民地地域内の宣教活動である。もう一つが、パリでの展覧会で示されたように、「活気にあふれ」る同時代のダオメの民の活動を介して彼らの「精神に関する証」を見出し、宗主国の側が彼らを「理解」することへと向けられるような、宗主国に向けられた宣教活動とみることができる。一方でオピエの活動に認められるようなAOFにおける「原住民芸術」の活用は被植民者らをキリスト教的世界へと近づけさせる素地として機能し、他方で同時代的な「原住民芸術」の展示とそれを介した被植民者の精神の「理解」は宗主国の人びとを被植民者らの文化や精神へと近づけさせることになる。植民地と宗主国の双方が互いに「理解」し、「歩み寄り」が可能となるような、そうした植民地的理想の交点に、アルディはAOFの諸芸術、オピエが紹介したダオメの新たな芸術を据えているのである。

では、「植民地化の究極目標」とも形容され、たびたび語られるところの「歩み寄り」とは何か。先にみた通り、アルディによれば、植民地化によってもたらされる「自由」や「新たな観念」といった要素は諸刃の剣のような性格を備えている。というのも、それらはなるほど、因習や伝統的制約を打破する原動力たりうるが、同時に原住民らによる「独立運動」の種となりかねず、植民地化を不安定にさせるからである（Hardy 1929 : 193）。そうであれば、植民地化による継続的な「進歩」と植民地化の「安定」ないし「均衡」を保つためには何が必要となるのか。「さて、均衡が首尾よく維持され、最も有益な形で監督が実行され続けるには、一つしか方法はない。つまり端から当該国の精神の征服のために活動することであり、体系立てられた労力を懐柔、歩み寄り、相互理解へと費やすことである」（Hardy 1929 : 194）。「懐柔」、「歩み寄り」、「相互理解」の三項の関係性についてアルディは説明を行ってはいないが、アルディはアフリカの植民地政策を論じるにあたって、「フランスの現在の政策は総じて、漸次的な歩み寄り、懐柔、協同、協力の政策である」（Hardy 1923 : 154）とも表現している。「同化」政策と対比的な意味で用いつつ、「歩み寄り」は「協力」、「協同」、「懐柔」といった立場と併記されていることから、協同主義的植民地政策の一側面であることが理解される。アルディが、オピエの活動を介して、こうした「協同」的な植民地統治のあり方や可能性を探求していたことは疑いない。しかしそこにみとめられるのは、「相互理解」という言葉に表されているような、宗主国側からの「理解」をも含みこむような「歩み寄り」の性格であり、そこにアルディの植民地論の特徴がある。

植民地地域の芸術制作とそれによって可能となる「原住民の生活」の保護は、植民地地域の環境と被植民者の心性とを維持させ、フランスによる植民地化を進展させる。こうした主張を成立させているのは、宗主国による植民地理解と、被植民者による西洋的諸価値への順応からなる「協同」的植民地政策であろう。一方には、被植民者らの精神の管理を目的とするような宗主国側のアフリカ理解があり、他方には、こうした植民地管理のもとで、やがて被植民者が宗主国に「協力」の意思を示すという植民地的ヴィジョンがある。アルディにおける「歩み寄り」の観念は、「均衡」のとれた植民地的理想と家父長的理想を可能とする「不均衡な」力関係による植民地主義的現実という、植民地化の二つの側面を伝えるものであり、アルディによってたびたび引かれるオピエ神父の存在、そして彼が例証する西アフリカでの布教活動とそこに現れるアフリカの諸芸術や「原住民芸術」は、この「歩み寄り」の実践や有効性を同時代人に物語るための主題として機能しているのである。

八　結びにかえて

当然ながら、西洋による非西洋支配の歴史においてキリスト教布教と植民地支配の過程は、大抵の場合並行して進むものであった以上、近世以降の世界宣教の状況に鑑みるならば、キリスト教宣教師らに対するアルディの評価は特段強調するものではないかもしれない。

しかし、近世とは異なるライシテの時代にあって、植民地統治とキリスト教布教との関係が特殊な状況に置かれていたことは明らかで、バチカンの布教方針の変更もＡＯＦでの布教をこの時代特有なものに変えたことは確かだろう。宣教師らの布教の拠点でもあった植民地地域における学校もまた、こうした時代の変化を色濃く反映したもの«であることはいうまでもない。一九世紀末から一九二〇年代にかけてＡＯＦの地の宣教師らが直面した問題には、反教権主義の流れやライックな学校の開校、ミッション系の学校への補助金削減などがあったことが指摘されている（Bonfils 1999 : 178）。植民地における教育状況の変化に関してはセネガル時代のアルディもすでに認識しており、「宣教会が長年にわたって教育の任務を引き受けていたが、この役割は、今日、公教育へと移ってしまった」と語っている（Hardy 1917 : 245）。

とはいえ、掟を守る筋金入りのカトリック信者であったとされるアルディにとって（Balard 1999 : 87）、種々の宣教会による植民地地域における学校運営は否定されうるものではなく、むしろフランス語教育や西洋的慣習の伝播という点において植民地統治における肯定的作用をもたらすものと考えられていた点も指摘する必要があろう（Hardy 1917 : 245）。さらには、オピエの宣教活動を紹介するにあたり、その中心の一つとして「学校」運営を取り上げ、近代的な体育教育の導入や現地の言語で歌われる合唱付き演劇の企画がなされるその学校には、「端的にいえば、キリスト教徒であれそうでなくとも、導かれ、慰められ、説教を授けられる、そうした必要のあるすべての者たち」が通っていることを紹介する。そして公的な教育機関とオピエの学校とが互いに反目し合う関係ではなく、良好な関係にある状況を次のように語っている。「都市部には、公的な学校があるが、万人がなすべき務めというのもある。オピエ神父はライックな教育を行う自らの同業者と最良な関係を結び、彼らが拒んだ学生を自らの学校に入学させることは拒むし、彼は自発的に調査官の監督に従っている。つまり、彼は自ら進んで行政的に管理される者であり、そうした者たちのなかでも最も正しく、最も忠実な者なのである」（Hardy 1927 : 56）。旧友オピエの活動に対する友人としての立場、カトリック信者としての立場、植民地管理に関する識者としての立場、そしてライシテの時代の上級官吏としての立場、これらが重なり合い微妙なニュアンスを生み出すところにこれまでみてきたアルディの見解が生じている。

しかし、本章でみたものはあくまでもアルディがみたＡＯＦの学校教育ないしオピエの活動の評価にすぎない。というのも、オピエ自身、こうしたアルディの見解にどこまで賛同していたかは不明だからである。実際、未公刊と思しきオピエの手になる資料の一つには、同時代のライックな教育の普及、特にダオメでの公教育の普及がもたらす若者の生活の乱れや、カテキズムへの無関心、さらには宗教的無関心の蔓延の悪影響をこと細かに列挙した文章が残されており、「ライシズムと戦わなければならない、なぜならそれは「誤り」であると同時に「悪徳」でもあるからだ」との文言が記されている（Aupiais 1930 : 9）。植民地地域において、ライックな教育とキリスト教教育との関係はアルディが認識するように良好な関係にあったと安易に認めることもまた慎まなければならない。

もっとも、表向きはアルディとオピエの関係は友好的なものであったし、アルディは折に触れ植民地行政におけるキリスト教宣教師らの活動を支持していたことは本論でも指摘した通りである。アルディ自身がフランス国内および各植民地地域のライシテの状況をどのように評価していたかはより詳細な検討を要するが、少なくとも植民地地域の宗教的心性に根ざした被植民者の改宗、とりわけ「原住民芸術」の保存や刷新を介した伝統的慣習や文化の維持は、「均衡」に基づく協同主義的「歩み寄り」を可能とさせる以上、アルディにとって植民地管理におけるカトリック宣教師らの活動はそれ自体肯定されるものであり、その植民地的有効性を主張することに不都合はなかったといえよう。宗主国と植民地との「均衡」、そして「歩み寄り」という自らの植民地論に内在する植民地主義的幻想を成立させるうえで、植民地の宗教的心性に配慮した芸術実践とそれを支援するキリスト教宣教活動とがアルディにとって重要な主題として位置づけられていたことを確認し、本論をひとまず終えることにしたい。

◉参考文献

——一次資料

Aupiais, F.（1930）. Élites indigènes dans les pays de colonisation《Les milieux fétichistes》. In *Semaines sociales de France Marseille: Le*

problème social aux colonies, Lyon: Chronique sociale de France, pp.409–432.
Aupiais, F.（s. d.）. Une cause de l'indifférence religieuse. Le laïcisme, Dactylographie, Archives de la Société des Missions africaines（Rome）, 3H27.
École coloniale de Paris（1931）. *Congrès international et intercolonial de la Société Indigène, 1931, t.1–2*. École coloniale de Paris.
Hardy, G.（1917）. *Une Conquête morale: L'enseignement en A.O.F.*. Paris: Armand Colin（réédition, Paris: L'Harmattan, 2005）.
Hardy, G.（1923）. *Vue général de l'histoire d'Afrique*. Paris: A. Colin（réédition, 1948）.
Hardy, G.（1927）. Le Dahomey à Paris. *Le Monde colonial illustré*, 5e année, n°43, mars.
Hardy, G.（1928）. *Art nègre: L'Art animiste des noirs d'Afrique*. Paris: Henri Laurens.
Hardy, G.（1929）. *Nos grands problèmes ccoloniaux*. Paris: Armand Colin（réédition, 1942）.
Hardy, G.（1930）. La préparation sociale des jeunes gens qui se destinent à la colonisation: fonctionnaires et colons. In *Semaines sociales de France Marseille: Le problème social aux colonies*, Lyon: Chronique sociale de France, pp.467–490.
Hardy, G.（1931a）. *Histoire de la colonisation française*. Paris: Larose.
Hardy, G.（1931b）. L'art nègre, Afrique française: Afrique occidentale française, afrique équatoriale française. In P. Edmond, *Afrique française: Afrique Occidentale française: Afrique Equatoriale française: Togo et Cameroun*（*Guides des colonies françaises*）, Paris: Société d'éditions géographiques, maritimes et coloniales, pp.1–13.
Hardy, G.（1937）. *L'Afrique occidentale française*. Paris: Laurens.
Hardy, G.（1940）. *Le problème religieux dans l'empire française*. Paris: Leroux.
Hardy, G.（1949）. *Un apôtre d'aujourd'hui: Le révérend Père Aupiais, provincial des missions africaines de Lyon*. Paris: Larose.

――二次資料

平野千果子（二〇一四）『フランス植民地主義と歴史認識』岩波書店
ボッシュ・D／東京ミッション研究所（訳）（二〇〇一）『宣教のパラダイム転換（下）』新教出版社
柳沢史明（二〇一二）「アフリカ芸術の刷新とフランス植民地行政――ジョルジュ・アルディの「黒人芸術」論を中心に」『美学』二四一、四九–六〇
柳沢史明（二〇一六）「フランス人宣教師らが見たアフリカの〈呪物〉と〈芸術〉――アフリカ宣教会とダオメ」『民族藝術』三二、三九–

四五

Balard, M.（1999）. *Dahomey 1930: Mission catholique et culte vodoun.* Paris: L'Harmattan.

Balard, M.（2007）. Les combats du père Aupiais（1877–1945）, missionnaire et ethnographe du Dahomey pour la reconnaissance africaine. *Histoire & Missions Chrétiennes, 2,* 74–93.

Bonfils, J.（1999）. *La mission catholique en République du Bénin: Des origines à 1945.* Paris: Karthala.

Cohen, W. B.（1971）. *Rulers of empire: The French colonial service in Africa.* Stanford: Hoover Institution Press.

Hodeir, C., & Pierre, M.（2011）. *L'exposition colonial de 1931.* Bruxelles: André Versaille éditeur.

Irbouh, H.（2005）. *Art in the service of colonialism: French art education in Morocco 1912–1956.* London; New York: Tauris Academic Studies.

Picciola, A.（1987）. *Missionnaires en Afrique: L'Afrique occidentale de 1840 à 1940.* Paris: Denoël.

Rouguet, A. (1930). Art nègre. In *Le domaine colonial français*（*t.4*）. Cygne, pp.245–262.

Segalla, S. D.（2009）. *The Moroccan soul: French education, colonial ethnology, and muslim resistance, 1912–1956.* Lincoln: University of Nebraska Press.

Soetens, C.（1996）. Pie XI et les missions. Influences et circonstances majeures（1922–1926）. In *Achille Ratti pape Pie XI. Actes du colloque de Rome*（*15–18 mars 1989*）, Ecole française de Rome, pp.719–734.

Somé, M.（2015）. La politique religieuse de la France à l'égard des missions étrangères en AOF（1900–1945）. In O. Saaidia, & L. Zerbini（éd.）, *L'Afrique et la mission: Terrains anciens, questions nouvelles avec Claude Prudhomme,* Paris: Karthala, pp.145–167.

Zerbini, L.（2004）. De l'exposition vaticane au musée missionnaire ethnologique du Latran. In Claude Prudhomme（dir.）, *Une appropriation du monde Mission,* Paris: Publisud, pp.223–251.

7

宣教博物館

アフリカの器物の地位について

ロリック・ゼルビニ
中野芳彦（訳）

一　はじめに

キリスト教布教の場におけるアフリカの存在感。これは一九世紀を考えるうえで重要な要素だ。実際ヨーロッパ人の多くは、雑誌や本によって流布される宣教師の物語を通して、この文化地理的空間に初めて触れている。それらの物語がアフリカ文化へ投げかけるまなざしは猜疑心にあふれたものだ。アフリカには一掃すべき異教が染み込んでいると決めてかかっていたのである。しかし、注目すべきものがまったくないわけではない。カトリック宣教師たちはかなり早くから活動の物的な証を集め始めており、それらは――少なくとも一九世紀最後の四半世紀で――彼らの仕事と成功の証となってゆく。祭式と結びついた「偶像」や「呪物」はサタンが巣食った象徴であり、それらの回収は特に高い目標とされた。つまり宣教師たちはこう固く信じていたのだ――こうした器物は、魂を死に至らしめ隷従させる信仰のなかに人びとを留めおくものであり、これらの使用を締め出さない限りアフリカがキリスト教化され、文明化されることはないのだと（Prudhomme 2015）。

本論はアフリカの器物がどう利用されたのか、器物との関係性はどうであったのかを探るものだ。カトリック宣教博物館およびそのコレクションをもとに、アフリカの器物が社会文化的にどう変化し再分類されたのかという観点から考察を行う。まず宣教行為の学術的争点としての器物について、次に、偶像破壊にも似た非聖化行為としての保存・展示プロセスについて、そして最後に、器物の扱いがどう変化したのかについて、実践と言説とを通じて検討する。恣意的な操作、演出、並べ方によって対象のカテゴリーはいかようにも変化するが、そうしたカテゴリーと実践との間を取り持つものが言説なのである。

二　宣教行為の学術的争点としての器物

人類学的な問題意識、特に他者の文化を理解しようとする配慮は、早くから非キリスト教者への布教に関する議論のなかに登場していた。ヨーロッパで学問分野としての人類学が生まれ、修道会が増加し、布教地が拡大したという点で一九世紀はターニング・ポイントだったが、一方で人類学と宣教学との関係は緊張をはらんでいた。とはいえ、宣教師による言説や探査の数々は人類学に強い影響を及ぼしている。修道者アレクサンドル・ル=ロワ（一八五四–一九三八）は、宣教師が民族学者たることをはっきりと求めたおそらく最初の人物だろう。一九〇六年、『アントロポス（*Anthropos*）』第一号を創刊するにあたって、雑誌を立ち上げたヴィルヘルム・シュミット[1]（一八六八–一九五四）は「宣教師の学術的役割」と題した巻頭論文を書くようル=ロワに求めた（Le Roy 1906）。このシュミットやプラシド・タンペル（一九〇六–一九七七）、あるいはエドウィン・W・スミス（一八七六–一九五七）――王立人類学会の会長（一九三二–一九三五）――らによる研究は文化人類学にとって重要である。

こうした、ときに相互承認によって作りあげられた人類学と宣教とのあいまいな関係に関心を抱くことは、宣教行為と人類学の営為との交錯について問うことにほかならない。ある人びとにとって宣教師とは、他人の文化を破壊して自分の文化を押しつける信仰の営業マンにすぎない。人類学者=民族学者は、自分たちは土着文化を保護していると主張し、それを破壊する宣教師を批判する。しかし人類学者の方でも——たとえそれが、メルヴィル・J・ハースコヴィッツのいう「清潔なシャツの福音」への改宗にすぎないとしても——改宗を迫ってはいないだろうか。ときには衝突にまで至った緊張関係を乗り越え、何人かの宣教師はアフリカ民族の研究において重要な役回りを演じた。しかし、民族学がもつ理論的かつ霊的《スピリチュアル》な有用性を認めたのは、はたして、土着民たちの生活様式や風習を理解するためだけだったのだろうか。別の言い方をするなら、民族学の活用は、純粋に学術的アプローチだったのか、それとも学術と宣教とを兼ねた手段だったのだろうかということである。

宣教師たちのなかには、個人的な関心から、あるいは上役にすすめられて民族学の作業に身を投じる者がおり、そこから一連の研究成果が生まれることになる。聖書の土着語への翻訳や、辞典の作成、さらには原始宗教やアフリカ文化に関する著作などである。このように、布教の試みは民族誌的探求と一体だった。しかし多くの宣教師は、二〇世紀初頭に支配的だったヨーロッパの宗教的エスノセントリズムを後ろ盾として、行き当たりばったりの無知な言葉を用いて非キリスト教文化・文明に対峙した。

この模索の時代にあって、ヴィルヘルム・シュミットは民族学的探究の拡大をおそらく最も熱心に擁護した人物である。ベルリン大学で東洋諸言語を学んだのち、オーストリアのサン・ガブリエル神学校、ウィーン大学、フリブールで民族学と宗教学を講じた。[3]

シュミットは、オーストリアにおける伝播論の流れに中心的役割を果たした一人だ。一九世紀末の人類学派では進

[1] シュミットは神言協会会員だった。
[2] この点に関しては、『人類学と宣教学——（*Anthropologie et missiologie*）』（Servais & Van't Spijker 2004）を参照せよ。
[3] 一九〇六年当時、シュミットはフランスとオーストリアにおけるクメール語研究の第一人者であった。言語学と民族学とを軸にした国際誌『アントロポス』を創刊したのち、彼は一九三一年に同名の研究機関をウィーンに設立する。この機関は一九三八年、フリブールへ移転した。ファンデンベルヘ（Vandenberghe 2006）を参照のこと。

化主義が支配的だったが、それに対する答えとして、普遍的一神論ともいうべき説を発展させた。そしてその根拠を未開人、つまり最も古い民族のなかに求めたのだ。主著の一つ『神観念の起源（*Der Ursprung der Gottsidee*）』二〇巻（一九一二―一九一八）において、シュミットはエドワード・タイラー（一九三二―一九一七）の説に反論している。タイラーによれば、人類の歴史は社会や文化の進化発展にほかならず、単純から複雑へ、未開から文明へと発達していく。一方シュミットに従えば、神という至高の存在があらゆる民族に倫理的、社会的掟を頒布したということになる。神はどのように祖先を創造したのかについて、多くの未開人がいまなお物語っている点からも、神は彼らのなかに存在しているというのだ。この上ない力をもつ神が確かにいるという前提に基づいて、シュミットは次のように結論づける。「未開人は神を創造しなかった。むしろほかならぬ神が、何を信ずべきか、どのような祭祀を捧げるべきか、人間に教えたのである」（Deliège 2006：35）。しかし、こうした至高の神への信仰は変質するものであることも、彼は認識していたのだ。

シュミットは一神論が普遍的であると信じ、世界の起源として遍在する創造神への信仰を多くの「未開」民族がもっていると確信していた。しかし、創造神の肯定は信心に属するものであり、人類学の範疇ではない。信仰と人類学との区別はこのようにあいまいであった。一九二六年に創設されたラテラノ宮殿の宣教・民族学博物館がとった方針にそれははっきりとみてとれる（Zerbini 2015）。特に、いわゆる「民族学」の展示室においては、一神論の堕落に力点が置かれていた。「異教の温床」であるアニミズムの考えを生み出すとき、一神論は堕落する。つまり、神観念はアニミズムに先立つものであるという発想に陥ってしまう可能性があるというわけだ。

シュミットみずからが歴史民族学と呼んだ彼自身の手法は、レオ・フロベニウス（一八七三―一九三八）による文化圏説（Kulturkreis）と、フリッツ・グレーブナーが推し進めた分析に基づくものだ（Diallo 2001, Zerbini 2011a）。その研究手法は社会や家族組織、経済生産の形、信仰と宗教的実践の形式を観察することで、異なる文明の間に類似性が存在することを明らかにしようとするものである。進化主義の学派は、すべての社会はいくつかの発展段階を否応なく通過して進歩や文明に至ると考える。一方シュミットが与する伝播論の流れでは、文化的集合体の概念や、集合体間の同質性、そして文化的接触の概念が強調される。つまり、グループあるいは民族の移動が、歴史の展開や文化的要素の伝播にとって重要であると考えたのだ。自然科学や考古学の手法に近いこのアプローチは、シュミットの論文「現代の民族学」（『アントロポス』、一九〇六年）にもみてとれる。実際彼はこう述べている。民族学は個体の調査なしに済ますことはできない。この学問は「必要であれば顕微鏡を用いるような慎重さで」調査をすべきであり、「相当数の個別観察、もしくはそのすべてを記録するときに、全体像をつかむことが可能となる」という（Schmidt 1906 : 623）。つまり、一つの文化を、その物的な産出物全体に基づいて明るみに出し、紹介することを目指すというわけだ。シュミットは、いくつもの調和集合をまとめあげることでできた「文化圏」の概念を、展示方法に関する理論的語彙とした。彼によれば調和集合は「国同士の関係、政治関係、文化関係、言語関係、経済地理関係に応じて、世界のさまざまな区分の内に巨大な部分集合を作ることを可能」にする。[4] 分類システムは、文化や民族学や宣教学の分野を横断的に読み解くことを目的としている。民族地理学的範囲、地域的範囲、民族的範囲の知見を柔軟に用いることを通して、それらを横断的に読解しようというのだ。事実、シュミットは宗教を文化総体のなかに位置づけ直すことを意図して、経済的ファクターも含め、混合や交換や影響といったすべての要素を考慮に入れた。そして彼は、一九二四年から二五年に開かれたバチカン宣教博覧会の民族学展示室でこの歴史的文化的手法を提案し、博物館空間のなかでその手法を発展させていくことになる（Zerbini 2013）。シュミットはこの方法論を用いて、文明の発展は均一ではなく、むしろさまざまな文化的タイプに枝分かれしてゆくこと、そして同じ文明であっても相互の借用や交換を経て変容したことを明らかにした。そして宗教面について、この手法は至高の神は変質するものであることを浮き彫りにした。護符、呪物、さらには神をかたどった彫刻といった宗教上のオブジェは、いくつかの初期文明ではほぼまったくみら

[4]《Relazione sulla sistemazione.....》, archives.

れないのに、いわゆるより新しい文明のなかには再登場するからだ。シュミットは民族学の発展に必要な考え方を教示しようと気を配っていたが、他方で彼の著作、分析、要求する学問的作業、展示方法の間には齟齬があった。この事実は、宣教行為と人類学の営為との間にしつこく存在する不安定な関係性を見事にあらわしている。

シュミットは宗教民族学週間を一九二五年に主催したが、その報告集の序文もこの関係性を鮮明に描き出している。というのも序文では「民族学とはいったい何だろう?」と問題提起されているからだ。その答えの一つとして、次のような言葉が与えられている。「今日、この学問はいよいよカトリックの碩学たちの独壇場となり、彼らの名高い領地といった様子である。カトリック学者は研究手法を見つけ出し、民族学の客観的価値を狭め制限してきた哲学的システムからそれを解放したのだ［…］。この学問はついにはデュルケムによって確立された裏返しの護教学となっていた。それは以下の二つの命題に要約される。すなわち、宗教とは社会的出来事、すなわち派生的事実であるということ、そして宗教の初期段階はトーテミズムであり、トーテミズムが内包する堕落した要素と知的要素とをすべて兼ね備えたものであるということである」(Deffontaines 1925)。しかし先ほどの問いへの答えとなる要素は、ローマ教皇庁やシュミットによる民族学の利用法のなかにも探る必要があるだろう。

「ピウス一一世による宣教の楽天主義――その方法と順応の精神」と題された論文が、一九三一年、『カトリック宣教(*Les Missions Catholiques*)』誌で発表された。若きフランス人イエズス会師アンリ・デュボワはそのなかで、なぜバチカン宣教博覧会のオープニング・スピーチはピウス一一世による方針の大原則を適用したものといえるのか、「宣教学習の公式憲章」とみなしうるのかを明らかにしている(Dubois 1931: 190)。デュボワはさらに、学問分野としての民族学がどのように宣教・民族学博物館の野心、つまりカトリック教会における民族学的探求と呼応しているのかを説明する。初期にみられる気まぐれで熱狂的な性格は、あらゆる文化地理的環境に適用できるような厳密な方法論に取って代わられなくてはならない。そうした厳密な手法だけが、伝道の成功を約束してくれるからだ。実際、デュボワの示すところでは、ピウス一一世の戦略は方法論とその順応という二つの柱に基づいていた。これは宣教師たちを連携させるための二重の努力と理解すべきものだ。宣教師と宣教師、そして宣教師と意思決定機構とのつながりをいっそう緊密で効果的なものにし、民族学も含めたすべての分野における協力を追求したわけだ。ピウス一一世は回勅「レルム・エクレジエ」(一九二六年)のなかで、宣教師たちが「方法について情報交換し、順応できる状態にあること」がいかに必要か強調している。デュボワによれば、宣教師が文化的環境に親しみ、多かれ少なかれ民族学者となることは必要不可欠だった。たしかに、デュボワも認めるように、誰しもがみなやすやすとこの種の学問に精通できたわけではないが、それでも最低限の教育を受けることが求められたのだ。加えて、デュボワによれば、カトリック教会はなんびとも否定できない真の「専門知識」を民族学に関してもっていた。デュボワはその護教的振る舞いによって、カトリック教会の熱意と権威とを正当化する。彼は、シュミットの「歴史文化的」手法が先鞭をつけた、科学的伝道の道具として民族学を利用することを要求し、擁護するのである。民族学を宣教行為へ拡大する試みについて、このフランス人イエズス会師は間違いなく最も熱烈な擁護者である。しかし、デュボワがこうした方針の根拠をピウス一一世による博覧会開会(もしくは閉会)スピーチにどれだけ求めたとしても、教皇が「民族学」の語をいっさい用いていないことに変わりはない。というのもこの学問は、教皇による一大プロジェクト、つまり博覧会と博物館の計画の一部分でしかありえず、この計画こそがカトリック教会式民族学の礎となるからだ。

博物館は博覧会と同様、布教の科学的価値を育み、称揚する場だった。そこでは布教の展開の必要性と可能性とを理解し、よく知ることができるというわけだ。もっぱらこの目的においてのみ民族学は有用であるべきで、そうでしかありえなかった。つまりこの学問領域は信仰のための道具とされたのだ。それは、民族学的な素材を収集して世の耳目を集めたり、宣教師の助力で救済される人びとのイメージを作り上げるためだけではなく、将来信仰に「仕える者たち」が勉強し、いっそう仕事をはかどらせるためという目的もあった。「カトリック的民族学」や「宗教的民族学」などの呼称は、学問的企図と布教目的の混同を長期化させることになる(Mary 2010)。この混同は、論文や宣教師の報告書、そしていくつかの出版物、つまり民族の物的文化を分析し実際の学問的結論を引き出す段階において、「民族学」の用語の限界を明らかにする。一方において民族学は、西洋の学問体系に則って打ち立てられたが、他方において宣教師たちは土着民の日常生活やモラルに接する際、偏見を捨て去るのに苦労した。彼らは「神の概念の誕生」という問いに迫ろうとして、詳細かつ厳密な研究に行きついたというわけだ（Leona 1980 : 154）。とはいえ、このように決めつけるのは早計かもしれない。シュミットにとっての民族学は、その書き物が示すように、明らかに学問的性質を備えており、この学問への彼の取り組みようは宣教活動に隷属するものではなかった。ルイス・サンチェスが指摘するように、シュミットの意図はこの学問を「宣教師の基本的な関心事」（Gómez 2006）とすること、つまり宣教のための民族学ではなく、信仰に役立つ民族学を作ることだった。実際、この学問領域が宣教や宣教師の活動を強化する道具である必要はないし、そうなる必要もない。むしろ反対に、宣教師たちが民族学のほうへと接近すべきなのだ。それがカトリック的民族学であろうと宗教的民族学であろうと、収集された民族誌的情報を糧にすれば豊かになるばかりだからだ。ここでまさに「順応（adaptation）」の語が問題になる。シュミットにとって「順応」は民族学による貢献を意味していたが、多くの宣教師、さらにカトリックの指導者によってこの語は都合よく用いられた。伝道の仕事を前進させてより良い結果を得るための、他者を知り他者の習慣を知る手段を意味する言葉となったのだ。

興味深い事実がある。一九二六年に開かれた第四回ルーヴァン宣教学週間の折、「民族学」や「人類学」の用語がはっきりとは用いられなかったのだ。つまりシュミットの民族学は、宣教師が現地の文化と関係を結ぶうえで直面する問題に答えられていなかったということである（Dietrich 1992）。さらに、少なくとも第二バチカン公会議までは、宣教師たちのほうでも外からの助けを受けたり欲したりすることには消極的であり、それが非宗教的な学問領域からのものとあってはなおさらだった。博覧会にしても宣教・民族学博物館にしても、アフリカ文化を実地で理解することは眼中になかったのだ。しかし器物を展示することによって、宣教師たちの働きを証拠立てることはできたのである（図7-1）。

宣教師たちは、少なくとも初めの頃は、その役目において宣教師＝収集者や宣教師＝民族学者といったあいまいな立場をとっていた。というのも現地では、人類学・民族学者であろうとすると、改宗という活動目標をカッコに入れざるをえなかったからだ。キリスト教伝道を最優先事項に掲げるわりに、宣教師たちが分け入ったのは多くの場合アフリカ文化のごく一部であり、こうした態度が彼らの手法の限界を示している。アンジェルベル・ムヴェング（一九三〇－一九九五）はこう断じている。「初期宣教師たちはおしなべて、自分たちのつくった道、そして学校で勉強した道を通してしかこの宇宙［アフリカ］に触れることができなかった。そのため方法論という点で深刻な欠落があった。というのも宣教師たちはキリスト教擁護の観点からアフリカ文化に触れていたからだ。この文化のなかでキリスト教信仰に当てはまるものとそうでないものとを、手っ取り早くみつけようとしていたのだ」（Eyezoo 2004：329）。要するに、宣教師たちがアフリカ文化を収集し価値を与えたのは、民族と器物とを真に知るためというより、自分たちの働きを知らしめ、収集品を教会活動の物的証拠とすることで、教会をいわば称揚するためだったのだ。もちろん、非宗教的民族学もまた、植民地主義や西洋帝国主義に奉仕し、それを強化していたことに注意しよう。

図 7-1　ヴァチカン宣教博覧会（1924–1925）での
イエズス会マダガスカル宣教会の展示場（©L. Zerbini）

　いずれにしても、二〇世紀前半に至るまで、宣教師たちは自分たちの民族学的探求の成果を博物館学のレベルでどう解釈すべきか苦心した。宣教師＝民族学者の役割や動機はときに流動的で緊張をはらむものだったからだ。学問的要求と、アフリカの地にいる理由との狭間で、この宣教師＝民族学者は、実にしばしば不安定な均衡のなかに置かれていたのだ。

三　保存＝展示のプロセス

収集が行われるのと時を同じくして、器物は展示という形態をとることになる。展示により器物は文脈から切り離され——実用という文脈の外に置かれ——再文脈化されて、新たな用途を作り上げる（Combes 1994, Snoep 2005）。すなわち宣教博覧会は、大植民地博覧会の一翼を担いつつ、器物の美的規範を体系化するのだ[5]。宣教博物館の一番の特色は、器物を選別していることである。あるタイプの作品、特に仮面や小像を優先することが多かった。そして霊的な関心に合致しないものは排除された。では器物にはどのような地位が与えられたのだろうか。収集の基準やそれらを分類する過程を検討すれば、どのような仕方でアフリカの器物に対する宣教師の言説が成立していったのか理解できる。

収集は主に、植民地民族学が好んで対象とする占いをターゲットに行われた。迷信やフェティシズム、さらには民族の「原始的な知性」を描き出すことができるからだ（図7-2）。

ほとんどの物品は、野蛮社会を生み出す異教が「どのような悪事を働くか」を見せるためのものであった。ある作品が醜悪ならば、それは民族が野蛮な証拠であり、改宗させるべ

図7-2　ダオメ（現ベナン）から持ち帰った武装品
（所蔵：アフリカ宣教会）

図7-3　1930年以前のリヨン・アフリカ宣教博物館
（所蔵：アフリカ宣教会（Ⓒ SMA））

しとなるわけだ。展示はいかなる分類システムにも合致しておらず、せいぜい大まかな地理に従って並べられるのが関の山だった――布教博物館（musée de la Propagation de la foi：リヨン）、植民地宣教博物館（musée colonial et des missions：ヴィシー）、プロテスタント宣教博物館（musée missionnaire protestant：ジュネーヴ）（図7-3）などだ。マネキンやジオラマ――たとえば教理問答の場面など（図7-4）――さらに設立者の写真とともに一揃いで置かれたショーウィンドウは、あれこれと並べられた作品であふれていた。物的文化のこうした陳列台は、雑多なものが未整理のまま混在した印象をまず与える。非歴史的な仕方で社会文化を展示するのだからなおさらだ（図7-5）。歴史を取り去り、民族を「未開状態」に押し込めることで、宣教師たちは器物をわがものとする。器物が作られた社会的文化的文脈へのあらゆる参照可能性を遠ざけ、脱文脈化するのだ。彼らは自分たちが器物、もしくは器物のグループへ付与する役割に応じて、特定の見方を提案する。つまり仮面や小像や武具は、想定される用途に応じて、つまり、これこれのための器物というように理解され、定義されたのであり、形態学的な変数（フォルムや時代）あるいは文化的要素（影響関係、翻案、伝播）によって理解されたのではなかった。形態よりも用途に「展

図 7-4　《フランチェスコ・ボルゲーロの接見》（模型）（所蔵：アフリカ宣教会（ⓒ SMA））

図 7-5　ヴィシー植民地宣教博物館（1931 年）（ⓒ Association de la Maison des Missionnaires de Vichy）

［5］宣教集会もまた、アフリカの物的文化に関して、ある種の展示手法を体系化する機会となった。

示における」優位性を与えるのであれば、前提として、器物が使用される文脈を正確に知らなくてはならない。しかるに、二〇世紀初めの数十年においては、そうした知識は穴だらけといわざるをえなかった。器物に添えられたり、目録に書かれたりしたまばらなコメントは、彫刻の種類とは関係なしに、くり返し「呪物」や「偶像」という言葉を用いている。[6]さらに、宗教行為の異教的性格を目立たせようとして、器物に残された目に見える痕跡をもれなく強調することも忘れなかった。特にダオメにおける人身御供の儀式に関わる器物の場合はそれが顕著だった。[7]これこれの器物にはなお「血の跡がある」とか、これこれの彫刻の「額は犠牲者の血に染まっている」とか、さもなければ、「犠牲者の血がべったりついている」などの文言を読むことができる。このような言説は、ここで二重の意図に対応している。すなわち、器物に関するあらゆる手がかり＝痕跡を強調して、来訪者に器物をはっきり理解してもらう意図、さらには供儀行為のありようを説明する意図である。解説文は器物を釘づけにし、決められた枠のなかに閉じ込めてしまう。多くの場合、言葉の辛辣さが器物［の解釈］を支配してしまい、別の見方をさせる余地をいささかも残さないのだ。これは、いずれの場合においても、筆が滑ったというようなものではない。むしろ明らかに、宗教行為の特定の次元に焦点をあてて、ダオメ社会、ひいてはアフリカ社会全体が野蛮で残酷だと否応なく判断させようとする意図がある。つまり器物は実用的な価値のみならず、証拠としての役割ももっているのだ。改宗させるべき民族の祭式が「粗野」で「未開」なものであること、そして器物の働きが絶対的な性格を帯びていることの証拠である。表現豊かであるがゆえに、それらは展示品としてうってつけだった。少なくとも二〇世紀最初の四半世紀においては、宣教師たちはアフリカの物的文化を博物館に陳列することで、アフリカ社会変革の意図を正当化する論拠とし、さらには自分たちの行為の正しさを証明する道具、つまり物的証拠に代えたのである（Jamin 1985）。

これらの証拠物のいくつか――「呪物」や祭式の道具――は、キリスト教へ改宗した証として宣教師へ引き渡されることもあった。呪物の収集と偶像破壊とは両立不可能なものと感じられるかもしれない。前者は保存を目的にし、後者は破壊へと向かうものだからだ。しかし偶像破壊者は、破壊の証拠を、特に非聖化、屈服、勝利の記念として残したいとしばしば感じるものだ。記念品の偶像破壊的保存という宣教師たちの振る舞いは、宗教活動を経済的に持続させ、資金を得るという意図に端を発するものでもあった。「呪物」の形をとった成功の証は、こうして内的つながりにおいても外的つながりにおいても――なぜならこれらの器物は博物館で展示されてゆくのだから――欠くべからざる要素となる。そして「呪物」を公共の場で展示することは、偶像破壊の性質を帯びた非聖化の行いといえるのではないだろうか。周辺環境から引きはがされ、不適切な状況のもとで展示されることで、これらの器物は力を失うからである。宣教師たちにとって、偶像崇拝の駆逐は必ずしも器物そのものの破壊という道を通ることはしない。保存のプロセスや、魔力を中和するプロセスにおいても、偶像崇拝を追いやることは可能なのだ。つまり、器物が布教の地で勝ちとられたトロフィーになり、非聖化されることでも偶像破壊は起こりうるのである。

アプローチの水準（読解の水準）にかかわらず、展示は、非宗教的博物館施設と同様、アフリカ文化を物化し、ガラスの「棺」に収められた死せるものの地位に押し込めてしまう。そして器物を展示――さらには配列――して脱文脈化し、知的宗教的領野にふさわしいよう再文脈化する。そして器物には新しいアイデンティティや地位が刻印され、もともとの文化が取り去られてしまうのだ。

[6] ここでわれわれは、博物館が編集したカタログはもちろんのこと、植民地博覧会の際にまとめられた目録にも依拠している。この博覧会にはカトリック布教団が参加した。

[7] ダオメ（現在のベナン）は、最も野蛮で残虐な国の一つと考えられていた。権力者が没すると大儀が執り行われ、その間、人間が生贄としてささげられたためである。儀礼に関わる毎年の祭典については数多くの注解がなされたが、十分理解されているとはいえなかった。一九世紀末には、もはやダオメだけでなくアフリカ全体の祭典が、このうえない野蛮の表れとみなされるようになる。

四　使用法の変化——新たな空間、新たな儀礼

アフリカ製の作品が獲得され、博物館に入るやいなや、作品の個別化と公式化という結果が生じる。作品には新しいアイデンティティ、何よりも優先されるアイデンティティが付与され、社会的器物としての固有の来歴や、当初の社会的役割を消し去るのである。回収から収集へとアフリカの器物の地位は変化し、この新しい地位が、器物の見方にも変更を迫ることになった。なぜならもともとの文脈におけるアイデンティティは、当然、博物館という場で獲得されるそれとは異なるからだ。この変容現象は、もともとの意味概念を相対化するのみならず、レイモン・コルベイが説明するように、「過ぎゆく器物」という新しい概念を打ち立てることにもなる（Corbey 2000）。アルジュン・アパデュライの言葉を借りるなら、器物の「社会遍歴」は本国を離れたときに終わるのでもなければ、博物館に入って終わるものでもないのだ（Appadurai 1986）。器物の社会生活は、さまざまな文化的コンテクストのなかで、構築と再構築と変形とを繰り返すのである。

収集者＝宣教師が手にするとき、器物の歴史には否応なく断絶が生まれる。この抽出プロセスは、器物を周辺環境と祭式の文脈とから引きはがし、その過去を簡単な注釈にまとめることで、器物の文化と歴史とに沈黙を強いるからだ（Diawara 2009 : 238）。博物館に送り込まれるやいなや、器物は用法においても地位においても変化を迫られる。展示や配列、そして／あるいは別の作品との対比により生まれる新しいコンテクストのもとで、器物は意味を獲得する。したがって、その社会生活は移ろいやすく、その意味するところは移動先によって各々異なってくる。とはいえ、器物の意味はほかならぬ言説構築の結果であり、われわれはその過程を検討する必要があるだろう。

布教博物館が収蔵しているタンザニアの二作品を例にとろう。ルグル人［訳注：タンザニア地域のバントゥー系民族］の椅子《ワ・カミ》と、ニャムウェジ［訳注：タンザニア中央部のバントゥー系民族］系スクマ人［訳注：タンザニア北部のバントゥー系の農耕民族］の小像である。修道者アレクサンドル・ル＝ロワにより収集されたこれらの器物は、

一八九一年に布教博物館へ寄贈された。しかし器物の旅はそこで終わりではなかった。一九六〇年、コレクション全体が箱詰めにされ、ポリーヌ・ジャリコの家に戻る。次に一九七九年、［ジャリコの自宅のある］フルヴィエールの丘を離れ、ローヌ川を渡って、自然史博物館の収蔵庫の棚に並ぶ。[8] さらに四〇年ほど経ち、いま改めてコンフリュアンス博物館で照明の光を浴びている。器物の生活につきものであるこうした概念上の移動は、新たなアプローチと役割とを生み出すのだ。

いま私たちは儀式で用いられる二つの器物を前にしているわけだが、用途に関する多様なコンテクスト（歴史＝文化的コンテクスト）は、アーカイブにはまったく欠落している。そのためこれらの品の歴史的意義と文化的側面は、博物館や博物館学において実際にどう扱われたのか、その推移にかかっている。布教博物館では、器物は異教の「証拠」や「証《あかし》」として扱われた。それらを展示することで、アフリカの人びとにはキリスト教文明という新たな状態へ上昇するのびしろがあることを示そうとしたのだ。宣教文化を知らしめるため、アフリカ器物の展示は欠くべからざる手段だったが、それはまるで文脈からはずれた範列のようであった。器物を生んだ社会構造とは無関係な説明を繰り広げていたからだ。獲得プロセスと展示とが、器物の相互関係を定める組織原理に則り、それらを別の文脈に置き直したのである。《ワ・カミ》の椅子であれスクマの小像であれ、器物は異教討伐のトロフィーにすぎず、「呪物」でしかなかった。ジャン・ボードリヤールが書くように「器物はもはや用途によって説明されるのではなく、テーマにより規定される」のであり、しかも「獲得された器物はテーマしか指し示さないため、どれも同じ抽象概念の様相を呈し、相互参照に終始する」(Baudrillard 1968：121)。ここでいうテーマとは宣教師たちの伝道行為のことである。こうして器物は、新たな収集者＝所有者によってねじ曲げられ、作り上げられた文化的借り物になったのだ。

この観点からすると、器物の地位は、出身地における社会文化的用途よりも、むしろ到着地での文化的慣習や期待

［8］布教博物館のコレクションは、一九七九年、自然史博物館に寄託された。

に左右されるということになる。収集され展示品になること――これが、高い背もたれをもつルグルの椅子やスクマの小像の運命ではなかっただろうか。時を経るにつれ、器物は人為的介入によって物理的に変化する。フォルムの美しさを損ないかねない経年や傷や老朽化から守るためだ[9]。要するに、保存から修復に至るまで器物は変身（relooking）させられ、西洋人たちの期待や趣味にいっそう適うように、一つの美、少なくともある外観を与えられることになる。より価値が高まるよう、台座をつけ、照明を当て、展示資材を付け加えるなどの「手入れ」をほどこしたのだ。やがてルグルの椅子もスクマの小像も芸術品へと格上げされる。数十年にもわたり、こうした段階的で巧妙な修正があくことなく加えられたことで、アフリカの品々の外見はますます丸彫の彫刻、つまりはヨーロッパ的芸術品のステレオタイプに似せられていった。このことから、私たちは次のように考えることもできるだろう。アフリカ器物への西洋のまなざしが変化したのは、器物そのものが修正されたからなのだ、と。

二〇〇一年、リヨンの博物館で展覧会「傑作、至宝、ほかにも何かまだ……（Chefs-d'œuvre, trésors et quoi encore……）」が開催された。これは傑作という不確かな概念や、非西欧文化の展示品を選ぶ際の博物館の役割を取り上げた展覧会で、フォルムの美しさや耽美性のみが器物を判断する基準ではありえないことを示した。それぞれが固有の歴史と、社会文化的現実とを有しているのであって、結局のところ、器物が作品として受け入れられるか否かは、社会や文化や心性のありようにかかっているのだ。こうした手続きを経て、ルグルの椅子や小像は芸術的美的作用とその体験を伝える道具となり、アフリカにおけるそれまでのコンテクストからますます遠ざかってしまう。一世紀の間、これらは珍品、植民地史を伝える展示品、異教社会の証だった。それが今や芸術品に仕立てあげられ、展示室「傑作をみつめる」で披露されているのだ（図7-6）。土台に据えつけられ、スポットを当てられ、その価値はもっぱらフォルムに還元されて、彫刻へと変化する。いい小像とかいい椅子とかではなく（Baudrillard 1968：121）美しいオブジェだね、と言われるだろう。博物館におけるこうした操作は、品々を「見つめられる対象」に仕立てあげ、「芸術品としての地位を授ける」のだ（Derlon & Jeudi-Ballini 2008：139）。分類学上のこうした変容は、カロリン・ディーンが呼ぶところの「所有によるはたらきかけ」をもたらす（Dean 2006）。それにより椅子と小像はアフリカの美術品となるのだ。しかしこうした変容の仕方も、環境や展覧会によって異なることがある。展示室の設計者や展覧会委員もまた、博物館の学芸員と同様、器物をいじくりまわし、外観を変えてしまう存在なのである。

アヌシー美術館で二〇一一年に開催された「私たちの収蔵庫のなかのアフリカ」は、分類様式ができあがる多様なプロセスを問い直そうとした（Zerbini 2011a）。器物は変容し、それが新たな社会的用途を作り出すことを強調したのだ。この展覧会では同一タイプの器物を三つのテーマ（一：原始器物から民族学的器物へ、二：形式的・政治的争点としての器物、三：工芸品から芸術品へ）にそれぞれ配置した。器物が分類され、呪物や民族学的品や芸術品へと再整理されると、対象への感じ方や評価の仕方というものが際立ってくる。そして実のところ、こうした感じ方や評価基準は、言説および展示の枠組みによって条件づけられているのだ。

実際、何がスクマの小像とルグルの椅子とを隔てているのだろう。前者は第一セクションで異教の象徴として（図7-7）、さらに民族学的品として展示され、後者は第三セクションで、サンデー・ジャック・アクパンによる彫刻や、一九世紀末のセヌフォ人の仮面

図7-6 「傑作、至宝、ほかにも何かまだ……」展
（2001年、リヨン自然史博物館。右に《スクマ小像》（ⓒL. Zerbini））

［9］もちろんサイトスペシフィックな――本来のコンテクストに置かれた――器物は、博物館のそれとは別の意味で資材の老朽化を起こす。

や、はたまたザラモ人［訳注：タンザニアをはじめとした東アフリカに住むバントゥー系民族］の小像[10]の隣に置かれた。こうしたテーマ別配置によって、スクマの小像は、訪れる人の目には否応なく二流の彫刻品と映ってしまう。昨日は原始的と評されたある器物が、なぜ今日ではコレクション品のラベルを貼られ、おまけに傑作だとか芸術品だとか褒めそやされるのだろうか。器物へ注がれるまなざし、とりわけその評価は、展示方法やそこで付される言説に大きく依存している。そして展示法や言説それ自体が、ある文化、ある時代の前提によって規定されたまなざしの産物なのだ（Derlon 1999：54）。アフリカの器物がもつ歴史的意味や社会文化的側面は、実際には、西洋における芸術上のならわしに左右される。しかしその展開のいかんを問わず、アフリカの美術作品が博物館施設によって知的にも文化的にも再順応されるさまを問い直す必要がある。というのも、回収者なのか蒐集家なのかによって、器物の物理的外観は、西洋が求める表象の約束事に適うように、変容したからだ。

図 7-7 「私たちの収蔵庫のなかのアフリカ」展
（2011 年、アヌシー美術館（Ⓒ L. Zerbini））

　アフリカ美術蒐集家でナイジェリア人のオルフェミ・アビオドゥン・アキンサニャに関する著作のなかで、シルヴェストル・オクウノドゥ＝オグベシは、アフリカ美術史とその対象へのアプローチとがはらむ微妙な問題を扱っている。アフリカ美術史はほとんどが西洋のコレクション——博物館と蒐集家——をもとに形成されているという問題だ（Okwunodu Ogbechie 2011）。アフリカ美術研究は、西洋の博物館の文脈において始まった。そして、品々を美術品として承認したり格上げしたりする動きは、一つの美的規範を生み出した。［しかし］蒐集家や学芸員の心をつかんだいくつかの器物にこだわるあまり、植民地時代に作られた他の多くの作品が偽物だとか、平凡な模倣品だとか、あまつさえ西洋に影響された作品だ、などと決めつけられることによって、無視されてしまったのだ。

植民地時代にアフリカ人と器物との関係は大きく変容してしまった。器物はヨーロッパ人が奨励する流通市場に取り込まれ、彼ら［ヨーロッパ人］は自分たちの需要に適う彫刻を制作するようアフリカ人に促したのだ（Zerbini 2008：40–50）。「観光芸術（art touristique）」とか「植民地芸術（art colonial）」と呼ばれたこれら混血の、雑種の器物はしかし、サブサハラ・アフリカとヨーロッパとの植民地時代における接触の落し子であった。文明同士の交流と出会いの反映であり、さらにはそのダイナミズムの証だった。たとえそれらの器物が、西洋にとって「異文化を伝える無二の製品」であり続けるとしてもだ（Valentin 2011：75）。というのも、器物は多文化性の申し子として、自らの文化とは異質な文化的宗教的要素、とりわけキリスト教の主題を図像学的なインスピレーションとして取り込んだからだ。

入植者や行政官の存在とまったく同じように、宣教師たちは器物の制作に影響を与えた。リヨンのアフリカ博物館所蔵であるグーロの仮面[11]（コート・ジヴォワール）がそのことを証している（図7–8）。この仮面が踊りの祭式に用い

［10］布教事業団（教皇庁宣教事業）のコレクションに属する品［訳注：布教博物館を運営していた「布教事業団（Œuvres de la Propagation de la Foi）」は、一八二二年、ジャリコ（P. Jaricot）によってリヨンで設立された宣教会の一つで、宣教雑誌 *Les Missions Catholiques* の発刊など、他の宣教団体とともに積極的に海外宣教を推し進めていた。一九二二年ピウス一一世により他の宣教団体とともに教皇庁宣教事業（Œuvres Pontificales Missionnaires）として統括された］。

［11］このグーロの仮面は残念ながらリヨンのアフリカ博物館の収蔵庫、つまりコレクションから失われてしまった。

［12］この仮面はキリスト磔刑像を発展させたものだ。仮面部分の上方には丸彫りで磔刑像があしらわれているからである。

られた様子はないが、興味深いことに、その造形上の特性と構成とは、娯楽のための仮面型の伝統につらなるものだ。[12] この「仮面＝十字架像」が意味するものはコンゴ風の十字とはだいぶ異なってみえるし、博物館のアーカイブにはまったく情報がないものの、それでもキリスト教の儀式と伝統的信仰とのある種の共犯、ないしは絆として解釈することが可能である。しかし同時に作品は、アフリカの彫刻家たちに翻案能力があること、そして彼らが外国から受容したものを自らの文化に同化したことも表している。顔面部の古褐色はキリスト磔刑像の白さとは対照的である。そのため、アフリカに対する西洋人の想像裡に厳として存在する原型的な象徴体系、すなわち、暗黒と光、無知と知、野生社会と文明化されたキリスト社会といった対立図に結びついてしまいがちだ。仮面にキリストの面影が顕著であれば、その曲がったツノに表現されている野生的で動物的な力を善が征服したのだ、とはならないだろうか。そこにキリスト磔刑像の霊的な力への従属をみるべきなのだろうか。彫刻のこうした変化は、宣教師＝収集者によって示唆されたのか、それとも彫刻家の発意による造形的創造なのだろうか。

アフリカ文化は長らく、先祖からの伝統に盲従し、テーマやフォルムを刷新することのできないものと考えられてきた。しかし、外側からの要素が彫刻家自身の文化に組み込まれている事実は、アフリカ文化に旺盛な活力があることを示している。たしかにこうした彫刻には、アフリカ美術の蒐集家や美術マーケットを牛耳る者たちが「一級芸術」と呼ぶものに適う芸術上の規範は感じられない。しかしだからといって、西洋の民族学者がしばしば嘆くように、い

図 7-8 《グーロの仮面》（コート=ジボワール）
（所蔵：アフリカ宣教会（ⓒ SMA））

わゆるアフリカ美術の堕落の結果というわけでもないのである。

私たちのアフリカ美術との関係は、器物を手に入れて、博物館施設によって脱文脈化し再分類していくという関係性にとどまっていたし、今なおそうである。とはいえこれらの器物は、外国との混交によって魂を失ったようにみえるとしても、アフリカ社会の革新力をいっそう明らかにするものだ。この社会は器物を絶えず刷新しつつも、芸術を生み出し継承しているのだから。したがって、こうした創造のプロセスを見過ごしたり、ましてや断罪したりするよりも、実地に検討するほうがいっそう興味深いといえよう。というのも、忘れてはならないことだが、今日アフリカ美術作品へと祭り上げられた器物は、昨日までは下卑た粗野な彫刻であるとみなされていたものであるからだ。キリスト教の要素と結びついたこれらの器物は、布教者の鑿で傷つけられたという理由で、今では「文化変容芸術」の表れ、平凡なアーティファクトとみなされている。しかし明日には、単純に一時代の証人として観察され吟味され眺められているかもしれない。そしていくつかの器物は、コンゴの十字架像に似て、蒐集家によって披露され売り買いされて、博物館化した教会の中で展示されることだろう。

◉参考文献

Appadurai, A.（ed.）（1986）. *The social life of things: Commodities in cultural perspective*. Cambridge: Cambridge University Press.

Baudrillard, J.（1968）. *Le système des objets*. Paris: Gallimard.

Combes, A.（1994）. *Reinventing Africa: Museums, material culture and popular imagination in late Victorian and Edwardian England*. New Heaven: Yale University Press.

Corbey, R.（2000）. *Tribal art and traffic: A chronic of taste, and desire in colonial and post-colonial times*. Amsterdam: Royal Tropical Institut.

Dean, C.（2006）. The trouble with（the terme）Art. *Art Journal*, 65(2), 24–32.

Deffontaines, R. (1925). Les sciences d'observation et les missions. *La vie scientifique, Sept.*, 531–542.

Deliège, R. (2006). *Une histoire de l'anthropologie: Écoles, auteurs, théories*. Paris: Seuil.

Derlon, B. (1999). Vitrines, miroirs et jeux d'images: Réflexions à propos du futur musée des arts et des civilisations. *Journal des africanistes, 69*(1), 53–65.

Derlon, B., & Jeudi-Ballini, M. (2008). *La passion de l'art primitif: Enquête sur les collectionneurs*. Paris: Gallimard.

Diallo, Y. (2001). L'africanisme en Allemagne hier et aujourd-hui. *Cahiers d'études africaines, 161*, 13–44.

Diawara, M. (2009). Pourquoi des musées? Mémoires locales dans les musées africains. In I. Ndaywel è Nziem, & E. Mudimbe-Boyi (dir.), *Images, mémoires et savoirs: Une histoire en partage avec Bogumil Koss Jewsiewicki*, Paris: Karthala, pp.231–245.

Dietrich, S. (1992). Mission, Local culture and the "Catholic ethnology" of Pater Schmidt. *JASO, 23*(2), 111–125.

Dubois, H. (1931). L'optimisme missionnaire de Pie XI: Esprit de méthode et d'adaptation. *Les Missions Catholiques*, 1 May.

Eyezoo, S. (2004). Les missionnaires chez les Beti du Sud-Cameroun d'après le R. P. Mveng et le pasteur Cosendai. In O. Servais, & G. Van't Spijker, *Anthropologie et missiologie: XIXe–XXe siècles*, Paris: Karthala, pp.323–339.

Gómez, L. Á. S. (2006). Martirologio, etnología y espectáculo: La exposición misional española de Barcelona. *Revista de Dialectologia y Ttradiciones Populares, 61*(1), 63–102.

Jamin, J. (1985). Les objets ethnographiques sont-ils des choses perdues. In J. Hainard, & R. Kaehr (éds.), *Temps perdu, temps retrouvé: Voir les choses du passé au présent*, Neuchâtel: Musée d'ethnographie, pp.51–74.

Leona, A. R. (1980). La politica missionaria del Vaticano tra le due guerre. *Studi Storici, 21*, 123–156.

Le Roy, A. (1906). Le rôle scientifique des missionnaires. *Anthropos, 1*, 3–10.

Mary, A. (2010). La preuve de Dieu par les Pygmées: Le laboratoire équatorial d'une ethnologie catholique. *Cahiers d'Études Africaines, 198–200*, 881–905.

Okwunodu Ogbechie, S. (2011). *Refaire l'histoire: Les collectionneurs africains et le canon de l'art africain*. Milan: 5 Continents.

Prudhomme, C. (2015). Sciences pour la mission, sciences de la mission. In C. Dujardin, & C. Prudhomme (eds.), *Mission & science: Missiology revisited 1850–1940*, Leuven: Leuven University Press, pp.199–218.

Relazione sulla sistemazione del pontificio museo missionario etnologico, note dactylographiée, Archivio Correspondense 63–91, Archives Musée Ethnologique du Vatican.

Schmidt, W. (1906). L'ethnologie moderne. *Anthropos*, 615–628.

Servais, O., & Van't Spijker, G. (dir.) (2004). *Anthropologie et missiologie: XIXe–XXe siècles*. Paris: Karthala.

Snoep, N. J. (2005). La production et la transformation d'un objet ethnographique africain: Le cas de la collecte des minkisi à la fin du XIXe siècle. In M. Coquet, B. Derlon, & M. Jeudy-Ballini (éds.), *Les cultures à l'œuvre: Rencontre en art*, Paris: Biro/Maison des Sciences de L'homme, pp.97–120.

Valentin, M. (2011). Alchimie des regards et interactions culturelles: Arts et artisanats d'Afrique en France. In L. Zerbini (dir.), *L'Afrique de nos réserves*, Milan: 5 Continents, pp.69–77.

Vandenberghe, A. (2006). Entre mission et science: La recherche ethnologique du père Wilhelm Schmidt SVD et le Vatican (1900–1939). *LFM: Missions et sciences sociales*, *19*, 15–36.

Zerbini, L. (2008). *Collection d'art africain du musée de Grenoble*. Milan: 5 Continents.

Zerbini, L. (dir.) (2011a). *L'Afrique de nos réserves*. Milan: 5 Continents.

Zerbini, L. (2011b). L'Afrique terre de mission: À la recherche d'une ethnologie catholique. In L. Zerbini (dir.), *L'Afrique de nos réserves*, Milan: 5 Continents, pp.33–45.

Zerbini, L. (2013). L'exposition vaticane de 1925: Affirmation de la politique missionnaire de Pie XI. In L. Pettinaroli (dir.), *Le gouvernement pontifical sous Pie XI: Pratiques romaines et gestion de l'universel* (*1922–1939*), Rome: École Française de Rome, pp.649–673.

Zerbini, L. (2015). Le musée missionnaire ethnologique du Latran: De la mission à l'ethnologie, un défi ambitieux. In C. Dujardin, & C. Prudhomme (éds.), *Mission & Science: Missiology revisited 1850–1940*, Leuven: Leuven University Press, pp.221–235.

8

宣教師と植民地化

モンゴ・ベティの二つの小説から[1]

砂野幸稔

一　アフリカ文学と宣教師

一九三〇年代から四〇年代にかけてフランス語圏を中心に登場したヨーロッパ語によるアフリカ文学は、ネグリチュードにみられるように、まず、白人人種主義による黒人の本質的劣等性の神話に対して黒人の尊厳を対置しようしたが、一九五〇年代に入り、アフリカ人の自立、独立への希求が現実化してくると、植民地支配下のアフリカ人とアフリカ社会を描き出すことを自らの課題とするようになる。

そして、植民地支配下のアフリカにおいて、必ず見出されるのがキリスト教宣教師の姿である。

古くは十字軍によるアラブ世界に対する略奪と暴虐、そして一六世紀には「キリスト教化」のためのものとして正当化されたインディアスの征服と虐殺、そして一七世紀から一八世紀にかけては「魂の救済のために」一人ひとり洗礼を施してアフリカ人を奴隷船に積み込んだという奴隷貿易など、キリスト教世界が外部世界に対して「神」の名において行った蛮行について

[1] 本章は、文献にあげる既出の拙論での議論を、キリスト教宣教師を焦点化する形で見直したものであり、そのため、それらの記述と一部重複する部分があることをお断りしておく。

は、現在ではすでに多くの論者によって語られている（西山二〇〇五）。一九世紀から二〇世紀にかけての帝国主義の時代にも、キリスト教は植民地支配を正当化した。一六世紀のインディアス、そしてアジアにおいてそうであったように、一九世紀のアフリカでも、高名なリヴィングストンをはじめとしてキリスト教宣教師は植民地支配の尖兵の役割を果たした。そしてひとたび支配が確立すると、彼らは「神」の名において支配を正当化する支配のイデオロギー的補完者となった（Opoku 1985）。

フランスにおいては一八世紀に「新」大陸におけるイギリスとの争いに破れた後、大革命を経て一九世紀の帝国主義の時代を迎える頃になると、「海外布教」を目的とする布教団が次々と結成された。国内では政教分離を標榜した第三、第四共和政のもとでも、植民地においては「政」も「教」も不可分のものとして結びついていた。ともに第一の大義名分は「文明化」であり、宣教師たちも単に「神の教え」を語っていたのではなく、教育、技術の普及、「開発」を積極的に推進していた。彼らにとっても「キリスト教化」とは「未開住民」の「文明化」と同義語だったのである（Suret-Canale 1962：443–459, Laverdière 1987：55–130）。

そうした宣教師の姿を最も早い時期に、そして最も印象的な形で自らの作品のなかに描き出したのがカメルーン出身の作家モンゴ・ベティ（Mongo Béti）である。

脱植民地化に向けて時代が動き始めた一九五〇年代に、まだ二〇代の若い作家であったモンゴ・ベティは四つの小説作品を発表しているが、そのうち二作品がキリスト教宣教師を物語の中心に置いた作品である。ただ、ベティがそれらの作品で描き出すのは、キリスト教宣教師の姿だけでなく、むしろ植民地支配下で変貌していくアフリカ人社会とアフリカ人たちの姿である。

本章では、ベティの作品の舞台となるフランス支配下のカメルーンとモンゴ・ベティについて簡単に紹介（第一節）した後、キリスト教宣教師を中心に据えた二つの作品、『ボンバの哀れなキリスト（*La pauvre Christ de Bomba*）』（Béti 1956）、『奇跡の王（*Le roi miraculé*）』（Béti 1958）における「福音伝道」批判の側面を確認し（第二節）、これらの作品が描き出すもう一つの重要な側面として、植民地支配下で変貌するアフリカ人社会とアフリカ人の姿を分析することを通して（第四節）、ベティが、そうした変化のなかにあるキリスト教宣教師を、彼らの意図とは裏腹に、新しい時代を準備する触媒の役割も果たしうるアンビバレントな存在としても描いていることを指摘する（第五節）。

二 植民地支配下のカメルーンとモンゴ・ベティ

カメルーンは一八八四-八五年のベルリン・アフリカ分割会議でドイツ保護領とされ、約三〇年間ドイツ統治を経験した後、第一次大戦におけるドイツの敗北後、現在のナイジェリア国境沿いの西部地域はイギリスの、残りの東部地域はフランスの国際連盟委任統治領とされた。第二次世界大戦後もそのまま国際連合の信託統治領となったが、現在のカメルーンの大部分を占めるフランス支配下の東部カメルーンでは、支配の実態は実質的には他のフランス領アフリカ植民地と大きな違いはなかった。

アフリカにおけるフランスの植民地支配については、しばしばその「同化政策」が取り沙汰されるが、実は、政治的「同化」については、一七世紀からフランス商館が存在していたセネガルの四つの「コミューン」住民に一九世紀後半に不完全な「市民権」が与えられただけであり、それ以外のアフリカ人はすべて「従属民」として事実上の無権利状態にあった。第二次世界大戦後、政治的権利は拡大したが、完全な「同化」には程遠いものだった。また、教育における「同化」についても、セネガル初代大統領であり、ネグリチュードの詩人としても高名なL・S・サンゴール（L. S. Senghor）のようなエリートは生み出したが、一般への教育普及の努力ははなはだしくお粗末なものだった。フランス領西アフリカ全体で初級学校に通う生徒の数は、総人口が一五〇〇万を超えていた一九三九年の時点でも七万一二〇〇人にすぎず（Capelle 1990 : 32）、一九五五年の時点でも就学率は一〇パーセントに満たなかった（Capelle 1990 : 171, 砂野 一九九七）。

教育は公立学校とミッションスクールを通して行われたが、ドイツ領時代から多くの宣教団が活発に活動していたカメルーンにおいては、特にミッションスクールがフランス語による初等教育の普及に果たした役割が大きかった。先述のフランス領西アフリカの一九三九年の初等教育就学率が二・四パーセントにとどまっていたのに対して、カメルーンでは一九四五年の時点ですでに一七・二パーセントに達していたという（Gaillard 1989 : 159）。一九三二年にカメルーン南部で生まれたモンゴ・ベティもそのなかの一人だった。七才で父を失ったベティは母によってミッションスクールに送られ、そこでフランス語を学んだ。

他方、ベティが少年期を送った第二次大戦後のカメルーンはまさに激動の時代だった。フランス第四共和政の成立によってアフリカの各植民地が本国議会に代表を送ることができるようになったのに伴い、各地でアフリカ人政党が結成されるとともに、労働組合への規制が緩和されたことで労働組合運動も各地で盛んになっていた。他のフランス領アフリカ植民地では体制内的改良を目指す比較的穏健な運動が大部分だったが、早くから高い政治意識をもった知識人の運動が存在し、委任統治領という特殊な地位もあって両大戦間期からすでに自治、そして独立を求める動きが活発であったカメルーンでは、第二次大戦直後からフランス支配の終焉を求める運動が強力に展開されていた。その中心にあったのは労働組合組織を基盤としアフリカ人独立農民や小商人の支持を受けて一九四八年に結成されたカメルーン人民同盟（Union des populations du Cameroun : ＵＰＣ）だった。書記長となったのは後にベティの小説のタイトル（Béti 1974）にもなるカメルーン労働組合連合第一書記ルーベン・ウム・ニョベ（Ruben Um Nyobe）だった。ＵＰＣは国内での運動を広げながら、一九四九年、国連に対して即時独立を求める請願を行い、一九五一年には当初所属していたアフリカ人政党の連合組織アフリカ民主連合（ＲＤＡ）を、その体制内改良主義を批判して脱退し、さらに一九五二年にはルーベン・ウム・ニョベが国連信託統治委員会で即時独立を要求する演説を行っている（Joseph 1977）。

こうした時代の雰囲気のなかでベティはバカロレアを取得し、一九五一年、奨学金を得てフランスに渡った。そして大学での勉学を続けながら一九五三年から『プレザンス・アフリケーヌ（*Présence Africaine*）』誌（一九四七年創刊）に記事を発表し始め、植民地体制の問題とアフリカ文学について鋭い評論を行っている。一九五五年に掲載された評論「ブラックアフリカ、バラ色の文学（Afrique noir, litérrature rose）」（Béti 1955）では、当時、アフリカの伝統社会での幼年期をノスタルジックに描く作品としてフランスで評判になったカマラ・ライ（C. Laye）の『黒人の子（*L'Enfant noir*）』（邦題『アフリカの子』）（Laye 1953）を、牧歌的なアフリカを描くことで植民地支配の現実から目をそむけるものとして厳しく批判し、また、第二次世界大戦後、黒人知識人の間で一世を風靡していたネグリチュードについても、「黒人文学は人種についていたずらに言葉を費やすのではなく、現代の黒人の抱える諸問題を描かねばならず、現代の黒人の問題として最大で唯一のものは植民地支配の問題である」として真っ向から批判している（Béti 1955）。

こうした評論で表明した自らの立場を、ベティはその後数年の間に実際の小説作品として相次いで結実させてゆく。一九五三年に『プレザンス・アフリケーヌ』誌に発表され、マウマウ戦争と呼ばれたケニアの反植民地蜂起に題材を求めた短編小説『憎しみもなく愛もなく（*Sans haine, sans amour*）』（Béti 1953）はまだ習作段階の作品だが、『残酷な町（*Ville cruelle*）』（一九五四年、エザ・ボト（Eza Boto）の筆名で発表）（Béti 1954）、『ボンバの哀れなキリスト』（Béti 1956）、『使命完了（*Mission terminée*）』（Béti 1957）、『奇跡の王』（Béti 1958）と次々に単行本として発表された長編作品は、現在では知らぬ者はないアフリカのフランス語文学の古典となっている。

ベティはこの時期、文学活動と並行してUPCパリ支部のメンバーとしても活動していたが、一九五八年にUPC指導者ルーベン・ウム・ニョベが殺害され、UPCの反植民地ゲリラ闘争が圧殺されるに及んで、帰国せずフランスにとどまることを選んだ。カメルーンは一九六〇年、フランスと密接に結びついたアマドゥー・アヒジョ（Amadou Ahijo）を大統領として独立するが、UPC支持者を徹底的に弾圧するアヒジョ政権を受け入れないベティにとって、帰国はいずれにしろ不可能であった。

このとき以降、ベティは十数年の間沈黙を守るが、一九七二年に評論『カメルーンの強奪（*Main basse sur le*

Cameroun)』（Béti 1972）を出版して再び文筆活動を開始し、カメルーンの新植民地体制とフランスの支配の継続を厳しく批判すると同時に、アフリカ人が真に主体となることへの希求を、二〇〇一年のその死の直前まで新たな小説作品、そして評論活動を通して発表し続けた。

三 「福音伝道」の脱神話化

ベティは、後に『ボンバの哀れなキリスト』について自ら次のように語っている。

『ボンバの哀れなキリスト』に特にみるべき功績があったとすれば［…］、それは、この作品が、私が知る限り初めて、若いアフリカ小説がアフリカ人の運命に関わる重要問題を、必要ならば容赦ない形ででも提起すること、つまり、根深い支配の神話によって覆われてきた瞞着のベールを引き裂くことをためらわないことを示したことだ。（Béti 1981：110）

いうまでもなく、キリスト教宣教師は、そうした「重要問題」の一つである。同じ文章のなかで、ベティは次のように厳しい言葉で「福音伝道」を断罪する。

福音伝道とは、われわれに対する精神的な強制収容所なのだ。目隠しされ、果てしない旅の末に、魂を奪われ、痴呆化し、ついには隷従を受け入れて、偽りの約束の地に至るのだ。（Béti 1981：120）

暴かれなければならないことは、宣教師が神の名において語り、行っていることが、実は植民地支配の構造を支えているという事実である。そのためにベティが造形したのが、『ボンバの哀れなキリスト』のドリュモン神父と『奇跡の王』のルグエン神父という例外的なまでに理想主義的な宣教師像だった。彼らはともに、自らは植民地支配からは独立していると信じているが、彼らが否応なく植民地支配の補完者であり受益者であることが物語を通して浮き彫りになるのである。

まず二つの作品の二人の神父の物語をみておこう。

ドリュモン神父

『ボンバの哀れなキリスト』は一九三〇年代のカメルーン南部を舞台としている。物語は、主人公のドリュモン神父を敬愛する付き人のアフリカ人少年ドニが、日々の経験を書き綴るという日記の体裁をとっている。神父の布教館での活動は、第一次世界大戦後カメルーンがフランスの委任統治領となってからの時期とほぼ重なる。

「合理主義、科学主義、尊大で自意識過剰のヨーロッパに」うんざりして、「キリストの王国を広める」(Beti 1976 : 200) ためにアフリカにやってきたボンバカトリック布教館館長ドリュモン神父は、二〇年にわたって精力的に活動し、教区を広げてきたが、植民地行政府からは一定の距離を保ってきた。物語は三年間放置していた奥地のタラの国への巡回の旅の様子を語るが、訪れるどの村でも人びとは神父の教えに従わず、神父は布教が失敗に終わっていることを思い知らされる。わずかに残るよいキリスト教徒は、年老いた哀れな女たちだけだった。神父は自問する。道路沿いの人びとはよいキリスト教徒となっているのに、タラの国の人びとはなぜキリスト教から離れてしまったのか。巡回を通して神父は少しずつその理由を理解し始める。奥地の住民がキリスト教から離れたのは、道路沿いの人びとと異なり、まだ植民地行政府の暴虐にさらされていないからだった。つまり、神父の布教は、植民地行政が生み出すアフリカ人の悲惨によって支えられていたということになる。

実は、まだ巡回が始まったばかりの頃に、タラの国への道路建設の予定を神父に知らせる行政官ヴィダルの言葉が、すでに植民地支配と教会の関係を如実に語っていた。「お喜びなさい、ドリュモン神父。もう大丈夫ですよ。もうすぐ道路とあなたの顧客があなたのものになりますよ。お喜びなさい」。タラの国の住民もまもなく強制労働にかり出されることになる、ということである。ヴィダルは言葉を続ける。「あなたは彼らを精神的に守るのです。彼らにこう言うのです。「わが子らよ、この苦しみと涙の川を受け入れなさい。死のときにはあなたたちは大いに報われるでしょう」と」（Béti 1976：52）。

そして、タラの国の巡回を終える頃、神父は自らの失敗を自覚し、ヴィダルに次のように語る。

私は、植民地支配について神に報告することだけはしたくないと思っています。私はあなたの立場にはなりたくない。私は宣教師のなかでも例外的な存在だとあなたはおっしゃるでしょう。その通りなのです、残念ながら。あなたにはわかるでしょう。私にはそれがつらい。いいですか。二つに一つなのです。あなたとともに、あなたのすぐ近くでこの土地にとどまることを選べば、私はあなたの植民地化を助けることになります。宿命的にそうなるのです。まずあなた方のために地ならしをし、その後はあなた方の後方を固めるのです。そもそも、あなた方の考えている私たちの役割はそういうものではありませんか？　そうではなく、この土地をキリスト教化する方を選ぶのであれば、その場合、最良の方法は、あなたが同じ場所にいる限りあなたに近寄らないようにすることです。（Béti 1976：199）

こうして自らが植民地支配の共犯者であるという事実に打ちのめされ、アフリカを去ることを決意して布教館に帰り着いた神父は、さらに衝撃的な事実を突きつけられることになる。結婚準備をする女たちのためのシクサと呼ばれる女子寮（実は彼女たちは布教館のための労働力としても使われていた）が、神父が信頼していたアフリカ人助手たちによって、性的搾取の場になっていたのである。

植民地行政府を後ろ盾にして神父が体現する権力は、それを利用して自らの利益を計ろうとする者たちを生み出し、目も当てられないような腐敗まで生み出していたことを神父は理解するのである。キリスト教宣教師は、植民地支配の共犯者であるだけでなく、その受益者でもあり、さらに、権力の腐敗は自らの足下にも忍び込んでいたのである。

ルグエン神父

『奇跡の王』は、同じカメルーン南部のさらに奥地のある王国を舞台にし、時代は第二次大戦後、一九四八年とされている。それは、カメルーンの独立運動を率いることになる「カメルーン人民同盟（UPC）」が結成された年である。物語のなかでも、登場する若者たちの会話から、すでに都市部では脱植民地化に向けた動きが始まっていることがわかる。ただ、奥地の王国にはまだそうした動きは及んでいない。

物語は「年代記」として物語外の話者によって語られながら、視点が複数の異なった人物に切り替わってゆくという、やや複雑な構成になっているが、その中心に置かれているのは、『ボンバの哀れなキリスト』で新任の助任司祭であったルグエン神父である。

エッサザム布教館のルグエン神父は、ドリュモン神父の失敗は権威主義的な彼の姿勢ゆえだったと考えており、自らの教区をもって以来、一〇年以上にわたり住民の生活に溶け込みながら布教に努めてきた。エッサザムの諸氏族を束ねるエソンバ・メンドンゴ王とも良好な関係を保ってきたが、王を改宗させるという彼の宿願はかなえられそうになかった。

しかし、その王が病を得て瀕死の状態に陥ったことで、思いもかけぬ事態が起こる。ルグエンが町に医師を派遣するよう要請に行っている間に、王の病の知らせを聞いて王の伯母ヨシファが駆けつけ、敬虔な信者である彼女は甥を異教徒として死なせるわけにはいかないと無理矢理洗礼を施し、しかも王はなぜかそれを受け入れたのだ。戻ったルグエンはもちろんそれを追認する。そのまま王が亡くなれば、ルグエンに宿願成就の喜びを与えただけで終わったはずだった。
ところが、洗礼を受けた後、王は奇跡的に回復し、そのことは王国に大きな混乱を生み出すことになる。ルグエン神父は、この「奇跡」を完全なものにするために王にラザロという洗礼名を与え、キリスト教徒となった以上、一夫多妻を放棄して、二三人の妻を一人を残してすべて追放するべきであると老女ヨシファと共に王を説得する。王はついにそれを受け入れ、最も若い妻以外のすべての妻に出て行くように命じる。しかし、実は、その二三人の妻たちは、それぞれの出身の氏族と王との盟約の証でもあり、王の決定は追放された妻たちの氏族の者たちと非キリスト教徒の村人たちの憤激を買い、当然、王国は混乱に陥る。後述するように、ベティが描き出そうとするのは、この前代未聞の事態を前にした「伝統」社会の無力とそれを批判的にみる若者たちの姿だが、それは同時に、植民地社会のなかでのキリスト教宣教師の位置を浮き彫りにすることにもなるのである。植民地行政府は、この騒擾が植民地支配への反乱につながることを恐れ、事態の収拾を試みる。やってきた植民地行政官ルクーは、村人たちとルグエン神父の「和解」を試み、妻たちの追放をやめさせることをルグエン神父に求めるが、神父をそれを聞き入れようとしない。ルクーはこう語る。

いいですか神父。このいまいましい時代は、決してアフリカを揺り動かしてはならないときなのです。ほんの些細なもめ事でも、どんな結果をわれわれにもたらすかわからないのですよ。住民の魂を神に導くことよりも何よりも、われわれにとって、つまり神父、あなたにとっても私にとっても大事なことは、われわれがここに末永く居続けられるということ、つまり、私たちが、互いに分野は異なりますが、このみじめで粗野で善悪の区別もつかない連中のなかに作りあげることに成功したこのよき平和を末永く継続させることなのです。(Béti 1977 : 240)

植民地行政府と布教館は一蓮托生であり、優先されるのは植民地秩序である、ということである。しかし、自らの福音伝道の使命に忠実であろうとし、長年の努力の「成果」を何としても守ろうとするルグエン神父は、この説得に応えようとしない。

結局、ルグエン神父は植民地行政府の要請によって、布教館長の職を解かれることになり、行政府の指導で王は妻たちの追放をやめ、王国はとりあえずは旧に復することになるのである。

四　アフリカ人社会の矛盾と変化

しかし、この二人の宣教師はたしかにそれぞれの作品において中心的な位置を占めているが、二つの小説は、この二人だけの物語ではない。

ベティは『ボンバの哀れなキリスト』の冒頭に次のような読者へのメッセージを置いている。

> 読者に幻想を抱かせたとしたら悔いが残る。アフリカには一人のドリュモン神父もいたことはないし、おそらくこれからも決して現れることはないだろう。少なくとも祖国アフリカを私が知る限りでは。それでは話がうますぎるというものだ。
>
> この小説のなかにひしめく黒人たちは、彼らの生の姿を写したものであり、いかなるエピソードも状況も厳密な事実に基づかないものはなく、すべて検証可能でさえある。（Béti 1976 : 8）

ドリュモン神父もルグエン神父も、ベティ自身が知った宣教師たちをもとに造形された宣教師像である。しかし、ドリュモン神父のように、植民地支配の共犯者であり、その受益者であることを恥じる宣教師はいなかっただろうし、また、ルグエン神父のように、植民地行政府と対立してまで、いわば原理主義的な「キリスト教化」にこだわる宣教師も稀だっただろう。

しかし、重要なことは、このメッセージの後半にあるように、これらの小説が、植民地支配下のさまざまなアフリカ人の姿を描いているということである。

第二節でも示したように、ベティの一九五〇年代の四作品がまず示そうとしたのは、植民地支配が「文明化」でも「博愛的な保護」でもなく、あからさまな差別と搾取の体制にほかならないことであり、キリスト教の布教がそうした体制と表裏一体であるということだった。しかし、それだけであれば、ベティの一九五〇年代の作品がアフリカ文学の古典としてこれほど長く読み継がれ、高く評価されることはなかっただろう。

ベティのこれらの作品の価値は、単に植民地支配体制の矛盾を暴き、その批判を行うだけではなく、植民地化の時代がもたらした変化を鋭い観察力でとらえ、アフリカ人社会の矛盾と変化、そして新しい未来の可能性までを描こうとしたことにあると私は考えている。

ベティが描くキリスト教宣教師は、そうした変化のなかの一つのアクターとして存在しているのである。以下では、これらの作品が描き出すアフリカ人社会とその変化をみていこう。

アフリカ人社会の矛盾

ベティの作品のなかでは、植民地支配そのものの問題だけでなく、植民地支配下のアフリカ人社会が自らの内部に抱える矛盾が容赦なく暴き出されている。なかでもアフリカ人社会で行われている女性に対する搾取と抑圧は、ベティの作品のなかで繰り返し表れるテーマである。

『ボンバの哀れなキリスト』では、タラの国で信仰を保っているのは寄る辺のない老女たちだけであり、女子寮シクサでキリスト教徒としての結婚準備をするはずの女たちは、その従順さゆえに、教会のための都合のよい労働力であり、さらにアフリカ人助手たちにとっては性的搾取の格好の餌食だった。ベティは、タラの国から戻ってシクサの惨状を知ったドリュモン神父にこういわせている。

原住民の女、従順な黒人の娘というのは、まったくなんと理想的な機械であることか！［…］原住民たちは、われわれよりはるか以前から、彼らの女たちが理想的な機械だということを知っていました。連中もばかではありませんから……［…］そこへわれわれがやってきたわけです。キリスト者として、キリストの使者として、文明をもたらす者としてのわれわれがです。そしてそのわれわれが何をしたと思います？　女たちに人間としての尊厳を取り戻してやったとでも思われますか？　いや、とんでもありません。われわれは女たちを隷属の状態にとどめおいたのです。ただ、今度はわれわれの道具としてね……。（Béti 1976：264）

神父は、自らが植民地支配の補完者であり受益者であることを認めざるをえないだけでなく、自らがアフリカ人社会の女性に対する抑圧と搾取の共犯者であったということも思い知らされるのである。奥地のタラの国で、年老いた女性たちだけが、神父の長年の不在にもかかわらず信仰を保っていたのは、男たちに使い捨てられるだけの彼女たちには、それ以外に救いがなかったからだった。

『奇跡の王』においても、『ボンバの哀れなキリスト』におけるのと同様、敬虔な信者は、とりわけ年老いた女たちである。たとえば、瀕死の王に洗礼を与えることになる信心深い老女ヨシファの描写は、エッサザムにおける女たちの人生を簡潔に要約している。

［王の危篤の知らせを聞いて駆けつけた］この最初の人びとのなかに一人の老女がいた。やせこけた長い首は浮き出た血管に覆われ、日々の苦労によって皮膚は皺だらけというよりよれよれだった。生涯を通して、彼女は畑を開

き、鍬で耕し、太い切り株を除き、トウモロコシの種を蒔き、キャッサバ、サトウキビを植え、森の恵みを求めて歩き回って草や茨で擦り傷を作り、男たちから情け容赦なく酷使されたあげく、もはや廃品同様だった。（Béti 1977：53）

また、いわゆる「伝統社会」に対してもベティは容赦がない。

『ボンバの哀れなキリスト』では、タラの国で神父に対して協力的なのは首長たちだけである。彼らは神父の背後に植民地行政府があることを知っている。彼らは強制労働に協力し、植民地支配者によってその地位を保証され、そこから利益を引き出す植民地支配の協力者、受益者にすぎない。

他方、伝統の名において若者に服従と敬意を要求する老人たちも、植民地社会でアフリカ人たちが直面する諸問題についてはまったく無力な存在でしかない。『奇跡の王』では、王の改宗で混乱する状況に対して、老人たちは延々と無駄な演説と話し合いを続けるだけで、事態を打開する解決策を見出すことができない。

新しい時代を準備するアフリカ人人物像

ベティの五〇年代の作品は、植民地支配の現実を厳しく暴き出し、さらに、アフリカ人社会の抱える矛盾も容赦なく描き出す一方で、ある種の楽観主義も感じさせる側面がある。これらの作品に登場するアフリカ人登場人物のなかには、植民地支配下で登場した新しいタイプのアフリカ人が、現在とは異なる未来を予見させるような存在として描き込まれているのである。

『ボンバの哀れなキリスト』では、面従腹背で神父の権力を利用しながら自らの利益を計ろうとする者たち、あるいは、もはや神父の権威を認めず植民地支配のもたらしたもう一つの教え、すなわち「金」の力を信じる者たちなど、すでに変容しつつある社会の新しい論理を理解し、自らの望むものを知るアフリカ人たちが至るところに登場する。

最も印象的なのはドリュモン神父の料理人ザカリである。信仰はうわべだけで、神父に隠れて女子寮の女に手を出し、白人の助手としての立場を利用して富を蓄え、教会を去るときにはすでに郷里に広大なプランテーションをもつまでになっている。それをなかば知りながらドリュモン神父が彼に示す奇妙な愛情は、何ものにもとらわれずに自らの社会の現状を冷徹に把握し、資本主義的な「開発」の視点でさえ自らの社会をみるザカリが、その不遜さゆえに、自分にはみえていなかった角度からアフリカ人社会の現実を教えてくれる存在だからである。道路の建設が強制労働を意味することを知りながら「それはよいことです、神父さま。この国は道路を建設する価値があります。これほど人がいてカカオがあるのだから」(Béti 1976 : 59) と言ってのけるザカリは、すでにそれをうすうす理解し始めている神父にアフリカ人のキリスト教に対する態度を次のように明確に説明してみせるのである。

いいですか、われわれのなかで最初にキリスト教の教えにとびついた連中は、ちょうど一つの啓示に接したようなものだったんです。あなた方の秘密を教えてくれるような啓示です。あなた方の力の秘密、あなた方の飛行機、鉄道、とにかくあらゆるものの秘密……要するに、連中はあなた方の不思議な力の秘密を探り出すことのできる学校に行ったつもりだったんです。ところがあなたは、その代わりに神だの魂だの永遠の生命だのについて話し始めた。そんなことはあなたが来るはるか以前から知らなかったとでも思っているんですか。当然、彼らはあなたが何か隠していると感じました。そしてその後で、金さえあればいろいろなものを手に入れることができるということがわかったわけです。蓄音機、自動車、そしてたぶんいつかは飛行機でさえ手に入るでしょう。だから彼らは信仰を捨てて別の方に向かっていくんですよ。(Béti 1976 : 46)

カメルーンでは一九三〇年代になるとカカオなどの換金作物栽培が盛んになり、強制労働による道路の敷設が始まるとともに、アフリカ人のなかからもそうした変化を巧みに利用する者たちが現れてくる。徹底的に現実主義的なザカリはその典型である。彼は現れつつあったアフリカ人ブルジョワジーを象徴する存在といえるかもしれない。

他方、『奇跡の王』では、事件の展開には直接関与しない二人の若者が、主要人物に次ぐ登場人物として描き込まれている。一人はたまたま帰省中に事件に出くわした高校生クリスであり、もう一人はクリスと同じ高校に通う、町育ちだが父親の出身地のエッサザムで休暇を過ごしにきたビタマである。

クリスは、王の妻の一人の甥にあたり、帰省中に母の命で伯母のために送り込まれたのだが、事態を聞きつけて集まった各氏族の人びとに密造酒を売って金儲けをしている。白人教師に反抗したために、食住を保証された寄宿舎を追放され、自力で金を稼がねばならないのだ。彼は自らの成功だけに関心をもつ徹底した個人主義者として描かれ、ビタマの語るＰＰＰ（言うまでもなくＵＰＣを示唆している）にもまったく関心を示さないが、屈辱を受け入れない強烈な個性と、無意味な議論を続ける老人たちへの軽蔑でビタマに強い印象を与える。

ビタマは脱植民地化の動きに関心をもつ若者で、ナイーブな理想主義から当初はエッサザムの「伝統社会」を美化し、密造酒で儲けるクリスの不道徳を批判しているが、事件に立ち会うなかで老人たちの無能に呆れ、現実に目を開いていく。物語の後半、一部はビタマの回想として語られることになるが、そのときビタマはヨーロッパで学んでいることが示唆されている。

クリスの個人主義は『ボンバの哀れなキリスト』のザカリの現実主義に通ずるものであり、彼にも、新たに登場しつつある新しいブルジョワ的人物像を認めることができる。他方、ナイーブな理想主義から、より現実主義的な社会認識に向かうビタマは、新しい時代を率いていくアフリカ人知識人層を示唆しているようにも思える。

実は、『ボンバの哀れなキリスト』の語り手ドニも、ドリュモン神父が去った後、もはや司祭のいない布教館を離れ、大都市に出ることが示唆されている。ベティの植民地期の作品では、他の作品でも、主要な役割を果たす若者が未知の未来に旅立つことが物語の最後で示唆されている（砂野 一九九一、一九九四）。つまり、作品は未来に向けて開かれているのである。

二つの作品の舞台になっているのは第三共和政下の一九三〇年代から第二次世界大戦後の第四共和政初期に至る時代だが、すでに述べたようにその頃には、カメルーンではカカオなどの換金作物の栽培で富を蓄えた独立農民や交易で財をなした商人たちが現れ始めており、第二次世界大戦後になると、そうした層のなかからフランスのくびきを脱し、自ら経済の主体となろうとする人びとが現れていた。また、クリスやビタマのようなフランス語教育を受けた層が、植民地体制そのものを批判する視点をもつようになっていた。ＵＰＣを支持したのはそうした層だったのであり、ベティの植民地期の作品に、ある種の楽観的色彩が常に感じられるのは、こうした新しいアフリカ人の世代が次の状況を準備しつつあることへのベティの期待が表れていたからであろう。一九七〇年代以降、ベティがその作品のなかで繰り返し断罪するのは、すでに準備されつつあった（と彼が考えていた）、アフリカ人が政治のみならず経済活動においても真の主体となってゆくプロセスが、ＵＰＣの圧殺とともに流産させられたことなのである。

五　結びにかえて

本章でみてきた二人の宣教師は、こうした変化のなかにある存在として描かれている。

ベティが描くキリスト教宣教師像は、嘲笑の対象でも憎しみの対象でもない。

ベティは、ドリュモン神父に、植民地社会における自らの真の位置に気づき、そのことで苦しむ誠実さを与えている。また、『ボンバの哀れなキリスト』の隠れたテーマでもあるアフリカ人社会の女性搾取について、作者の見解を代弁するように語るのもドリュモン神父だった。ルグエン神父も、王の改宗と回復という「奇跡」が起こるまでは、人びとに溶け込み、彼らの文化を尊重しながら、故郷の母に日々の出来事を書き送る「善良な」宣教師だった。彼らの「思い」は、彼らの周囲のアフリカ人の思いとは明らかにすれ違っている。しかし、ベティは彼らを単に敵役として作品のなかに配するのではなく、彼らがアフリカ人社会のなかでどのような位置を占める存在なのかを、出来事を通じて浮かび上がらせていくのである。

『ボンバの哀れなキリスト』の語り手ドニは、不遜なザカリの態度に怒りながら次のように日記に書きつける。

ザカリには館長さまはいったいどういう人物として映っているんだろう。事業家にみえているんだろうか。建築家だろうか。それとも、この間ルグエン神父が言っていたみたいに実業家にでもみえているんだろうか。(Béti 1976：26)

そして、ザカリ自身、神父がタラの国での失敗にこだわることが理解できないと、同僚のアフリカ人教理問答教師にこう語る。

こんなに立派な布教館で働けて幸せだと、俺は真面目に思っている。ところが館長は、自分の布教館がどれほど大きく豊かかということがあまりわかっていないようだ。信者はとても多い。道路沿いではどこでもそうだ。道路沿いの信者と彼らの払う教会献金だけで、館長は思うがままに自分の布教館を大きくできるんだ。レンガ造りの新しい学校を建てたり、パイプオルガンを買ったり、トラックやらトラクターや落花生油の搾油機を買ったりできるんだ……。(Béti 1976：133–134)

彼がキリスト教信仰をなかばばかにしながらも、神父のもとに居続けるのは、神父の事業者としての力に対する敬意のゆえでもある。彼は「金の力」を布教館で学んだのである。実際、アフリカにおいて、宣教師はしばしば開拓者、新技術の普及者でもあった(Laverdière 1987：87–99)。精力的なドリュモン神父はそのような宣教師像を示すものでもある。

また、すでにみたように、日記に出来事を書きつけるドニは、布教館でフランス語の読み書きを覚え、事件を通して成長するなかで、新しい未来に向けて旅立つ。彼にとっても布教館は、一つの通過点となっている。『奇跡の王』においても、ルグエン神父の付き人となっているギュスターブは、そのフランス語の上達を神父にほめられている。公立学校が数少ないなかで、布教館はフランス語の知識への入り口でもあったのだ。それは教理問答だけでなく、さらに広い知識へとアフリカ人の若者を導くことになる。

それだけではない。王の改宗を放棄することを拒むルグエン神父は、ついには行政官から次のような言葉を浴びせられることになる。

> いったいあなたたちは共産主義の煽動者とどこが違うのですか。あなたたちは平和で穏やかな人びとにとりついた悪霊みたいなものだ。あなたがたは、無垢で無害なこの人びとに、自由だの、神の前での平等だの、贖罪だの、友愛だのというご託を並べて、危険で偽りの観念を教え込んで、煽動しないと気が済まないんです。どうして放っておいてやらないんですか。(Béti 1977 : 241–242)

行政官ルクーは、実はフランス人の父とベトナム人の母の間にベトナムで生まれている。両親は、日本の敗戦後、蜂起したベトナム人たちによって昨年殺害されたのだという。

> もちろん赤どもですよ。［…］で、この頭のいかれた、犯罪者どもがどこから湧いてきたかご存じですか。なんとキリスト教のミッション・スクールです。連中は、彼の地のキリスト教徒たちなのです。あなたたち宣教師だけが作り出せるキリスト教徒たちだったのです。(Béti 1977 : 243)

教育とある種の理想主義が生み出す批判精神も、キリスト教宣教師の活動の副産物だった。実際、ベティ自身をはじめ、カメルーンの反植民地闘争を主導した人びとの多くがキリスト教宣教師たちが設立した学校の出身者だったのである。

キリスト教宣教師たちは、植民地支配の補完者であり、受益者であると同時に、彼らの意図とは裏腹に、その植民地支配そのものを揺り動かす新しい動きとも無縁ではなかった（Tshibangu 1993）。ベティの作品は、恩恵としての「福音伝道」を瞞着として批判しつつも、キリスト教宣教師たちのそのようなあり方も同時に示しているのである。

◉参考文献

砂野幸稔（一九八九）「Mongo Béti et la société coloniale (1)」『熊本女子大学学術紀要』四一（一）、一二七–一三六

砂野幸稔（一九九〇）「Mongo Béti et la société coloniale (2)」『熊本女子大学学術紀要』四二（一）、一三七–一四七

砂野幸稔（一九九一）「Mongo Béti et la société coloniale (3)」『熊本女子大学学術紀要』四三（一）、一七一–一七九

砂野幸稔（一九九四）「アフリカのフランス語文学——植民地期のカメルーン——モンゴ・ベティの人物造形を通して見る社会変容」『アフリカ文学研究会月報』二七、五–一一

砂野幸稔（一九九五）「訳者あとがき」ベティ・M／砂野幸稔（訳）『ボンバの哀れなキリスト』現代企画室、三八五–四〇一頁

砂野幸稔（一九九七）「同化と直接統治」宮本正興・松田素二（編）『新書アフリカ史』講談社、三二三頁

西山俊彦（二〇〇五）『カトリック教会と奴隷貿易——現代資本主義の興隆に関連して』サンパウロ

Béti, M. (sous le pseudonyme d'Eza Boto) (1953). Sans haine, sans amour. *Présence Africaine, 14*, 213–220.

Béti, M. (sous le pseudonyme d'Eza Boto) (1954). *Ville cruelle*. Paris: Présence africaine.

Béti, M. (sous le pseudonyme d'Eza Boto) (1955). Afrique noire, littérature rose. *Présence Africaine, 1–2*, 133–140.

Béti, M. (1956). *Le pauvre Christ de Bomba*. Paris: Robert Laffont (réédition, 1976, Paris: Présence Africaine). （ベティ・M／砂野幸稔（訳）（一九九五）『ボンバの哀れなキリスト』現代企画室）

Béti, M.（1957）. *Mission terminée.* Paris: Buchet/Chastel.

Béti, M.（1958）. *Le roi miraculé: Chronique des Essazam.* Paris: Buchet/Chastel（réédition, 1977）.

Béti, M.（1972）. *Main basse sur le Cameroun: Autopsie d'une décolonisation.* Paris: Maspero.

Béti, M.（1974）. *Remember Ruben.* Paris: Union générale d'éditions（réédition, 1982, Paris: L'Harmattan）.

Béti, M.（1981）. Le pauvre Christ de Bomba expliqué! *Peuples Noirs Peuples Africaine, 19,* 104–132.

Capelle, J.（1990）. *L'éducation en Afrique noire à la veille des indépendances.* Paris: KARTHALA-ACCT.

Gaillard, P.（1989）. *Le Cameroun*（*t.1*）. Paris: L'Harmattan.

Joseph, R. A.（1977）. *Radical Nationalism in Cameroun: Social origins of the U.P.C. Rebellion.* Oxford: Oxford University Press.

Laverdière, L.（1987）. *L'Africain et le missionnaire: L'Image du missionnaire dans la littérature africaine d'expression française.* Québec: Bellarmin.

Laye, C.（1953）. *L'Enfant noir.* Paris: Plon.

Opoku, K. A.（1985）. Religion in Africa during the colonial era. In A. Adu Boahen（ed.）, *Africa under colonial domination 1880–1935,* London: Heinemann Educational Books, pp.508–538.

Suret-Canale, J.（1962）. *Afrique noire: L'Ére coloniale*（*1900–1945*）. Paris: Éditions sociales.

Tshibangu, T.（1993）. Religion and social evolution. In A. A. Mazrui（ed.）, *Africa since 1935,* London: Heinemann Educational Books, pp.501–521.

跋——共和国フランスの国民統合と普遍的人間像をめぐる駆け引き

共和国市民像の定位をめぐる駆け引き

第三共和政期（一八七一―一九四〇）は、最初期の一〇年間に共和派が王党派を圧倒したことにより、大統領権限が象徴化し、議会の圧倒的な優位のもと、一一〇回余りもの内閣の交代が行われ、議会内には雑多とまでいえるような多数の政党が乱立していた。王政復古の機運をとらえることに失敗した王党派やカトリック教会もクーデタや政体転覆を諦め、一八九〇年代まで共和主義政体との「ラリマン」にシフトし、権益団体の一つとして議会政治を通して自分たちに一定の地歩を確保するための条件闘争を行うようになっていく。このような政治の不安定さの一方で、高級官吏集団（グランコール）の不動性により安定した国家運営が維持され、結果的には七〇年間もこの政体が続くことになった（中木 一九八三：二四五）。

しかしこの安定した国家運営のもと七〇年の間続いた政治的不安定は、フランス革命以来、法の下で平等に置かれ、一にして不可分という「フランス人民」という抽象的存在に内実を与えること、つまり近代国家（ネイション）の国民統合の過程において人間の条件の「普遍＝不変」部分を定位させるスタンダード・モデルを作り、それを共有する際に浮上したさまざまな立場間の激しいせめぎ合いから生み出されたものだ（北川 二〇〇五：一四五）。共和主義的原理の定着が進む一方で、カトリック教会、プロテスタント系資本家、ユダヤ系資本家、オルレアン王党派、ブルボン系王党派（レジティミスト）、帝政派、社会主義者、ジャコバン的共和派、植民地の利権団体等々、同時代のフランス社会に内在する多様性が生み出す闘争とともに、かような政治の現場とは対照的に国家運営の安定を可能にさせたエリート官僚制を生み出した縦の序列の生成と相まって、第三共和政の共和主義に多くの矛盾と混沌を生んでいった。このような体制のもと、植民地帝国フランスの拡大が行われたことで、共和主義政体による植民地支配の正当性の証明とその証明の際に必要とされたいわば生得的な序列の外観を呈する「人種の優劣」というファクターが加わり、共和主義的人間観の策定に関わる様相はさらに複雑化していく。フランス国内では普通教育によって国民統合を図っていく一方で、拡大しつつあった植民地においては、原住民は特定の都市の出身者として本国の議会への参政権をもつ「みなし市民」と、原住民法の適用下に置かれることによって「一にして不可分」なフランス人民への統合の可能性をあらかじめ排除された「臣民（sujet）」に分けられていた。つまり本国の外にある非白人居住地域である植民地住民はおしなべて「同化」の対象となってはいたものの、共和主義的主体として「フランス人民」に統合される存在か、それともその埒外にとどまり続けなければならない存在かあいまいなままに置かれていたのである。少なくとも「市民（citoyen）」であれば、共和主義体制において法の下での平等を享受できるはずであるが、フランス法の適用外に置くことによって、その本国議会への参政権も実質的な共和国防衛の兵役義務ももっているにもかかわらず「市民」としての法的位置づけは絶えず議論の対象となり、第三共和政期の長きにわたってあいまいな状態に置かれることになった（松永 二〇一二：八二―九三）。そもそも、共和主義体制下で形成されていったフランスの国民概念は「日々の国民投票」に象徴されるような意思主義的なものであったはずである（中村 二〇一六：一六五）。なぜフランス法の適用下で同化を求める植民地住民が国民統合の場から排除されるのであろうか。

このようにとりわけ植民地において顕在化する共和国の原則の矛盾は、堅牢な近代的国家運営システムを築き、かつてない持続可能な共和主義に基づく政治体制の確立をめざした第三共和政自体が、実験的で流動的な場であったことを物語る陰画でもあろう。序において柳沢は「文明化の使命」という視点から本書の構成を提示したが、すべての章を読み終わった後に置かれたこの跋においては、かような共和国の混沌を今一度確認し、当時行われていた「普遍的市民像」の定位をめぐる熾烈な駆け引きという視点から本書を改めて見直してみたい。

江島は、非ヨーロッパ系の植民地原住民を「フランス人民」という普遍的な共和主義的主体から排除した思想的背景について、第三共和政期を準備する新しい社会像として、ライシテの原則に基づく共和主義的主体の輪郭と人種の関係について提示していたミシュレ、ルナン、ユゴーの言説から分析した。ミシュレにとって人種は生物学的なものであるが、黒人は文化的に矯正すれば共和主義的な人民になりうるうえに、混血も問題とならない。一方ルナンは、人種を生物学的にではなく文化的差異の観点から考え、人種間の優劣を位置づけ固定化している。つまり、ミシュレの思想においては、共和主義的主体の条件として人種は問題とはならないが、人種を生物学的差異として捉えているために、「フランス」という近代国家の国民統合の過程において排除の対象となる余地を残す。それに対し、ルナンの思想においては、人種は文化的差異であるとしながらもそこに固定的な優劣を持ち込むために共和主義的主体への統合は先送りされ、それによって国民統合の場からの排除の可能性を正当化する論理としても機能しうる。この論理は第三共和政下の被植民者に対するあいまいな態度を先取りするようなものであり、江島が分析しているように、共和主義の文明化の論理の実現を至上位に置くユゴーの人種観にもあいまいさがみられることと無縁ではない。

長谷川はそのような当時のフランス人の頭の中に巣食う人種概念の射程をゴビノーの『人種不平等論』のなかに探り、それに反論する共和主義者フィルマンの思想を検証しながら第三共和政がはらむ問題をさらに浮き彫りにしている。ゴビノーは人種的差異を生物学的に捉え、その属性を固定化し、白人種を文明の担い手としてその頂点に据える。しかしながらゴビノーの思想自体は、白人に「文明化」の責務を担わせる共和主義時代のフランス植民地帝国のイデオロギーと同一のものではない。ゴビノーの思想は、これまであった人種や階級間に存在していた差異が混交することによって均質化し、文明自体が衰退へと向かうというデカダンスへのオブセッションのなかで打ち立てられた反近代的な側面が強い。このような見立てに従えば、共和主義的な理念はデカダンスを促進するものにほかならず、ゴビノーの思想と相容れるものではない。植民地主義は人種の混合を促進することにつながり、彼が支持する政策たりえないのは明白である。しかしながら、ゴビノーの言説にみられる生物学的な人種主義は、第三共和政期において、ブロカから共和主義者の人種主義的な形質人類学によって科学の位置にまで高められ、「フランス人民」が植民地住民に向ける一つのまなざしを強化させるものとして機能していた。ブロカが創設したパリ人類学会の会員であったハイチ人フィルマンがゴビノーへの反論を思わせる著作において目論んだことは、そのような人種理論に基づいて、「フランス人民」としての共和主義的主体の「普遍＝不変モデル」から非白人種を排除する同時代の共和主義者たちの言説に対する異議申立てである。たしかに彼はフランス人ではなかった。しかし、これはすでに非白人種による共和主義的政体を樹立した実績をもつハイチ出身の黒人であったフィルマンにしかできなかったことであろう。

そして、鈴木はこの共和主義的主体の「普遍＝不変」モデルの生成過程における排除と編入のせめぎ合いの構図を、ユダヤ人というもう一つの共和国内の下位グループ（中間団体）のケースから考察している。第三共和政期の反ユダヤ主義は、ルナンの反セム主義（anti-sémitisme）の言説にみられるような文化的な人種主義として顕現する一方で、ドリュモンの雑誌の戯画にみられる鷲鼻に象徴される、ブロカ流の形質人類学的な視線から捏造された生物学的人種主義の側面ももっていた。ここでみられるのは、先述の被植民者に対する排除の構図と類似したものである。しかしながら、戦略的にフランス法の埒外に置かれた被植民者と違い、彼らは数世代にわたってフランス国内に居住し、革命による解放以来、フランス法の枠内で他の住民と平等に権利を享受しながら義務を果たしてきた「市民」である。そこで行われたのは、植民地原住民同様に生物学的・文化的に異質な存在として「フランス人民」への統合を拒む一方で、彼らが権利を享受するのみで共和国の義務を果たさずネイションを越えた国際的なユダヤ人共同体に奉仕し、敵国「ドイツ」に内通した「二つの祖国」をもつ「裏切り者」としての地位を与えることだった（有田二〇〇〇）。このような共同体からの排除の動きに対する「ユダヤ人」側からの主体的な反応として、鈴木は当時の共和主義者のレオン・カーアンとその周辺の人物たちの活動と言説に焦点を当てる。シュウォブ家の甥たちやドレフュス大尉は、被植民地人に向けられた視線と同等な人種主義的レッテルに関して、共和主義政体のツールである高等師範学校や理工科学校などのグランゼコールの選抜試験への挑戦を通して市民としての権利を受けるにたる能力を兼ね備えたものであることを証明する。彼らは「フランス人民」の不可分性に水を差すような「ユダヤ性」の表明を極力避けることによって、共和国フランスの国民統合の場における「同化」を目指す。一方、レオン・カーアン当人は（甥のモーリス・シュウォブが叔父のプロフィールから隠した）自身の著作では「フランコ・ジュダイズム」の思想圏のなかで、中世の十字軍へのユダヤ教徒の参加の歴史への言及や、アルザスという地への文化本質主義的な帰属から演繹された意思主義ではないナショナリズムの形を持ち出す。共和主義的ではない論法によって、ユダヤ教徒の「フランス人民」への統合の正統性を「革命の嫡出児」としての自己規定を通して、いわば協同主義的な観点から証明しようと試みるのである。明示的であれ明確な意図を伴わない場合であれ、共和主義的主体の「普遍＝不変モデル」から排除された「ユダヤ人」の「同化」と「協同」というストラテジーは、共和主義的原則の枠内での植民地原住民への扱いに苦慮した植民地行政の側にそのまま見出される図式でもあろう。

共和主義的「平等」と普遍的人間像のあいまい

フランスの共和主義政体における基礎概念である「法の下での平等」の概念は一七八九年八月に発布された「人間と市民の権利の宣言（Déclaration des Droits de l'Homme et du Citoyen）」の第六条に由来する。これは、法を市民たちの一般意志の表現であるとしたうえで、「すべての市民はその下に平等である（Tous les Citoyens étant égaux à ses yeux）」と規定したものである。この条項にはその市民の一般意志である法は、「個人的に（personnellement）」または彼らの「代表者たち（leurs Représantants）」によって形成されるものであるとされている。筆者の専門外であるため、詳細な法解釈に立ち入ることはできないが、これがまず議員代表制による立法の体制の根拠となろう。さらに続く「平等」の定義を確認してみよう。そこには「彼らの能力に従って、彼らの徳や才能以外の差別なしに（selon leur capacité, et sans autre distinction que celle de leurs vertus et de leurs talents）」、「すべての公的な位階、地位、職に対して平等に資格をもつ」と書かれている。つまりここでの平等は「機会の平等」であって、「徳」、「才能」といった生得的かつ客観的に同定困難なあいまいなファクターを認めたうえで、能力主義を政体の基盤に置いていることがわかる。これらの原則は第三共和政期で導入された普通教育や大きな権限を付与された議員代表制に反映されているといえるだろう。この原則が第三共和政において最も象徴的な形で現れたのが、メリトクラシーの原理に則ったエリート教育制度と官僚制度である。先述したように、この時期は政治的な不安定さとは対照的に安定した国家運営が行われており、現在までの歴代の共和主義政体のなかでも最も長い期間存続していた。これを支えていたのが、グランゼコール出身者から構成される高級官吏集団（グランコール）である。しかしながら、第一次世界大戦まで、国務院・会計検査院・財政監査総局などのグランコールに人材を主に供給していたグランゼコールの政治学自由学院では、学生における庶民階級の比率は一割を切り、実質的には名望家層が温存されていた（Charle 1987 : 50, 永井 一九九一：二五〇–二五三）。この共和主義体制下におけるエリート教育は、さらに「国家貴族」と呼ばれる文化資本を所有する新たな階層の再生産システムへと形を変え、「機会の平等」に基づいたメリトクラシーの原則に付随するあいまいさは解決されることなく常態化している（ブルデュー 二〇一二）。

吉澤が扱うルイ＝フェルディナン・セリーヌとアンドレ・ドゥメゾンの言説の背景にあるのは、このような共和主義政体の国家運営にみられる矛盾への苛立ちである。後年対独協力した作家たちにはおしなべて「共和国の敵」というイメージが定着している。だが両者に限っていえば、彼らはドレフュス事件において顕在化した反共和主義にみられた大地や死者と結びつくバレス流の本質主義的なナショナリストではない。むしろ共和主義的価値観を内面化した近代的人間としての側面が強い。だからこそドゥメゾンは、植民地にやってくる学者や植民地行政官という共和国エリートの能力に疑念を呈すことによって、自身のキャリアの挫折の原因となった偽装されたメリトクラシーに基づいたエリート選別システムの恣意を告発する。共和国エリートの「国家貴族」を頂点とする階梯において自身が経済的理由によって心ならずその最底辺にいるという意識とともに、ドゥメゾンは同じく文明化への発展途上にある植民地において最下位に位置する黒人原住民と同一化する。それは共和主義的な普遍的人間像を共有する同志としてである。その一方でドゥメゾンは共和主義の国家システムの機能不全の原因を、抽象的な金融資本からなる脱領域的な市場経済の原理の拡大に求める。アフリカ文化に対する傾倒とは対照的に顕在化していく後年の反ユダヤ主義は、共和国の上位に別の原則を置くことによって「機会の平等」の原則を歪めている主体としてのユダヤ人という中間団体を設定したことから生まれたといえよう。

セリーヌの反ユダヤ主義はドゥメゾンと一部足並みをそろえているとはいえるものの、まったく違った形で表現されている。セリーヌは社会の機能不全の理由をユダヤ人だけに求めることはない。政治的パンフレット『虫けらどもをひねりつぶせ』では、ドゥメゾンとは違い、黒人さえもがユダヤ人と同一視され攻撃されている。しかしセリーヌは単なる人種主義者ではない。セリーヌにおいてユダヤ人と黒人は、一般的に反ユダヤ主義者がアイデンティティの拠り所とする王党派やカトリシズムと同列なものとして共に排除されるのである。つまり、セリーヌの悪態は、第三共和政期において普遍的な人間の生を阻害するあらゆる中間団体に向けられた呪詛であり、セリーヌはその罵倒において、はからずも逆説的な形で自身の共和主義的人間観を表明しているといえるのである。結局のところ、ドゥメゾンもセリーヌも共和主義的感性を持ち合わせていない反近代主義者ではない。共和主義の理念を信じていたゆえに、それが徹底されない状況に欺瞞を感じ、彼らなりに共和主義の根幹にある理想の実現を求めながら道を踏み外した――その帰結はグロテスクなものであったが――人物だったのである。

それに対してランバルの扱うケッセルとシムノンの立ち位置は特異なものである。ケッセルは、リトアニア系ユダヤ人としてアルゼンチンで生まれ、外国人としてフランスにやってきた。志願兵として第一次世界大戦に参加後、フランス国籍を取得し、第二次世界大戦後はアカデミーフランセーズの会員となる。意思主義なネイション観に依拠してフランス人となることを選び取った典型的な共和国人にみえるケッセルは、その反面、中道右派の代議士となるオーラス・ド・カルビュッシアと、反共・反ドイツを掲げ反ユダヤ主義へと傾倒していく『グランゴワール（*Gringoire*）』を創刊し、主要同人の立場で作家活動とともにジャーナリズム活動を続けていた反近代主義者的な側面をもつ。

一方、シムノンはリエージュの保守的なカトリックの家庭出身で、若い頃から反ユダヤ主義を表明し、反動的なジャーナリストとしてキャリアを始めたベルギー人である。両者ともにジュール・フェリー以来の、共和国の教育システム整備と植民地帝国の拡大の相同性がもたらす矛盾とは遠いところにいた人物といえよう。それゆえケッセルは、ディエンビエンフーの戦いで共和国に反旗を翻す植民地仏領インドシナには目をつぶり、自己実現の場として選んだイギリス領のアフリカ植民地でのルポルタージュにおいて一九世紀以来の紋切り型を繰り返す。それに対して一九三〇年におけるアフリカの植民地の現実を冷静に描写するシムノンのルポルタージュに、ランバルは反植民地主義的な意図と西洋中心主義の入り混じった態度をみる。しかしながら、シムノンが主に旅をしていたのはケッセルと同様にフランス共和国の植民地帝国の内部ではない。シムノンはベルギーの植民地であったコンゴを旅し、そこに旧来のステレオタイプとは違う近代化されたアフリカの姿を提示する。しかし、作者のシムノンがベルギー人であったことを考えれば、この言説はベルギー領コンゴの表象を、それまでイギリス人ジャーナリストのエドモンド・モレルによって世界中に流布していたレオポルド二世時代の陰惨なイメージとは別の形に書き換え、同じジャーナリズムというメディアを通して世界に訴えかける政治的なストラテジーだったとも考えられまいか。行政官や宣教師と違い、観察者として外部に身を置いて分析するルポライターは、対象となる世界の一部となることはない。共和国に対してマージナルな位置に身を置き、書き手としてもルポルタージュというジャンルを選択したこれらの作家は、植民地に象徴される共和国の矛盾を自身の問題として正面から引き受けることはなかった。まさにそれゆえに、彼らは晩年においてフランスとベルギーでそれぞれアカデミー入りを果たし、無難な栄誉を手に入れることができたのかもしれない。

ライシテと公的空間のあいまい

一九一九年、四〇年余にもわたる工事期間を経て、モンマルトルの丘にそびえ立つサクレ=クール寺院が人びとに公開された。このモニュメントは普仏戦争の敗北をフランスへの天罰と考えた教会側の主導で発案されたものであった。それにもかかわらず一八七三年、誕生したばかりの第三共和政体の国民議会において、共和国市民のための公共建築物としての建設許可が過半数の得票で下された。「サクレ=クール」すなわちキリストの心臓である「聖心」への信仰は一七世紀後半に修道女マルグリット=マリー・アラコック（Marguerite-Marie Alacoque）の神秘体験によって生まれたものだった。ミゲル・ロドリゲスによれば、アンシャン・レジームにおいて王国の守護と関連していたこの信仰は、第三共和政初期において普仏戦争がもたらした人心の荒廃から救う信仰として再び現れ、アラコックの出身地であるブルゴーニュ地方の小さな町パレ=ル=モニアル（Paray-le-Monial）は聖地化され、モンマルトルのサクレ=クール寺院の建立を推進する国会議員たちによる巡礼が企画されるなどしたという。政教分離の原則が前景化する以前の時代に、教会と共和主義政体が共同する形で建設が推進されたモニュメントは、アンシャン・レジーム期の「王室の願い（vœu royal）」から「国民の願い（vœu national）」を体現するものとして位置づけられ、「市民」によるネイションという新しい共和政の時代を象徴するものだった（Rodoriguez 1998）。十字架と三色旗が同時に書き込まれた当時のサクレ=クールの旗に象徴されるように、ラリマンによる教会側からの共和主義体制への歩み寄りを示すと同時に、フランスという国民国家統合のツールとしてキリスト教を切り離しきれない共和主義者側のメンタリティとの駆け引きのうちに作り上げられた。結果、サクレ=クール寺院は、その宗教的性質にもかかわらず、エッフェル塔とともに、高みからパリの街並みを睥睨する第三共和政の象徴的モニュメントとして今なお「公共空間」に鎮座している。

一九〇五年「政教分離法」によってキリスト教は原理的には公共の場から排除されたはずだった。しかしながら、この時期すでに革命暦はとうに廃止され、行政文書においてキリストの生誕を起源とした西暦が当たり前のように使用されていた。公文書における元号と西暦の併用に慣れた私たちからみても、フランスにおける「私的空間」と「公的空間」の分離の運用原則はかなりあいまいで恣意的なものにみえるだろう。つまり、その背後に透けるのは、エリート教育のカリキュラム編成や学校制度への介入によって名望家層が再生産されたように、アンシャン・レジームの勢力のスタンダードをいかに延命させるかという駆け引きによって作られたあいまいな世界だ。実際、ライシテはカトリックにとって国家の管理下に置かれていた教会が相対的自律性を獲得し、共和国との「協同」という新たなストラテジーへ舵をとらせる経験でもあった（中村 二〇一六：一八三）。また共和国政府としても普通教育の実施以後も、女子教育と植民地における教育はあいまいな形で教会への依存を存続させている（工藤 二〇〇七：一二二、一六三）。

このような双方の妥協を象徴的に反映しているのが本書の第三部で展開されている植民地行政と宣教師と植民地原住民の「協同」の問題であろう。柳沢が論じる植民地行政官ジョルジュ・アルディは、まさに「文明化の使命」を実行する人物として長年モロッコや西アフリカで原住民の統治に参与し、後に植民地学校の校長となる。

アルディの植民地での経験は、共和主義的な普遍的人間像を押しつける「同化」政策を推し進めるのでもなく、カトリシズムに教化するのでもなく、現地の文化や宗教的感性を残す形で原住民が宗主国と「協同」する「政治的解決」の模索へと彼を向かわせた。ただし文化的背景を別にするものとの「差異」を認めることは、コミュノタリスムの誹りを受ける余地を生むと同時に、その中間団体を社会的ヒエラルキーのなかに入れ、差別を固定化することにもなる（ヴィヴィオルカ 二〇〇九：一〇一）。しかしながら、柳沢が指摘するのは、共和国政府の原則をベースにしつつも、原住民のコミュノタリスムと、それに対置する宗主国の文化を伝導する立場に限定されたラリマン以降のカトリック教会の立場が相互干渉することによって形成された、実験的な「協同」の場である。つまり、「未開」の植民地原住民は「文明化」が可能であるという「同化主義的」な建前は残しつつ、フランス側のパターナリズムのうえで「協同主義的」に永遠の「文明化」を進めていくという折衷的な方針である。この着地点を見据えながら、アルディはオピエ神父と植民地芸術を介した協同を通して、植民地原住民のアニミズム的心性を残す形で徐々にキリスト教に馴化させ、彼らの「私的領域」をハイブリッドな主体に形成していくことを目指したのである。いわば共和国の管理下で行われるクレオールの生成である。

ゼルビニは植民地の宣教師による原住民の宗教的器物の扱いを通して、このように泥縄式に進んでいく共和国の植民地行政に対するカトリック教会側からの立場の変遷を解明する。教会は植民地の拡大と手を組み、発達してきた民族学という近代的な学知を採用しながら彼らの宣教の意義を現代的な視点から捉え直し、世に問うたのである。民族学者となった宣教師たちは、収集したアニミズム・異教的な器物をどのように扱うのか、またその研究を自らの宣教活動とどのように両立させるのか逡巡する。たとえばゼルビニは、原住民の宗教的器物は展示物となることで脱呪物化させられ、さらに原住民たちをその蒙昧から引き離した物的証拠として並べることで、宣教の正当性のアピールとしようという宣教師たちの心性におけるねじれた構造を明るみに出す。一方で、キリスト教と伝統的なモチーフを取り入れた原住民のハイブリッドな器物を宣教の成果として喧伝する。ここでみられるのもやはり、新しい時代において歴史の客体へ身を落とされつつあることを意識し始めた者たちの戦略的な処世である。

一方砂野が明らかにするのは、植民地原住民からみたキリスト教会と植民地行政の「協同」が織りなす現実である。モンゴ・ベティの『ボンバの哀れなキリスト』と『奇跡の王』に登場する第三共和政下のフランス領カメルーンで宣教活動を行う二人の神父が味わうのは、教会の植民地行政に対する自律は幻想であり、原住民への布教も表層的なものにすぎず、自分たちは植民地行政府と同じく、現地の社会に大きな混乱をもたらしただけだったという苦い経験である。それに対して砂野はドリュモン神父の料理人ザカリに新しい原住民像をみる。それはカトリシズムや共和国政府が提示する普遍的人間への同化は原住民には決して許されることのない絵空事であることをみてとるやいなや、面従背腹という形で自分たちの文化的アイデンティティは保持したまま、戦略的に植民地行政や教会と「協同」しながら利益を引き出し渡世する、したたかな姿である。砂野はそこに作品執筆時の一九五〇年代の文脈をみる。しかし、第三部において明らかにされた当時の植民地の状況をみれば、作品の舞台となった一九三〇年代における植民地原住民の処世の一つの形を見出すことも可能ではないか。

柳沢がアルディにみた現地における共和国公認のクレオールの育成は、カリファラ・シディベのような近代的な原住民芸術家を生み出した（柳沢 二〇一八）。このような共和国の先導によるハイブリッドな主体形成のイニチシアヴを奪い返したのが、同じく一九三〇年代のサンゴールやセゼールによるネグリチュード運動であったといえるだろう。

しかしながら、共和国のエリートに同化することができた者だけに許されたこのような立場から生み出された主体は、そもそも宗主国の言語の読み書きができる人間自体が圧倒的な少数派であった植民地において共有可能なものではありえない。ネグリチュードはアフリカ系の身体をもちながらフランス文芸共和国の一員としてラテン語さえも操る、少数派ハイブリッドたちのための処世術であり、第三共和政下の混沌とした植民地の現場における処世の実態はむしろベティの描き出したザカリのなかにあるのではないか。

本書で展開されるのは、まずはこのような共和主義の理想を追い求めながら「フランス人民」なるフィクションの実体を埋めていこうとした営為のヴァリエーションであった。そして、一方ではアンシャン・レジーム以来の伝統主義的な主体が「歩み寄る」こと、つまり妥協することによって共和国市民の「普遍的人間像」を操作し、自らの地歩をそこに残そうとする試みであった。さらに植民地に関する章が明るみに出すのは、このようなヨーロッパの内部での抗争や駆け引きを通して形成される「人間像」のスタンダードだけがそのまま「普遍」となりうるという事実である。ヨーロッパ外部の植民地原住民は、理性を分有した文明人、つまり普遍的存在ではなく、永遠に文明化の途上にある「人間以下」の存在に貶められる。このような共和国市民像の形成は、実は人間であることと人間以下の存在であることの線引きをめぐる駆け引きと表裏一体であったのである。フランス革命が生み出した「人間と市民の権利の宣言」は現在の第五共和政までを拘束する一つの原理である。その共和主義の理想を追い求めた第三共和政時代は混沌とした時代だった。原理というものを実践し生きることは容易いことではない。いやそもそものようなことは可能なのか。本書におけるさまざまな「渡世のディスクール」は、このような疑念をどこかで感じながらも一つの理想に向き合った時代の人びとが現代に問いかける声となるはずである。

吉澤英樹

◉参考文献

有田英也（二〇〇〇）『ふたつのナショナリズム――ユダヤ系フランス人の「近代」』みすず書房

ヴィヴィオルカ・M／宮島　喬・森千香子（訳）（二〇〇九）『差異――アイデンティティと文化の政治学』法政大学出版局

北川忠明（二〇〇五）「フランス「共和国理念」と「共和国モデル」に関する覚え書き」『山形大学大学院社会文化システム研究科紀要』一、一三三―一五三

工藤庸子（二〇〇七）『宗教ｖｓ．国家――フランス〈政教分離〉と市民の誕生』講談社

シェヴェヌマン・J＝P・樋口陽一・三浦信孝（二〇〇九）『〈共和国〉はグローバル化を超えられるか』平凡社

永井良和（一九九一）『フランス官僚エリートの源流』芦書房

中木康夫（一九八三）『フランス政治史（上）』未來社

中村雅治（二〇一六）『国民国家フランスの変容――ヨーロッパの中の国民意識と共和主義』上智大学出版

ブルデュー・P／立花英裕（訳）（二〇一二）『国家貴族――エリート教育と支配階級の再生産Ⅰ・Ⅱ』藤原書店

松永美穂（二〇一二）『植民地のフランス人――第三共和政期の国籍・市民権・参政権』法政大学出版局

柳沢史明（二〇一八）『〈ニグロ芸術〉の思想文化史――フランス美術界からネグリチュードへ』水声社

Charle, C.（1987）. *Les Élites de la République, 1880–1900.* Paris: Fayard.

Miquel, P.（1989）. *La troisième République.* Paris: Fayard.

Rodoriguez, M.（1998）. Du vœu royal au vœu national: Une histoire du XIXe siècle. *Les Cahiers du Centre de Recherches Historiques, 21*, 53-74.

Ruedelle, O.（1982）. *La République absolue: Aux origines de l'instabilité constitutionnelle de la France républicaine, 1870–1889.* Paris: Publications de la Sorbonne.

Ruedelle, O.（2016）. *République d'un jour République de toujours.* Paris: Riveneuve.

あとがき

本書は、二〇一八年一月二七日に東京大学本郷キャンパスにて開催された日仏シンポジウム「アフリカ・カトリシズム・文化相対主義——ライシテの時代におけるプレ‐モダン的徴表のゆくえ」をもとに各執筆者が原稿を書き改め、論集としてまとめたものである。フランスのモダニズムの圏域に回収されえないキリスト教とアフリカの造形との歴史的・思想的位相に関心を寄せていたところ、『ブラック・モダニズム——間大陸的黒人文化表象におけるモダニティの生成と歴史をめぐって』（未知谷、二〇一五年）の際にお世話になった吉澤氏からシンポジウム共催のお声がけをしていただいたことが出発点であった。シンポジウム開催にあたって、会場管理や機材設備などにご尽力いただいた東京大学文学部石川洋氏に、また会場設営などを手助けしてくれた美学芸術学研究室の鈴木亘、林元静、杉野駿の各氏にはこの場を借りてお礼申し上げたい。東京大学文学部というアフリカに関する研究にはやや距離のある機関にもかかわらず、また柳沢自身が学術イベントそのものの設備・運営に不慣れなため、方々にご迷惑をおかけしたにもかかわらず、シンポジウムの実現やその書籍化まで可能となったのは登壇者のみならず、ご協力いただいた学内のみなさまのおかげでもあろう。なお、シンポジウムのプログラムは次の通りである。

◉日仏シンポジウム

「アフリカ・カトリシズム・文化相対主義——ライシテの時代におけるプレ‐モダン的徴表のゆくえ」プログラム

二〇一八年一月二七日（土）於東京大学本郷キャンパス法文二号館一大教室

・趣旨説明（柳沢史明）

◆第一セクション（司会：吉澤英樹）

・江島泰子「転換期のディスクール――ライシテとフランスの優位性」

・片山幹生「シャルル・セニョボスと「恋愛の誕生」をめぐる言説――実証主義史学における中世の価値付けの一例」

・長谷川一年「ゴビノーとフィルマン――文明史への二つのアプローチ」

〈ディスカッション〉

◆第二セクション（司会：柳沢史明）

・吉澤英樹「アンドレ・ドゥメゾンとセリーヌの日常とアフリカ」

・R・ランバル「交差する視線から浮かび上がる植民地アフリカ――ジョルジュ・シムノンとジョゼフ・ケッセルのルポルタージュ作品から」

〈ディスカッション〉

◆第三セクション（司会：江島泰子）

・柳沢史明「フランス領西アフリカにおける芸術と宗教を介した植民地（主義）的歩み寄り」

・L・ゼルビニ「宣教博物館――アフリカの器物の地位について」

・砂野幸稔「宣教師と植民地化――モンゴ・ベティの二つの小説から」

〈ディスカッション〉

・閉会の辞（吉澤英樹）

書籍化にあたり、シンポジウムでの質疑に参加していただいた鈴木重周氏にも執筆をお願いした。また一九世紀から二〇世紀のフランスにおけるキリスト教関連主題を扱う本作りということで江島泰子氏に共編者として携わっていただいた。本書にはシンポジウム当日の議論を介して浮かび上がった観点や主題などが反映されており、シンポジウムの記録という性格以上の書籍となったことを共編者の一人として自負している。とはいえ、文化・思想研究の性格が強い本書にあって、宗教学や政治学、歴史学の専門家らの力添えも必要であったことは十分承知している。宣教学の展開や教皇庁の同時代的動向、植民地政策の歴史的・地理的な異同、サブサハラ・アフリカのみならずマグレブやカリブ海諸地域、フランス領植民地のみならず世界の各地域における類似した主題群、それらは本書の枠組みを補うと同時に越え出るものとはいえ、本書の諸論考と呼応しつつその射程は現代にまで及ぶものも存在することだろう。読者諸氏のご意見、ご批判などを賜ることができれば幸いである。

シンポジウム開催および本書の諸研究は以下の科学研究費補助金の助成を受けて実施されたものである。

・若手研究（B）：「アフリカ美術におけるキリスト教的図像――フランス人宣教師から見た彫刻表現」
（15K16659、代表者：柳沢史明）
・基盤研究（C）：「フランス一九世紀文学における信仰とライシテの相克――棄教と回心の系譜学」
（17K02604、代表者：江島泰子）
・挑戦的萌芽研究：「モダニズムの思想圏における保守的文化相対主義の位相――ゴビノーからマルローまで」
（16K13161、代表者：吉澤英樹）

最後になったが、ナカニシヤ出版編集部の米谷龍幸さんにはシンポジウムの折から書籍化に向けて具体的なプランを適宜示していただいた。打ち合わせのなかでは編集上の構成のみではなく書籍全体の内容にも関わる指針をたびたび提示していただいたことには深く感謝申し上げたい。共編者らのわがままと作業の遅れのため出版時期が押してしまったが、それでもこうしてすばらしい書籍となったのは米谷さんの根気強い編集者としての能力とナカニシヤ出版編集部のスタッフのみなさんのご尽力のおかげであろう。

二〇一八年一一月

柳沢史明

や行

ら行

わ・ん行

た行

な行

人名索引

A-Z

あ行

事項索引

吉澤英樹*（よしざわ ひでき）
1970年生。パリ第三大学大学院博士課程修了。現在、南山大学外国語学部教授。専門は20世紀フランス語圏文化・文学。主な著作に、*Pierre Drieu la Rochelle*（L'Harmattan, 2015）、『ブラック・モダニズム――間大陸的黒人文化表象におけるモダニティの生成と歴史化をめぐって』（未知谷、2015、編著）など。

ラファエル・ランバル（Raphaël LAMBAL）
1973年生。パリ第三大学大学院博士課程修了。現在、セネガル国立アッサン・セック・ジガンショール大学准教授。専門はアンドレ・マルローを中心としたフランス文学ならびに、ルポルタージュ文学論。主な著作に *Malraux et l'Afrique*（Présence Africaine, 2013、編著）、『ブラック・モダニズム――間大陸的黒人文化表象におけるモダニティの生成と歴史化をめぐって』（未知谷、2015、共著）など。

翻訳者

中野芳彦（なかの よしひこ）
1982年生。パリ第七大学大学院博士課程修了。現在、大分県立芸術文化短期大学国際総合学科専任講師。専門はフランス近代詩、特にヴィクトル・ユゴー。主な論文に「重ねられる風景――ユゴーの詩と旅における主体について」（『日吉紀要』*67*、2018）、「細部に魅せられた詩人――ユゴーにおける自己と風景」、『仏語仏文学研究』*51*、2018）など。

野村昌代（のむら まさよ）
1958年生。グルノーブル第三大学大学院博士課程修了。現在、アンスティチュ・フランセ東京メディアテーク主任。主な著作に *La mort dans l'œuvre de Madame de La Fayette*（Presses Universitaires du Septentrion, 1999）など。主な論文に「La mélancolie dans Dom Carlos de Saint-Réal」（『フランス語フランス文学研究』*94*、2009）など。

執筆者紹介（五十音順・編者は*）

江島泰子*（えしま やすこ）
1956年生。リヨン第二大学大学院博士課程修了。現在、日本大学法学部教授。専門はフランス19世紀文学。著作に『神の人――19世紀文学における司祭像』（国書刊行会、2015）、『世紀末のキリスト』（国書刊行会、2002）、*Le Christ fin de siècle*（Du Lérot, 2000）、『デリダと死刑を考える』（白水社、2018、共著）など。

鈴木重周（すずき しげちか）
1976年生。横浜市立大学大学院国際文化研究科博士後期課程単位修得退学。現在、成城大学グローカル研究センターPD研究員ならびに横浜国立大学非常勤講師。専門はフランス文学、地域研究。主な論文に「フランスにおける「ユダヤ文学」――ジッドの『日記』を手がかりとして」（『フランス語フランス文学研究』*112-113*、2018年8月）、「初期ドレフュス事件報道における反ユダヤ主義言説――事件の発覚と軍籍剥奪式をめぐって」（『ユダヤ・イスラエル研究』*30*、2016年12月）など。

砂野幸稔（すなの ゆきとし）
1954年生。京都大学大学院文学研究科博士課程満期退学。博士（地域研究）。現在、熊本県立大学文学部教授。専門はアフリカ地域研究（言語、文学）、多言語社会論。主な著作に、『シクルマ――アフリカ統一の夢』（山川出版社、2015）、『多言語主義再考――多言語状況の比較研究』（三元社、2012、編著）、『ポストコロニアル国家と言語――フランス語公用語国セネガルの言語と社会』（三元社、2007）など。

ロリック・ゼルビニ（Laurick ZERBINI）
1963年生。リヨン第二大学大学院博士課程修了。現在、リヨン第二大学准教授、専門はアフリカ美術史、西アフリカキリスト教建築。主な著作に*L'Afrique et la mission: Terrains anciens, questions nouvelles avec Claude Prudhomme*（Karthala, 2015, 共編著）、*Afrique en résonance: Collection du Musée Africain de Lyon*（5 Continents, 2014, 共著）、*La construction du discours colonial: L'empire français aux XIXe et XXe siècles*（Karthala, 2009, 共編著）など。

長谷川一年（はせがわ かずとし）
1970年生。同志社大学大学院法学研究科博士課程修了。現在、南山大学法学部教授。専門は西洋政治思想史。主な著作に『原理から考える政治学』（法律文化社、2016、編著）、『知的公共圏の復権の試み』（行路社、2016、共著）など。主な論文に「レヴィ＝ストロースとゴビノー――レイシズムをめぐって」（『思想』*1016*、2008年12月）など。

柳沢史明*（やなぎさわ ふみあき）
1979年生。東京大学大学院人文社会系研究科博士課程修了。現在、東京大学大学院人文社会系研究科助教。専門は美学芸術学、アフリカ近代美術史。主な著作に『〈ニグロ芸術〉の思想文化史――フランス美術界からネグリチュードへ』（水声社、2018）、『西洋近代の都市と芸術――パリII 近代の相克』（竹林舎、2015、共著）など。

TROISIÈME PARTIE.
L'AFRIQUE COLONIALE VUE PAR LES MISSIONNAIRES

Le paradoxe républicain:
des débrouillages à l'époque de «mission civilisatrice»

Table des matières

混沌の共和国

「文明化の使命」の時代における渡世のディスクール

2019年2月28日　初版第1刷発行

編著者　柳沢史明
　　　　吉澤英樹
　　　　江島泰子
発行者　中西　良
発行所　株式会社ナカニシヤ出版
〒606-8161　京都市左京区一乗寺木ノ本町15番地
Telephone　075-723-0111
Facsimile　075-723-0095
Website　http://www.nakanishiya.co.jp/
Email　iihon-ippai@nakanishiya.co.jp
郵便振替　01030-0-13128

印刷・製本＝創栄図書印刷／装幀＝白沢　正

Printed in Japan.
ISBN978-4-7795-1366-4